# 商 品 学
## (第3版)

徐东云　编　著

清华大学出版社
北京

## 内 容 简 介

本书从认识商品开始,以商品质量为中心,以商品质量的形成、评价、维护、实现为主线,分为六大项目,即认识商品、商品分类体系、商品质量的形成、商品质量的评价、商品质量的维护、商品识别实务。其中,商品识别实务以食品营养与卫生、酒类商品、茶叶、服装制品、塑料制品、洗涤用品等较为熟知和常见的商品为例进行识别和训练,强化了各大类商品的组成、性能特点、鉴别评价、选购及保养等实用性知识和技能。

本书突出实践性、应用性,引导学生从商品知识的最基本环节寻找营销策略和商务活动的切入口,贴近高职高专营销及经济管理类专业的学生岗前培训的需求,有利于学生熟知并掌握商品的基本理论、知识和技能。本书既可作为高职高专院校财经商贸类专业的教材,也可以作为社会读者的学习参考用书。

本书封面贴有清华大学出版社防伪标签,无标签者不得销售。
版权所有,侵权必究。举报:010-62782989,beiqinquan@tup.tsinghua.edu.cn。

**图书在版编目(CIP)数据**

商品学/徐东云编著. —3 版. —北京:清华大学出版社,2021.4(2024.2重印)
ISBN 978-7-302-57516-0

Ⅰ. ①商⋯ Ⅱ. ①徐⋯ Ⅲ. ①商品学 Ⅳ. ①F76

中国版本图书馆 CIP 数据核字(2021)第 026998 号

责任编辑:孙晓红
装帧设计:刘孝琼
责任校对:吴春华
责任印制:宋 林

出版发行:清华大学出版社
网　　址:https://www.tup.com.cn,https://www.wqxuetang.com
地　　址:北京清华大学学研大厦 A 座　　邮　编:100084
社 总 机:010-83470000　　邮　购:010-62786544
投稿与读者服务:010-62776969,c-service@tup.tsinghua.edu.cn
质量反馈:010-62772015,zhiliang@tup.tsinghua.edu.cn
课件下载:https://www.tup.com.cn,010-62791865

印 装 者:北京同文印刷有限责任公司
经　　销:全国新华书店
开　　本:185mm×260mm　　印　张:15.25　　字　数:371 千字
版　　次:2011 年 8 月第 1 版　2021 年 4 月第 3 版　　印　次:2024 年 2 月第 4 次印刷
定　　价:45.00 元

产品编号:086748-01

# 前　言

本书沿用了第2版的编排架构，从认识商品开始，以商品质量为中心，分为商品基础知识和商品识别实务两大部分六大项目。商品基础知识的架构主线为商品分类、商品质量的形成、商品质量的评价、商品质量的维护，商品识别实务则以食品营养与卫生、酒类商品、茶叶、服装制品、塑料制品、洗涤用品等较为熟知和常见的商品为例进行识别和训练，将商品知识理论与实践有机结合，通过实例引导学生从商品知识的最基本环节寻找营销策略和商务活动的切入口。本书突出实用性，更贴近高职学生认知特点，增加商品编码的二维码部分、商品标准中的团体标准；将纺织品替换为服装制品，剔除纺织原料中比较难懂的纺织纱线部分，并将纺织面料与服装材料重叠的部分重新整理；将洗化用品替换为洗涤用品，把男生不感兴趣的化妆品部分剔除。此外，还简化了一些内容，尽可能将教材瘦身。

为了更好地帮助学生学习商品学，融会贯通，本书按照项目式教学法和任务驱动教学法进行撰写，提出任务供学生解决，引导学生通过研究背景知识来学习相关内容，找到完成任务的方式方法，从而掌握基本商务技能，能够运用相关理论指导以后的学习及商务活动。为了便于学生学习，六大项目均配有学习要点、技能目标、任务提出、背景知识以及工作训练营。为了把基础知识与企业实例更好地融合，配置了主导案例材料，在商品基础知识部分以"工作情景导入"来进行引导，在商品识别实务部分以"营销拓展"来开拓思维。通过五种常见商品的实务训练，让学生获得分析、鉴别、选购和使用商品的基本能力，促进商品使用价值的实现。第3版更新了商品标准、法律法规，还增加了新案例。

本书适用于高等教育财经商贸类各专业的教学，尤其适合作为高职高专院校的市场营销专业、商务管理专业、贸易经济等专业的教材，也可作为相关专业的教学参考书、工商企业的相关人员业务参考书及岗位培训教材。

本书由国家示范性高职院校大庆职业学院工商管理系徐东云统筹编写，具体分工如下：徐东云编写项目一、项目三和项目四，王霖琳编写项目五和项目六的任务四、任务五和任务六，纪冰编写项目二和项目六的任务一、任务二和任务三。徐东云对全书统一整理定稿。由于水平有限，书中难免存在疏漏之处，敬请广大读者批评指正。

编　者

# 目 录

项目一 认识商品 .................................. 1

 任务一 商品 ...................................... 1
  一、商品的概念 ............................ 2
  二、商品的构成 ............................ 2
 任务二 商品学 .................................. 4
  一、商品学的产生和发展 ................ 4
  二、商品学的研究对象、研究内容
    和研究任务 ............................ 5
 工作训练营 ...................................... 6

项目二 商品分类体系 ............................ 9

 任务一 商品分类 ................................ 10
  一、商品分类的概念 ...................... 10
  二、商品分类的标志 ...................... 11
  三、商品分类的基本方法 ................ 13
 任务二 商品编码 ................................ 15
  一、商品编码概述 ........................ 15
  二、商品条码 .............................. 18
  三、二维码 ................................ 24
 任务三 商品目录 ................................ 28
  一、商品目录的概念 ...................... 28
  二、商品目录的种类 ...................... 28
 工作训练营 ...................................... 33

项目三 商品质量的形成 ......................... 35

 任务一 商品质量 ................................ 36
  一、商品质量的概念 ...................... 36
  二、商品质量的一般性要求 .............. 37
  三、影响商品质量的主要因素 .......... 39
 任务二 商品质量管理 .......................... 42
  一、商品质量管理的发展阶段 .......... 43
  二、全面质量管理 ........................ 44
 任务三 商品标准和标准化 .................... 51

  一、商品标准 .............................. 51
  二、商品标准的分级 ...................... 53
  三、商品标准化 .......................... 57
 工作训练营 ...................................... 60

项目四 商品质量的评价 ......................... 62

 任务一 商品检验 ................................ 64
  一、商品检验概述 ........................ 64
  二、商品检验的方法 ...................... 66
  三、商品品级 .............................. 68
 任务二 商品质量认证 .......................... 71
  一、商品质量认证概述 .................. 71
  二、商品质量认证标志 .................. 74
  三、质量认证机构的条件和法律
    责任 .................................... 80
 任务三 商品质量监督 .......................... 81
  一、商品质量监督的概念与作用 ...... 81
  二、商品质量监督的种类和形式 ...... 82
  三、商品质量监督体系 .................. 84
 工作训练营 ...................................... 85

项目五 商品质量的维护 ......................... 88

 任务一 商品包装 ................................ 90
  一、商品包装概述 ........................ 90
  二、商品包装技法 ........................ 95
  三、商品运输包装标志 .................. 100
 任务二 商品储运 .............................. 106
  一、商品储运概述 ........................ 107
  二、商品储运期间的质量变化 .......... 108
 任务三 商品养护 .............................. 117
  一、防霉腐的方法 ........................ 117
  二、防治虫鼠的方法 .................... 122
  三、防锈蚀与防老化的方法 ............ 124

工作训练营 ............................................... 125

**项目六　商品识别实务** ............................. 128
　　任务一　食品营养与安全 ......................... 128
　　　　一、食品营养 ..................................... 131
　　　　二、食品安全 ..................................... 144
　　任务二　酒类商品 ..................................... 150
　　　　一、酒类商品概述 ............................. 153
　　　　二、白酒 ............................................. 155
　　　　三、啤酒 ............................................. 157
　　　　四、黄酒 ............................................. 160
　　　　五、葡萄酒 ......................................... 164
　　任务三　茶叶 ............................................. 170
　　　　一、茶叶的主要成分 ......................... 172
　　　　二、茶叶的分类 ................................. 173
　　　　三、茶叶的感官审评 ......................... 177
　　　　四、茶叶的储藏 ................................. 179
　　任务四　服装制品 ..................................... 181
　　　　一、纺织纤维 ..................................... 182
　　　　二、服装材料 ..................................... 192
　　　　三、服装 ............................................. 198
　　任务五　塑料制品 ..................................... 206
　　　　一、塑料的组成与分类 ..................... 209
　　　　二、常见塑料及其制品 ..................... 212
　　　　三、常见塑料制品的鉴别与养护 ..... 215
　　任务六　洗涤用品 ..................................... 219
　　　　一、洗涤用品概述 ............................. 220
　　　　二、合成洗涤剂 ................................. 223
　　　　三、肥皂 ............................................. 225
　　工作训练营 ............................................... 228

**参考文献** ......................................................... 238

# 项目一 认 识 商 品

**学习要点**

- 认识商品的概念和种类。
- 熟知商品的构成。
- 了解商品学的产生和发展概况。
- 明晰商品学的研究对象、中心内容以及研究任务。

**技能目标**

- 能够运用商品的构成理论提升商品的价值。
- 能够运用商品的使用价值理论指导以后的学习和商务活动。

**工作情景导入**

### 向和尚卖梳子

这是一个著名的销售案例,任务就是"去寺庙推销梳子"。

有四个人分别去寺庙推销梳子,结果如下。

NO.1 空手而归,和尚没头发不需要梳子。

NO.2 销出 10 把梳子,宣传梳子梳头活血健身。

NO.3 推出百十把梳子,方便香客美容,有助于寺庙香火旺盛。

NO.4 销售上千把梳子,并不断续订,成为梳厂的大客户,"庙名+积善梳"作为礼品送给香客,保证庙里香火更旺。

**思考:**

(1) 向和尚推销梳子,四个人的业绩为何不同?

(2) 如果你是第五个人,你会如何做?

**提示:** 人们对商品的需求是多方面的,推销商品要抓住商品的使用价值(通俗来说就是利益)做文章。四个人对梳子这种商品的认识是不同的,以至于它给客户带来的利益也是不同的。只有将客户的利益尽可能放大,销售业绩才能更好。

(资料来源:汪永太. 商品学[M]. 北京:电子工业出版社,2007.)

## 任务一 商 品

**任务提出**

在"去寺庙推销梳子"的案例中,四个人对梳子给消费者带来的利益的认识各不相同,四个人对"梳子"这种商品是怎样看待的？对销售业绩的影响又是如何？

[背景知识]

# 一、商品的概念

### 1. 商品的定义和基本特征

商品是指能够满足人们的需要、用来交换的劳动产品，具有使用价值和价值两个基本属性。商品属性的二重性是由劳动的二重性决定的，抽象劳动(即无差别的人类劳动)产生价值，具体劳动(指满足人们具体需要的人类劳动)产生使用价值。商品的价值借助商品的社会形式即交换价值来实现，而使用价值则是通过商品本身的自然形态来实现的。凡是商品必须是劳动产品，凝聚着劳动者的智慧和体力付出；凡是商品也必须用来交换，自给自足的物品充其量是产品但不是商品。作为劳动产品的商品具有以下基本特征。

(1) 商品是具有使用价值的劳动产品。

(2) 商品是满足他人即社会需要的东西。

(3) 商品必须通过交换才能到达他人手中。

### 2. 商品的种类

按商品的存在形态划分，商品的种类可分为物质形态商品和其他形态商品。

(1) 物质形态商品又可分为生产资料商品和生活资料商品。生产资料商品主要用于再生产过程，属于中间使用商品形态，包括工业生产资料和农业生产资料；生活资料商品主要供消费者使用，属于最终使用商品形态，主要包括食品商品、轻纺类商品、日用工业品商品等。

(2) 其他形态商品主要包括资本形态(如债券、股票、期货等)、劳务形态(主要指低附加值服务商品)、知识形态(主要指高附加值无形商品)等。目前，世界各国的商品学还是以物质形态的商品为主要研究对象。随着商品发展的知识化、软件化、服务化等趋势，需要拓展商品学的研究范围和深度。

**思考：** 教育是一种服务商品，属于劳务形态还是知识形态？

提示：劳务形态是低附加值的服务，知识形态是高附加值的服务。

# 二、商品的构成

消费者购买商品，本质是购买一种需要，不仅体现在商品消费时，还体现在商品购买和消费的全过程。商品不仅是使用价值和价值的统一，还是有形物体和无形服务的统一。商品给人们带来的实际利益和心理利益构成了商品整体。商品整体由核心部分、形式部分和延伸部分组成。

### 1. 核心部分

商品所具有的满足某种用途的功能，是消费者真正要购买的服务和利益。因而，它在商品构成中是最基本、最主要的部分。例如，冰箱的一般用途是制冷，即冷藏冷冻食物，延长食物的保存期限。消费者购买冰箱的主要目的是保存食物，既新鲜又营养。因此，冰箱的核心部分体现在保存食物的新鲜营养上，就比"单纯的制冷"更能找准消费者的购买利益。

### 2. 形式部分

形式部分是商品的具体形态，也就是核心产品借以实现的形式，主要包括商品的成分、结构、外观、质量、商标、品牌、标志、包装以及使用说明书等。例如，冰箱的有形产品不仅指冰箱的制冷装备，还包括它的质量、造型、颜色、容量等。

### 3. 延伸部分

延伸部分指人们在购买商品时所获得的附加利益的服务，如信息咨询、送货上门、安装测试、免费培训、提供信贷、售后保证、维修服务和退还、退赔服务承诺等。此概念来源于对市场需要的深入认识，因为购买者的目的是满足某种需要，因而他们希望得到与满足该项需要有关的一切。如果附加利益高于同类商品，消费者就会感觉物超所值，满意度随之增高，购买的欲望就会增加。例如，冰箱的一般延伸部分包括送货上门、安装调试、售后保障等。如果某公司的冰箱推出一项免费喷涂颜色的服务，即根据家装需要更改冰箱的颜色，就会激发定制家装消费人群的极大购买欲望。

**【案例分析 1-1】**

#### 梳子的商品构成

在"去寺庙推销梳子"的案例中，四个人对梳子这种商品的整体认识是一样的吗？

显然是不一样的。

NO.1 认为梳子的核心部分就是个人梳理头发，而和尚没头发，不需要梳头。

NO.2 认为梳子的核心部分是梳头，不只是梳头发，还可以疏通血脉，于是和尚买梳子用来活血健身。

NO.3 认为梳子的核心部分是梳理妆容，不只是和尚自身需要，更重要的是香客需要，但它局限于香客在寺庙进香时免费使用。

NO.4 认为梳子的核心部分是保佑香客的礼品；形式部分也有了改变，"庙名+积善梳"，不再是一把普普通通的梳子；延伸部分所获得的附加利益也有所不同，多了一层联结寺庙和香客情感的纽带，这是额外附带的。对于寺庙的"顾客"——香客来说，得到这把积善梳，既可以用来梳头，整理妆容，也可以当作一件佛文化的物品供奉起来，未必再用来梳头。

正因为对梳子这种商品的整体认识不同，销售的结果也大相径庭。实际上，商品核心突出的就是其使用价值。

# 任务二 商品学

**任务提出**

商品学是如何产生和发展的？为什么要学习商品学？

**背景知识**

## 一、商品学的产生和发展

### 1. 商品学的产生

商品学在国外的起源可追溯到公元 9—10 世纪，阿拉伯人阿里·阿德·迪米斯基(Ali Ad Dimisqui)撰写了《商业之美》一书，其副标题是"关于优质商品和劣质商品的鉴别方法及对商品骗子与伪货的识别指南"，这算是国外最早涉及商品学内容的著作。16 世纪中叶，对于商业的研究不断向商品研究方向拓展，这个时期的著作有意大利药剂师普那裴特(Punapate)的《生药学》以及法国人沙瓦利(Savalli)的《完美商人》等。

中国对商品知识的研究可追溯到春秋时代。据记载，我国较早的关于商品知识的书籍是春秋时代师旷所著的《禽经》，另一部较著名的关于商品知识的书籍是晋朝戴凯之所著的《竹谱》。而称得上商品学专著的则是唐朝的陆羽于公元 767 年写的《茶经》一书，这是世界上最早的一部茶叶商品学专著，按时间算，比《商业之美》还要早。宋朝以后，商品学著作开始增多，如蔡襄的《荔枝谱》、韩彦直的《桔录》以及明朝李时珍的《本草纲目》等书籍，都对有关的商品知识做了介绍。这些书籍对当时的商品交换起过积极的促进作用，但在很大程度上，还属于商品知识的汇集。

作为一门学科，商品学最早产生于德国。18 世纪初，德国的工业迅速发展，原材料和工业品的贸易不断扩大，这就要求商人必须具有系统的商品知识，否则难以胜任贸易工作。18 世纪后期，在商人和学者的共同努力下，德国的大学和商学院开始讲授商品学课程，并开展商品学研究。

商品学的创始人是德国的约翰·贝克曼(John Beckman)，他于 1780 年在德国哥登堡大学开设了工艺学和商品学课程，1793—1800 年出版了《商品学导论》。该书创立了商品学的学科体系，明确了商品学的研究内容，研究了商品的分类体系，进行了商品的鉴定和检验，说明了商品的产地、性质、使用和保养以及最重要的市场，叙述了商品的制造方法和生产工艺；阐明了商品品种的价格和质量，介绍了商品在经济活动中的作用和意义。

### 2. 商品学的发展

18 世纪以来，随着国家之间商品贸易与学术交流的不断扩大，商品学这门学科先后传到意大利、俄国、奥地利，以后又传到日本和中国。1810 年，莫斯科商学院将商品学列为必修课；1884 年，东京商学院也正式开设了商品学课程。1902 年，中国商业教育开始把商品学作为一门必修课。

商品学的发展过程产生了两个研究方向。

1) 技术论商品学

技术论商品学是从自然科学和技术科学的角度研究商品的使用价值，尤其是在 19 世纪，主要运用物理、化学等方面的科研成果，对商品的内在质量、质量标准、鉴定方法等进行了卓有成效的研究。

2) 经济论商品学

第二次世界大战后，日本、西欧一些国家开始从社会科学、经济学角度研究商品学，并着重从市场营销和消费需求两方面研究与商品适销品种和经营质量相关的问题。

1976 年，国际商品学会在奥地利成立，以德文缩写"IGWT"为会徽标志，会刊名为《商品论坛——科学与实践》，活动中心设在维也纳，每两年举办一次国际学术研讨会。此后逐渐进入现代商品学时代，将技术型和经济型相互交融，即把研究"商"为主的经济型商品学与研究"品"为主的技术型商品学融合，也称为综合派体系的商品学。它围绕"商品—人—环境"系统，从技术、经济、社会和环境等多方面综合、交叉地研究商品。

1995 年成立了中国商品学会，并把我国商品学的学科建设和教学与科研推向了一个新的高度。目前，许多国家成立了商品学会等专门的学术团体，并把商品学作为一门独立学科，在众多的高等经济类院校开展商品学的教学与研究。

## 二、商品学的研究对象、研究内容和研究任务

商品学的概念是什么？从字面上来讲，商品学是研究商品的科学。深入探究，就需要明确其研究对象、研究内容以及研究任务是什么。

### 1. 商品学的研究对象

马克思指出，商品的使用价值为商品学这门科学提供材料。根据马克思的观点，理论界普遍认为，探讨商品的价值属于政治经济学的研究范畴，而探讨商品的使用价值则属于商品学的研究范畴。商品学的研究对象是商品的使用价值及其变化规律。商品的使用价值是商品对其消费者的有用性或者效用。而商品的有用性不仅由商品的自然属性决定，也受商品的社会经济属性的影响。商品的自然属性包括商品的成分、外形、结构、化学性质、物理性质、机械性质、生物学性质等；商品的社会经济属性包括商品的时代性、地域性、民族性、经济性等，满足人和社会在商品方面的物质和精神需要。自然属性相对稳定，社会经济属性相对变化，这决定了商品经营者要不断地调整商品结构，一切从市场出发，从消费者需求出发，并且商品的使用价值会随着科学技术的发展和人们经验的不断丰富而陆续被发现。因此，需要动态地、综合性地看待商品的使用价值。

### 2. 商品学的研究内容

商品学的研究对象是商品使用价值及其变化规律，而商品的有用程度常用商品质量

来表示,从而反映商品满足人和社会需要的程度。可见,商品质量是商品使用价值的集中反映,商品使用价值的大小是用商品质量来衡量的,因此,商品学研究的中心内容是商品质量。

商品学研究的具体内容是与商品质量密切相关的问题,包括商品的成分、结构、性质、生产工艺、工作原理、功能用途、分类品种、质量要求、检验评价以及使用维护等。

商品学研究的整体内容还包括商品与人、商品与时代、商品与环境等方面的问题。正因如此,无氟冰箱、可降解塑料、低耗能家电、绿色食品等越来越受到人们的青睐。

### 3. 商品学的研究任务

商品学的研究任务是指导商品使用价值的形成、评价、维护、实现和再生,满足人们物质文明和精神文明的需要,不断提高企业的效益。

1) 商品学的微观任务

(1) 指导商品使用价值的形成。通过商品信息反馈(商品资源和市场的调查预测、商品需求研究等手段),促进生产企业生产适销对路的商品,丰富商品市场。

(2) 评价商品使用价值的高低。通过商品检验与鉴定等手段,杜绝假冒伪劣商品进入流通领域,为创造公平的市场竞争环境服务。

(3) 维护商品使用价值的安全或者防止使用价值的降低。通过适宜的包装、运输、保管、养护等条件和方法,保护商品的使用价值。

(4) 促进商品使用价值的实现。通过大力普及商品知识和消费知识,使消费者科学地选购和使用商品。

(5) 研究商品使用价值的再生。通过对商品废弃物与包装废弃物的处置、回收和再生政策、法规、运行机制、低成本加工技术等问题的研究,推动资源节约、再生和生活废弃物的减少以及保护环境的绿色行动。

2) 商品学的宏观任务

(1) 认清商品的构成形式。

(2) 研究商品如何促进经济发展。

(3) 研究解决商品生产与商品消费的矛盾。

(4) 研究商品的营销策略。

(5) 研究人—商品—环境之间的关系。

简而言之,商品学就是围绕商品的使用价值,以商品质量为中心内容,探讨商品使用价值的形成、评价、维护、实现和再生的过程,是研究人—商品—环境关系的科学。

# 工作训练营

### 一、名词解释

商品　　商品的使用价值　　商品学

## 二、判断题

1. 消费者购买商品，本质是购买一种需要。（　　）
2. 商品学是研究商品质量变化的科学。（　　）
3. 商品的自然属性相对变化，社会经济属性相对稳定。（　　）
4. 需要动态地、综合性地看待商品的使用价值。（　　）
5. 随着社会经济的发展，"商"和"品"两重性日益受到人们的重视。（　　）
6. 商品学研究的具体内容是商品质量。（　　）

## 三、选择题

1. 商品的使用价值就是商品的(　　)。
   A. 有用性　　　B. 观赏性　　　C. 价值性　　　D. 交换性
2. (　　)体现了商品生产者之间相互交换的劳动关系。
   A. 商品　　　B. 价值　　　C. 使用价值　　　D. 交换价值
3. 下列不属于商品范畴的是(　　)。
   A. 股票　　　B. 房产证　　　C. 空气　　　D. 假酒
4. 商品的(　　)是商品的自然属性。
   A. 成分　　　B. 价值　　　C. 地域　　　D. 广告
5. 衡量商品使用价值大小的尺度是(　　)。
   A. 商品成分　　　B. 商品属性　　　C. 商品价值　　　D. 商品质量
6. 商品学研究的中心内容是(　　)。
   A. 商品质量　　　B. 商品代码　　　C. 商品养护　　　D. 商品检验
7. 商品学的创始人是(　　)。
   A. 约翰·贝克曼　　　B. 陆羽　　　C. 李时珍　　　D. 达尔文
8. 世界上最早的一部商品学专著是(　　)。
   A. 普那裴特《生药学》　　　B. 陆羽《茶经》
   C. 李时珍《本草纲目》　　　D. 迪米斯基《商业之美》

## 四、实训题

**1. 技能题**

(1) 选取某一商品，说出该商品的一般构成是什么。作为某公司该类商品的销售人员，为提升销售业绩，设计出与该商品一般构成不同的提案。

(2) 实际生活中，由于消费对象的不同，对商品使用价值的要求也会有所不同。按照年龄、地域、社会阶层的不同，分析某商品的使用价值。

**2. 案例分析题**

随着网购人群的不断扩大，推动着家纺电子商务行业的飞速发展。截至2010年年底，我国家纺市场份额突破10 000亿元人民币。消费者购买家纺商品的渠道，从线下终端向线上电子商务迁移，特别是网购主流人群——时尚女性、白领阶层对生活品质的要求不断提升,对家庭软装饰的重视,更使得家纺电子商务行业年销售额轻松突破了百亿元大关。

由于受到电子商务的不断冲击和影响,传统线下渠道体现出地域限制、价格限制、购物便捷限制等不足,家纺电子商务市场巨大的消费潜能被释放出来。但我国的家纺电子商务格局还不够成熟,商品货源、服务、物流等环节还未实现规范化统一管理。无论是在C2C、B2C还是在B2B领域,都很难完全保证家纺商品的品牌化和品质化。家纺正品品质和品牌营销问题随之出现,成为束缚家纺电子商务发展的瓶颈。

社会各界对家纺商品的品牌和品质问题反响强烈。一些小型家纺在线商城,为了追求短期利益,降低了对货源商品的质检标准,甚至不惜以次充好,从而伤害了一些消费者上网购买家纺商品的积极性。还有一些C2C网店经常出现用涤纶充当纯棉、用低密度纱充当高密度纱、用过季尾货充当进口商品、退换货困难、服务质量差、假货满天飞等不良现象,使很多消费者认为在线购买家纺产品存在着质量无保障、价格无参考、品牌可选性差等方面的潜在问题。未来家纺电子商务竞争中,家纺的商品品质和品牌形象,成为检验市场的关键要素。

记者从电子商务行业也了解到:我国家纺电商领域中,确实存在着一定的质量问题,但并不会影响电子商务行业的正确运营方向,反而激活了市场对家纺品牌和品质的重视。家纺电子商务也从价格战走上品质战和服务战。记者又随机采访了一些网民了解到,在线购买家纺商品时,85%以上的人群更愿意去品牌家纺B2C商城,以此来降低购买风险。记者认为,要由家纺电子商务行业的知名B2C商城和品牌家纺联合起来抵制劣质商品和假冒品牌,才能保证家纺电子商务市场的健康发展,同时也需要更多像唯家佳品牌家纺B2C这样的商城,不断地提供高品质的商品和优质的客户服务来支撑中国家纺电子商务的良性发展。

(资料来源:慧聪家居用品网,有改动)

**分析:**
(1) 随着时代的发展,家纺商品的自然属性和社会经济属性发生变化了吗?
(2) 家纺电子商务的发展需要在商品的核心部分、形式部分、延伸部分的哪个部分下大功夫?
(3) 家纺商品竞争的核心内容集中在哪些方面?

# 项目二　商品分类体系

**学习要点**

- 商品分类的概念、意义以及分类的标志。
- 商品分类和商品编码的方法。
- 商品条码和二维码的应用及结构。
- 商品目录的概念和种类。

**技能目标**

- 能够运用所学知识对常见商品进行经营分类。
- 学会运用商品条码和二维码进行商务管理。
- 学会编制企业商品目录。

**工作情景导入**

### 超市主营商品的确定——利润来源于哪些商品？

超市卖场经营众多商品，什么商品好卖，什么商品滞销，是这些超市卖场头等重要的大事。大卖场商品琳琅满目，小超市集中生活日用商品，也是几家欢喜几家愁。沃尔玛、家乐福这样的大卖场近几年频频发生从某些三四线城市撤出的例子，社区小超市简单的生鲜果蔬也可以做得风生水起。超市的利润到底来源于哪些商品呢？

通常超市为了保证整体利润最大化，对于所经营的商品进行分类后采取不同的管理方式。比较常用的方法是商品群管理法，即根据各种商品在卖场销售业绩中所起的作用不同分为主力商品群、辅助性商品群、附属性商品群和刺激性商品群。

(1) 主力商品群是超市经营的重点商品，它在商品结构中仅有20%的比例，却创造整个卖场80%的销售业绩，是超市的畅销商品，季节性和差异性明显。强化管理，保证这20%的商品发挥主力商品应有的作用，是超市公司商品管理的重中之重。

(2) 辅助性商品群是主力商品群的补充，多为常备日用品，常与主力商品群有较强的关联性，季节性与差异性相对不明显。

(3) 附属性商品群是辅助性商品群的补充，购买频率和销售比重偏低，与主力商品群关系不紧密，通常是顾客在卖场临时做出的购买决定。

(4) 刺激性商品群是一些品目不多，但对推动卖场整体销售效果意义重要的商品群，主要是有可能成为主力商品的新开发商品，通常以主题促销方式陈列在卖场进口端头货架。

我们来看看兰州华联红星店的商品群管理策略。

兰州华联红星店位于一条很不出名的小巷中，卖场是由原长津电机厂的厂房改造成的，经营业绩远远超过附近的百盛超市、兰新超市、佳福超市。兰州华联超市的成功不仅得益于低价策略，其合理的商品群组合策略也起到了至关重要的作用。

兰州华联根据商品的功能定位，将超市经营的商品分为形象商品、销量商品和效益商品三大类。这三类商品在提升业绩、获取最大化效益目标上发挥的功能是不同的。

如果形象商品是 A、销量商品是 B、效益商品是 C 的话，B 就是超市的平均毛利，且 $B=(A+C)\div 2$。以销量商品作为参照物，如果它的毛利是 10 个点，则形象商品的毛利加效益商品的毛利除以 2，一定是 10 个点，从而使整个卖场的利润达到 10 个点。如果形象商品的毛利是 3 个点，那么效益商品的毛利就是 17 个点。这就意味着，该降的价格一定要降。换言之，形象商品的价格一定要比竞争对手低，销量商品价格比竞争对手略低一些，效益商品价格则采取竞争对手高华联超市也高的策略，因为这部分商品是无法比较价格的，它满足的是一次性购足的需求。

价格确定后，促销方式也就确定了。华联超市对形象商品予以大力度的促销和政策上的相关支持；对于销量商品，给予较好的排面和较好的促销方式来跟进；对于效益商品，基本上不需要太多的促销，除非是推出新品时附一些赠品和搞些抽奖活动。

(资料来源：中华文本库，有改动)

**引发的思考：**不论超市的规模是大还是小，根据超市周围的环境特点(如商圈特点、竞争店的情况以及消费者特点)确定好主营商品的范围，基本利润才可能得以保障，而这些都离不开商品分类体系的应用。

# 任务一　商品分类

### 任务提出

小 A 去当地的连锁商贸公司的卖场实习，分到卖场的非食品部门，部门负责人让小 A 对该部门的商品品类的摆放和陈列给出一些自己的建议，以便能够更好地吸引顾客驻留并增加客单价。小 A 立刻着手研究该部门的商品品类。

### 背景知识

## 一、商品分类的概念

### 1. 商品分类的定义

商品分类是指为了一定的目的，按照一定的标志，科学地、系统地将商品集合总体分成若干不同类别的过程，也称为商品品类。分类具有普遍性，是人类认识事物、区分事物的重要方法。分类的结果，使日常事务大大简化，提高了效率。科学的商品分类是商品编码与商品目录的基础，有利于编制出各种简便实用的商品目录，以满足各方面需要，是商品经营管理的重要工作内容之一。

## 2．商品分类的层次

可将商品集合总体划分为门类、大类、中类、小类、品类、品种和细目七个层次，还可以将商品集合分为大类、中类、小类、单品(或细目)四个层次。后者在日常生活更为常见，现以此为例进行说明，见表2-1。

表2-1　商品分类应用实例

| 商品类目名称 | 应用实例 | |
| --- | --- | --- |
| 商品大类 | 食品 | 日用工业品 |
| 商品中类 | 乳制品 | 洗涤品 |
| 商品小类 | 牛乳粉 | 肥皂 |
| 商品细目 | 完达山全脂奶粉 400 g | 力士润肤香皂 115 g |

(1) 大类，是一种粗线条分类，体现商品生产和流通领域的行业分工，如食品、纺织品、日用工业品、医药、机械产品和石油化工产品等。大类可依据生产来源、生产方式、处理保存方式等商品特征来划分，如五金类、化工类、食品类；食品超市的大类还可以是水产、畜产、果蔬、日配加工食品和一般食品等。

(2) 中类，类似七分类层次中的商品品类，也称为商品品目，是指具有若干共同性质或特征商品的总称，着重于以功能、用途、制造方式、方法、产地等特征来划分。例如，日配加工食品大类中包含牛奶、豆制品、冰品和冷冻食品等中类；工业制品包括玻璃制品、铝制品、塑料制品等。

(3) 小类，是对商品中类的进一步划分，体现商品的具体名称，是单品管理之前的最小单位、最细的分类。小类有时也称为商品品种或商品种类，按商品的性质、成分等方面的特征来划分。例如，酒类商品分为白酒、啤酒、葡萄酒、果酒等；中类牛奶中包含鲜乳、调味乳、发酵乳等小类；糖果可分为硬糖、夹心糖、奶糖、凝胶糖、巧克力糖等。

(4) 单品，也称为商品细目，是对商品品种的详尽区分，包括商品的规格、花色、等级等，是商品分类中不能进一步细分的、完整的、独立的商品品项，如56°五粮液老酒，500 mL 听装哈啤冰纯，1.25 L 瓶装可口可乐等。

## 二、商品分类的标志

### 1．选择商品分类标志的基本原则

(1) 目的性：明确分类的目的和要求，这是商品分类的关键。
(2) 包容性：划分规定范围内所有的商品，并为不断补充新商品留有余地。
(3) 区分性：从本质上把不同类别的商品明显地区分开，以保证分类清楚。
(4) 唯一性：在同一类别范围内只能采用一种分类标志，分类后的每个商品品种只能出现在一个类别里。
(5) 逻辑性：不同商品类目间或并列，或互相隶属的逻辑关系清晰明了。

(6) 简便性：使商品分类在实际运用中具有简便易行性。

**2. 常用商品分类的标志**

1) 以用途作为商品分类的标志

商品的用途是体现商品使用价值的重要标志，也是探讨商品质量和商品品种的重要依据。在实际工作中按商品用途分类的应用最广泛，如现行商品大类划分为食品、生产资料、日用工业品、家用电器等，就是按用途划分的。它也适用于商品品类和品种的详细划分，如胶鞋可分为劳保鞋、雨鞋、便鞋以及运动鞋等，而运动鞋又可分为足球鞋、网球鞋、乒乓球鞋等。

以商品的用途作为分类标志，便于分析比较同一商品的质量和性能，有利于生产企业改进和提高商品质量，开发新的商品品种，生产适销对路的商品；有利于商品流通企业组织商品流通和经营管理；有利于消费者按需求选购商品。但是，这种分类标志不适用于多用途的商品类别划分。

2) 以原材料作为商品分类的标志

商品的原材料是决定商品质量、使用性能和特征的重要因素。由于原材料不同，商品具备截然不同的特性和特征，并反映在商品的化学成分、性能、加工、包装、使用条件等方面。例如，食品按原料来源可划分为植物性食品、动物性食品和矿物性食品，它们的化学成分和营养价值有明显的差别。纺织品按原料不同，可分为天然纤维织物和化学纤维织物，天然纤维织物又可分为棉织品、毛织品、丝织品和麻织品，化学纤维织物可分为粘胶织品、涤纶织品等。皮鞋按原材料不同，可分为牛皮鞋、猪皮鞋、羊皮鞋、人造革皮鞋等。

以原材料作为分类标志的特点是分类清楚，能从本质上反映出每类商品的性能、特点、使用与保管要求，尤其是对原材料来源较多且性能受其影响较大的商品进行分类比较合适。但是对于由两种或两种以上不同原材料生产的商品，则不适宜采用这种分类标志，如电视机、小汽车、洗衣机等。

3) 以加工方法作为商品分类的标志

很多商品即使选用的原材料相同，生产加工方法不同，也会赋予商品不同的质量和特性，形成截然不同的品种类别，因此，加工方法也是商品分类的重要标志。这种分类标志对那些可以选用多种加工方法制造且质量特征受工艺影响较大的商品更为适用，它能够直接说明商品质量特征和风格。例如，茶叶按生产方法不同，分为全发酵茶(红茶)、半发酵茶(乌龙茶)、不发酵茶(绿茶)和后发酵茶(黑茶)等；酒类可分为蒸馏酒、发酵酒、配制酒等；纺织品可分为机织物、针织物和无纺织物等。但对于某些商品，如热塑性塑料制品，尽管加工成型方法不同，无论是用吹制、注射、挤出还是热挤冷压或压铸成型等方法所制得的制品，其质量和基本性能并未产生实质性差别，因此，不宜使用加工方法为标志进行分类。

4) 以化学成分作为商品分类的标志

很多商品的性能、质量都取决于它们的化学成分，通常单一化学成分的商品极少，大多数是多种成分的混合物。构成商品的成分有主要成分和辅助成分之分，很多情况下，决定商品性质的是主要成分，分类时应以主要成分为标志。有些商品的主要成分虽然相同，但是由于含有不同的特殊成分,可形成质量、性能和用途完全不同的商品,此时,商品的特殊成分也可以作为分类标志。例如,塑料商品可按其主要成分合成树脂的种类不同分为聚乙烯、聚丙烯、聚苯乙烯;而玻璃则按其所含的特殊化学成分分为钠玻璃、钾玻璃、铅玻璃和铝硅玻璃等;碳素钢则按含碳量的不同分为低碳钢、中碳钢、高碳钢;化肥则按其所含的特殊元素可分为氮肥、磷肥、钾肥等。

按化学成分进行商品分类,能够更深入地分析商品特性,对研究商品的加工、包装、使用以及商品在储运过程中的质量变化有重要意义。化学成分已知且对商品性能影响较大的商品易采用这种分类标志进行分类,但对于化学成分比较复杂或易发生变化以及对商品性能影响小的商品则不适宜采用这种分类标志。

除了以上常用的商品分类标志外,还有以下一些其他的分类标志。

(1) 按商品的使用期长短,分为耐用性商品和易耗性商品。

(2) 按市场范围,分为地方商品、内销商品和外销商品。

(3) 按商品的加工程度,分为原料、半成品和成品等。

(4) 按商品生产季节,分为春季商品、夏季商品、秋季商品和冬季商品。

(5) 按商品的外形分类,如常用平板玻璃分为普通平板玻璃、磨砂玻璃、压花玻璃、夹层玻璃和钢化玻璃等。

《全国主要产品分类与代码》(GB/T 7635.1—2002)可运输产品中的分类依据就是按产品的产业源及产品的性质、加工工艺、用途等基本属性进行分类。五个大部类分别是农林(牧)渔业,矿和矿物,加工食品,金属制品、机械和设备,除金属制品、机械和设备外的其他可运输物品。

## 三、商品分类的基本方法

商品分类的基本方法主要有两类,即线分类法和面分类法。不同的分类方法有对应的分类体系。

**1. 线分类法及线分类体系**

1) 线分类法的概念

线分类法又称层级分类法,是指将分类对象按所选定的若干分类标志,逐次地分成相应的若干层级类目,并编制成一个有层次、逐级展开的分类体系。商品经营分类通常将商品分为大类、中类、小类和细目等,就是典型的线分类法的应用。例如,家具分类的线分类层次,见表2-2。

表2-2 家具线分类法结构

| 分类层次 | 类目名称 |
| --- | --- |
| 大类 | 家具 |
| 中类 | 木制家具、金属家具、塑料家具、竹藤家具 |
| 小类 | 床、椅、凳、桌、箱、架、橱柜、笼、其他 |

2) 线分类法应遵循的基本原则

(1) 在线分类法中,由某一上位类类目划分出的下位类类目的总范围应与上位类类目范围相同,如木质家具、金属家具、塑料家具、竹藤家具都属于家具。

(2) 当一个上位类类目划分成若干个下位类类目时,应选择一个划分标志,如中类按照制作原料划分。

(3) 同位类类目之间不交叉、不重复,并只对应于一个上位类,如木椅、木凳、木桌、木箱、木架等。

(4) 分类要依次进行,不应有空层或加层。

3) 线分类体系

按照线分类法建立起的体系即为线分类体系。

线分类体系的优点:层次性好,能较好地反映类目之间的逻辑关系;符合传统应用习惯,既适合于手工处理,又便于计算机处理。

线分类体系的缺点:存在分类结构弹性差的问题。

**2. 面分类法及面分类体系**

1) 面分类法的概念

面分类法又称平行分类法,是指将所选定的分类对象的若干标志视为若干个面,每个面划分为彼此独立的若干个类目,编制成一个由若干个面构成的平行分类体系,如服装面分类法,见表2-3。面之间没有隶属关系,每个面又分成若干个类目,使用时将有关类目组配起来,便成为一个复合类目,如纯毛男式西装、化纤女式套装等。

表2-3 服装面分类法示例

| 第一面 面料 | 第二面 式样 | 第三面 款式 |
| --- | --- | --- |
| 纯棉 | 男式 | 西服 |
| 纯毛 | 女式 | 衬衫 |
| 化纤 | — | 套装 |
| 混纺 | — | 休闲服 |
| — | — | 连衣裙 |

2) 面分类法应遵循的基本原则

(1) 根据需要,应将分类对象的本质属性作为分类对象的标志。

(2) 不同类面的类目之间不能相互交叉,也不能重复出现。

(3) 每个面有严格的固定位置。

(4) 面的选择以及位置的确定应根据实际需要而定。

3) 面分类体系

按照面分类法建立的分类体系即为面分类体系。

面分类体系的优点:结构弹性好,可较大量地扩充新类目,不必预先确定好最后的分组,适用于计算机管理。

面分类体系的缺点：组配结构太复杂，不便于手工处理，其容量也不能充分利用；容易出现没有任何意义的商品复合类目，如混纺男式连衣裙。

在实际运用中，通常会采用综合分类法的形式。例如，我国在编制《全国工农业产品(商品、物资)分类与代码》国家标准时，采用的就是线分类法和面分类法相结合、以线分类法为主的综合分类法。首先，根据人类社会生产与分工的发展进程和我国国民经济发展的格局，按农业、轻工业、重工业的顺序，对工农业产品分类体系中的最高层(门类、大类、中类)完全采用按产业、行业组配的面分类法，使所有的产品与行业挂钩，而对以下的各层级，则按商品属性的内在联系，采用线分类法划分。《全国主要产品分类与代码》与国际标准接轨，主要采用线分类法，而在大部类、部类等高层级划分采用的还是面分类法。

# 任务二　商品编码

### 任务提出

小 A 在了解商品品类的时候发现一个问题，这么多的商品就算分类了，该怎样快速查询和找到某个商品呢？正好王组长在扫描商品进行货架整理，小 A 就把自己的疑问向王组长说了，王组长笑了笑，用扫描设备扫了一下商品条码，一些信息立刻就出现了。小 A 恍然大悟，原来这个问题就是商品条码解决的呀，于是他开始研究怎样运用商品条码和编码进行商品管理。

### 背景知识

## 一、商品编码概述

### 1. 商品编码的概念

商品编码是指用一组有序的代表符号来标志分类体系中不同类目商品的过程。它是数字化的"物"信息，也称为"物品编码"，是现代化、信息化的基石。近年来不断出现的物联网、云计算、智慧地球等新概念、新技术、新应用，究其根本，是以商品编码为前提。中国物品编码中心对物品编码的定义是：指按一定规则对物品赋予易于计算机和人识别、处理的代码。它是便于人或计算机识别与处理的代表符号，可以区分不同产地、不同原料、不同色泽和不同型号的商品品种。

一般来说，商品分类在先，商品编码在后。商品的科学分类为编码的合理性创造了前提条件，但是编码是否科学也会直接影响商品分类体系的实用价值。一个好的商品分类体系如果没有一套运用方便的代码，就会给组织商品信息、运用商品信息、商品流通合理化以及经济管理现代化带来困难和麻烦。

### 2. GS1 系统

随着信息技术和社会经济的快速发展，各应用系统间信息交换、资源共享的需求日趋迫切。要想实现各编码系统有机互连，解决系统间信息的交换与共享问题，高效、经济、快速整合各应用信息，就需要建立统一的商品编码体系，于是GS1应运而生。GS1系统(全球统一标识系统)为在全球范围内标识货物、服务、资产和位置提供了准确的编码。这些编码能够以条码符号来表示，以便进行商务流程所需的电子识读。该系统克服了厂商、组织使用自身的编码系统或部分特殊编码系统的局限性，提高贸易的效率和对客户的反应能力。

GS1是1973年由美国统一代码委员会建立的系统。该系统拥有全球跨行业的产品、运输单元、资产、位置和服务的标识标准体系和信息交换标准体系，使产品在全世界都能够被扫描和识读。GS1系统(见图2-1)包含三部分内容：编码体系、可自动识别的数据载体以及电子数据交换体系。核心内容就是采用标准的编码为商品、服务、资产和位置等提供准确的标识，并且这些编码能够以条码符号或RFID标签来表示，以便进行数据的自动识别。

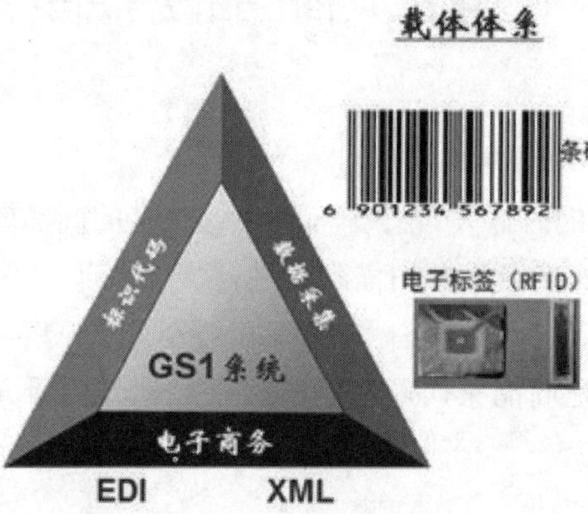

图2-1　GS1系统

GS1系统拥有一套完整的编码体系(见图2-2)，包括流通领域中所有的产品与服务(包括贸易项目、物流单元、资产、位置和服务关系等)的标识代码及附加属性代码，解决了供应链上信息编码不唯一的难题。附加属性代码不能脱离标识代码独立存在。这些标识代码是计算机系统信息查询的关键字，是信息共享的重要手段，同时，也为采用高效、可靠、低成本的自动识别和数据采集技术奠定了基础。

数据载体承载编码信息，用于自动数据采集与电子数据交换。载体体系主要有两种，一是条码技术，二是射频标签。条码技术按空间维度可分为一维条码和二维条码。一维条码就是常说的商品条码，在一维空间使用条、空进行编码，通常是对商品的标识。二维条码就是常见的二维码，在水平和垂直方向识读全部信息，通常是对商品的描述。无线射频识别技术包括射频标签和读写器两部分。射频标签是承载识别信息的载体，读写器是获取信息的装置。射频识别的标签与读写器之间利用感应、无线电波或微波进行双向通信，实现标签存储信息的识别和数据交换。由于射频标签较条码标签成本偏高，很少像条码那样用于消费品标识，多用于人员、车辆、物流等管理，如证件、停车场、可回收托盘、包装箱的标识等。

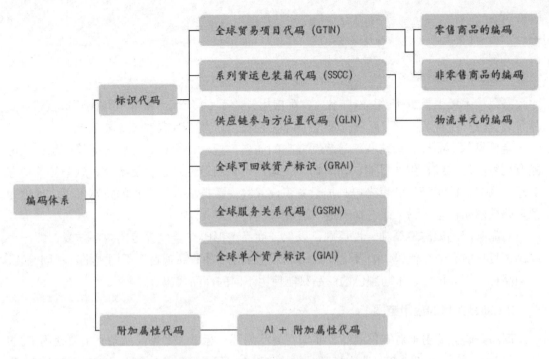

图 2-2　GS1 系统拥有的完整的编码体系

电子数据交换主要是两大体系：EDI 和 XML。电子数据交换(EDI)是商业贸易伙伴之间，将按标准、协议规范化和格式化的信息通过电子方式，在计算机系统之间进行自动交换和处理。然而，EDI 需要专用网络和专用程序，其数据人工难以识读。XML 技术是基于 Internet 的电子数据交换技术，其最大优势之一在于其可扩展性，克服了 HTML 固有的局限性，使互联网的一些新的应用成为可能，被誉为信息标准化过程的有力工具。

GS1 系统的好处，对于生产商、物流服务提供商、进出口商以及批发商及零售商来说各不相同，分别如下。

(1) 对于生产商来说：提供独一无二的商品识别方法，减少贸易伙伴替换商品附加标识的麻烦，有效地监察商品从生产至销售之间的流向。

(2) 对于物流服务提供商来说：优化物流流程，减少库存量，实现准时制生产方式(Just In Time，JIT)；方便掌握及追踪商品货运情况；支持仓库自动化系统；改善货运管理及监察情况。

(3) 对于进出口商来说：符合世界主要零售商及买家对供应商的基本采购要求；避免重复及错误输入商品信息；配合扫描技术，提高效率；促进存货管理，以便追查商品流向。

(4) 对于批发商及零售商来说：改善存货控制方式，降低行政费用；为推行电子销售点扫描奠定基础；提供准确的商品销售数据，实现有效客户反应(Efficient Consumer Response，ECR)；提高采购及补货效率。

## 二、商品条码

### 1. 商品条码的概念

条码技术诞生于20世纪40年代,实际应用开始于60年代,70年代逐渐形成规模。商品条码是由一组粗细不同、黑白(或彩色)相间的条、空及对应字符按规则组合起来,用以表示一定信息的商品标志。这些信息包括静态的品名、规格、数量、生产厂商等信息;还可能有批号、流水线、生产日期、保质期、发运地点、到达地点、收货单位、运单号等动态信息。商品条码是可以利用光电扫描设备识读并实现数据输入计算机的特殊代码,也称为条形码或商品标志代码,通常指的是一维条码。

商品条码的编码遵循唯一性原则,以保证商品条形码在全世界范围内不重复,即一个商品项目只能有一个代码,或者说一个代码只能标志一种商品项目。不同规格、不同包装、不同品种、不同价格、不同颜色的商品只能使用不同的商品代码。

### 2. 商品条码的应用范围

商品条码主要用于对零售商品、非零售商品的统一标志。零售商品条码主要使用 EAN 条码和 UPC 条码(见图2-3),非零售商品常用 ITF-14 条码(交叉25条码)、UCC/EAN-128 条码等。零售商品是指在零售端 POS(Point of Sales)系统扫描结算的商品。非零售商品是指不经过 POS 系统扫描结算的用于配送、仓储或批发等环节的商品,包括单个包装的非零售商品和含有多个包装等级的非零售商品。前者是指独立包装但又不适合通过零售端 POS 系统扫描结算的商品,如独立包装的冰箱、洗衣机等。后者是指需要标志的货物内含有多个包装等级,如装有24条香烟的一整箱烟或装有六箱烟的托盘等。

图2-3 常见的 EAN 条码和 UPC 条码

POS 系统是一个商业销售点实时系统,该系统以条形码为手段,以计算机为中心,实现对商店的进、销、存的管理,快速反馈进、销、存各个环节的信息,为经营决策者提供信息。条码技术已经被广泛地应用于仓储管理、交通管理、金融文件管理、商业文件管理、病历管理、血库血液管理以及各种分类技术方面。条码技术作为数据标志和数据自动输入的一种手段,已渗透到计算机管理的各个领域。

随着条码技术的发展和条码的码制种类的不断增加,条码的标准化显得越来越重要。美国曾先后制定了军用标准:交叉 25 条码、39 条码和 Coda Bar 条码等 ANSI 标准。2005 年 GS1 系统将 EAN 和 UPC 整合。

## 【案例分析 2-1】

### 超市管理中的条码技术应用

**1. 超市中的商品流通**

超市中的商品流通包括收货、入库、点仓、出库、查价、销售和盘点等,具体操作如下。

(1) 收货:收货部员工手持无线手提终端(通过无线网与主机连接的无线手提终端上已有此次要收的货品名称、数量、货号等资料),通过扫描货物自带的条码,确认货号,再输入此货物的数量,无线手提终端上便可马上显示此货物是否符合订单的要求。如果符合,便把货物送到入库步骤。

(2) 入库和出库:入库和出库其实是仓库部门重复以上的步骤,增加这一步只是为了方便管理,落实各部门的责任,也可防止有些货物收货后需直接进入商场而不入库所产生的混乱。

(3) 点仓:点仓是仓库部门最重要,也是最必要的一道工序。仓库部门员工手持无线手提终端(通过无线网与主机连接的无线手提终端上已经有各货品的货号、摆放位置、具体数量等资料)扫描货品的条码,确认货号,确认数量。所有的数据都会通过无线网实时地传送到主机。

(4) 查价:查价是超市的一项烦琐的任务。因为货品经常会有特价或调整,也容易发生混乱,所以售货员手提无线手提终端,腰挂小型条码打印机,按照无线手提终端上的主机数据检查货品的变动情况,对应变而还没变的货品,马上通过无线手提终端连接小型条码打印机打印更改后的全新条码标签,并贴于货架或货品上。

(5) 销售:销售是超市的命脉,主要是通过 POS 系统对产品条码的识别来体现等价交换。注意,条码标签一定要质量好的,一是方便售货员的扫描,提高效率;二是防止顾客把低价标签贴在高价货品上结账造成的损失。

(6) 盘点:盘点是超市收集数据的重要手段,也是超市必不可少的工作。以前的盘点,必须暂停营业来进行手工清点,期间对生意的影响及对公司形象的影响之大无可估量。直至现在,还有的超市是利用非营业时间,要求员工加班加点地进行盘点,这只是小型超市的管理模式,也不适合长期使用,而且盘点周期长,效率低。世界级大型超市的盘点方式已进行必要的完善,主要分抽盘和整盘两部分。抽盘是指每天的抽样盘点,每天分几次,计算机主机将随意指令售货员到几号货架、清点什么货品。售货员只需手拿无线手提终端,按照通过无线网传输过来的主机指令,到相应的货架,扫描指定商品的条码,确认商品后对其进行清点,然后把资料通过无线手提终端传输至主机,主机再进行数据分析。整盘,顾名思义就是整店盘点,是一种定期的盘点,超市分成若干区域,分别由不同的售货员负责,也是通过无线手提终端得到主机上的指令,按指定的路线、指定的顺序清点货品,然后不断地把清点资料传输回主机,盘点期间根本不影响超市的正常运作。因为平时做的抽盘和定期的整盘加上所有的工作都是和主机实时进行数据交换,所以,主机上的资料的准确性十分高,整个超市的运作也一目了然。

**2. 客户的管理**

使用条码对客户进行管理主要应用在会员制超市中,主要的流程如下:新的客户要到会员制超市购物,必须先到客户服务中心填好入会表格,服务中心马上通过 NBS 条码影像制卡系统为客户照相,并在 8 秒钟之内把条码影像会员卡发到客户手上。卡上有客户的彩色照片、会员编号、编号条码、入会时间、类别、单位等资料。客户凭卡进入超市选购货物,在结账时必须出示此会员卡,收款员通过扫描卡上的条码确认会员身份,并把会员的购货信息储存到会员资料库,方便以后使用。会员制超市使用条码卡进行管理的主要优点在于:低成本、高效率、资料准确。

**3. 供应商管理**

使用条码对供应商进行管理,主要是要求供应商的供应货物必须有条码,以便进行货物的追踪服务。供应商必须把条码的内容含义清晰地反映给超市,超市才能逐渐通过货品的条码进行订货。

**4. 员工的管理**

使用条码对员工进行管理,主要是应用在行政管理上。作为超市,能将超市已有的设备运用到行政管理上实是明智之举。超市将已有的 NBS 条码影像制卡系统为每个员工制出一张员工卡,卡上有员工的彩色照片、员工号、姓名、部门、ID 条码及各项特有标记。员工每天必须在工作时间内佩戴员工卡,并使用员工卡上的条码配合考勤系统做考勤记录,而员工的支薪、领料和资料校对等需要身份证明的部门,都配上条码扫描器,通过扫描员工卡上的 ID 条码来确定员工的身份。

条码作为一种信息载体,已普遍应用在生活中,作为现代的大型超市,充分利用条码技术进行管理,势在必行,再配合先进的计算机技术及自动识别技术,定会提高超市的管理层次,使超市的行政架构得以精简,减少工作强度及人力,清晰货品的进、销、存和流向等资料,对稳定超市的季节性变化至关重要,而产品资料的实时性收集,更会加快超市的运作频率,精确超市的各项数据报告。

(资料来源:百度文库,有改动)

**问题:** 进行全面的超市管理,为什么要懂得充分利用先进的条码技术?

### 3. 商品条码读取信息的优点

(1) 操作简单易行,准确度高。键盘录入数据的误码率为三千分之一;利用光学字符识别技术,误码率约为万分之一;而采用条码扫描录入方式,误码率为三百万分之一,首读率可达 98%以上。

(2) 信息采集速度快。普通计算机的键盘录入速度是 200 字符/分钟,而利用条码扫描录入信息的速度是键盘录入的 20 倍。

(3) 灵活实用。条码符号作为一种识别手段可以单独使用,也可以和有关设备组成识别系统实现自动化识别,还可以和其他控制设备联系起来实现整个系统的自动化管理。在没有自动识别设备时,也可以实现手工键盘输入。

(4) 实现高效的销售管理,降低商品流通成本,进而增加企业效益。商品条码可以有效防止假冒,保护消费者的利益。

**4．商品条码的分类**

商品条码根据其编码主体的不同,可分为厂家条码和商店条码两类。

1) 厂家条码

厂家条码是指生产厂家在生产过程中直接印制到商品包装上的条形码。国际通用的商品条码是 EAN 条码,主要有 EAN-13 条码(13 位标准条码)和 EAN-8 条码(8 位缩短条码)两种。在我国,零售商品条码的主要类型为 EAN-13 条码。

2) 商店条码

商店条码也称店内条码,是用于标识商店自行加工店内销售的商品和变量零售商品,简称店内码。变量零售商品是指在零售贸易过程中,无法预先确定销售单元,按基本计量单位进行定价销售的商品。对于商店内一些鲜肉、蔬菜、水果、熟食等随机称重销售或自行分装出售的商品,商店可以自行编制店内条码。另外,因生产厂家印刷的商品条码不能识读,商店也可以自己制作店内码将其粘贴或悬挂在商品外包装上。我国采用的 EAN-13 店内码分为不包括价格等信息的 13 位代码和包括价格等信息的 13 位代码。

不包括价格等信息的 13 位代码的前缀码是 20～24。商品项目代码是 10 位数字,由商店自行编制,校验码为 1 位数字。包括价格等信息的 13 位代码则由前缀码、商品种类代码、价格或度量值的校验码、价格或度量值代码以及检验码五部分组成。其中,价格或度量值的校验码可以缺省。包含价格等信息的 13 位代码分为 4 种结构,见表 2-4。

表 2-4　包含价格等信息的 13 位代码结构

| 结构种类 | 前缀码 | 商品种类代码 | 价格或度量值的校验码 | 价格或度量值代码 | 检验码 |
| --- | --- | --- | --- | --- | --- |
| 结构一 | $X_{13}X_{12}$ | $X_{11}X_{10}X_9X_8X_7X_6$ | 无 | $X_5X_4X_3X_2$ | $X_1$ |
| 结构二 | $X_{13}X_{12}$ | $X_{11}X_{10}X_9X_8X_7$ | 无 | $X_6X_5X_4X_3X_2$ | $X_1$ |
| 结构三 | $X_{13}X_{12}$ | $X_{11}X_{10}X_9X_8X_7$ | $X_6$ | $X_5X_4X_3X_2$ | $X_1$ |
| 结构四 | $X_{13}X_{12}$ | $X_{11}X_{10}X_9X_8$ | $X_7$ | $X_6X_5X_4X_3X_2$ | $X_1$ |

**5．EAN-13 条码结构**

EAN-13 条码是由 13 位数字码及其对应的条码符号组成,它既可用于商品的销售包装,也可用于商品的运输包装。需要指出的是,这里指的是厂家代码,不包括店内码。

1) 条码符号结构

EAN-13 条码符号结构由左侧空白区、起始符、左侧数据符、中间分隔符、右侧数据符、校验符、终止符、右侧空白区及供人识别字符组成(见图 2-4)。

图 2-4　EAN-13 条码符号结构

2) 条码数字结构

EAN-13 条码的 13 位数字由三部分构成，分别是厂商识别代码、商品项目代码和校验码。

(1) 厂商识别代码，简称厂商代码，由 7~10 位数字组成。

厂商识别代码的前 3 位代码为前缀码，即国际物品码前缀码，也称为前置码、国家代码，是用来标志国家或地区的代码。它只表示商品条码的注册地，不表示产品的产地，如表 2-5 所示。例如，中国台湾产的 ZA 的前缀码是 450，是指该商品的条码注册地是日本。赋码权在国际物品编码协会，如 000~019 代表美国，754~755 代表加拿大，690~695 代表中国大陆。另外，图书和期刊作为特殊的商品也采用了 EAN-13 表示 ISBN 和 ISSN。前缀 977 被用于期刊号 ISSN，图书号 ISBN 用 978、979 为前缀。

表 2-5　部分国家(地区)条码的前缀码

| 前　缀　码 | 国家(地区) | 前　缀　码 | 国家(地区) |
| --- | --- | --- | --- |
| 000~019<br>030~039<br>060~139 | 美国 | 450~459<br>490~499 | 日本 |
| 754~755 | 加拿大 | 489 | 中国香港 |
| 300~379 | 法国 | 471 | 中国台湾 |
| 460~469 | 俄罗斯 | 958 | 中国澳门 |
| 400~440 | 德国 | 690~695 | 中国大陆 |
| 500~509 | 英国 | 750 | 墨西哥 |
| 730~739 | 瑞典 | 880 | 韩国 |
| 760~769 | 瑞士 | 885 | 泰国 |
| 800~839 | 意大利 | 888 | 新加坡 |
| 930~939 | 澳大利亚 | 890 | 印度 |
| 540~549 | 比利时、卢森堡 | 955 | 马来西亚 |

厂商代码的前缀码后面的数字是由各个国家或地区的物品编码组织进行分配的代码。

我国的厂商代码是中国物品编码中心按照国家标准的规定，在 EAN 分配的前缀码的基础上增加 4～7 位数字编制的，用于对厂商的唯一标志。例如，某内衣有限公司，1999 年成立，2001 年 11 月获准成为中国商品条码系统成员，厂商代码 692 86172，后又陆续获准增加厂商代码 693 43000、690 2623。伊利乳业集团下属公司的厂商代码各不相同，如合肥伊利乳业有限责任公司的厂商代码是 692 13792，石河子伊利乳业有限责任公司的厂商代码是 695 19790，沈阳伊利乳业有限责任公司则是 693 53507。

（2）商品项目代码，简称商品代码，是用来标志商品的代码，赋码权由产品生产企业自己行使，由 2～5 位数字组成。

（3）校验码。校验码是最后 1 位数字，用于计算机自动检验整个代码录入是否正确，其数值是根据前 12 位数字按国际物品编码委员会规定的方法计算得出的。我国采用的校验码参见 GB 12904 商品条码规定。

对于我国商品条码而言，EAN-13 条码的数字代码有四种结构，如表 2-6 所示。

表 2-6　EAN-13 条码的数字代码结构

| 结构种类 | 厂商识别代码 | 商品项目代码 | 校验码 |
| --- | --- | --- | --- |
| 结构一 | $X_{13}X_{12}X_{11}X_{10}X_9X_8X_7$ | $X_6X_5X_4X_3X_2$ | $X_1$ |
| 结构二 | $X_{13}X_{12}X_{11}X_{10}X_9X_8X_7X_6$ | $X_5X_4X_3X_2$ | $X_1$ |
| 结构三 | $X_{13}X_{12}X_{11}X_{10}X_9X_8X_7X_6X_5$ | $X_4X_3X_2$ | $X_1$ |
| 结构四 | $X_{13}X_{12}X_{11}X_{10}X_9X_8X_7X_6X_5X_4$ | $X_3X_2$ | $X_1$ |

【案例分析 2-2】

**商品标志代码的编码示例**

假设分配给某企业的厂商识别代码为 690 1234，且表 2-7 给出了该企业部分商品标志代码的编码方案。根据表 2-7 所示可知以下五项内容。

（1）不同的商品品种应编制不同的商品项目代码。例如，清凉油与风油精是不同的商品品种，所以其商品项目代码不同。

（2）即使是同一企业生产的同一品种的商品，如果商标不同，也应编制不同的商品项目代码。例如，天坛牌风油精与龙虎牌风油精，二者商标不同，所以应编制不同的商品项目代码。

（3）商标相同、品种相同，如果剂型不同，商品项目代码也应不同。例如，天坛牌清凉油，其搽剂与吸剂的商品项目代码不同。

（4）品种、商标、剂型都相同的商品，如果商品规格或包装规格不同，也应编制不同的商品项目代码。例如，天坛牌清凉油棕色固体搽剂中，3.5g/盒 与 19g/盒、3.5g/盒 与 3.5g/袋，其商品项目代码各不相同；ROYAL BALM$^{TM}$ 清凉油，18.4g/瓶 的运动型棕色强力装与关节型原始白色装的商品项目代码也不相同。

（5）对于组合包装的商品，如龙虎牌家友组合，也应分配一个独立的商品项目代码。如果其包装内的风油精与清凉鼻舒也有单卖的产品，则风油精、清凉鼻舒以及二者组合包装后的产品应分别编制不同的商品项目代码。

表 2-7 某企业商品标识代码编制示例

| 产品种类 | 商标 | 剂型、规格与包装 | | | 商品标识代码 |
|---|---|---|---|---|---|
| 清凉油 | 天坛牌 | 搽剂 | 固体 | 棕色 3.5 g/盒 | 6901234 00000 9 |
| | | | | 棕色 3.5 g/袋 | 6901234 00001 6 |
| | | | | 棕色 19 g/盒 | 6901234 00002 3 |
| | | | | 白色 19 g/盒 | 6901234 00003 0 |
| | | | 液体 | 3 mL/瓶 | 6901234 00004 7 |
| | | | | 8 mL/瓶 | 6901234 00005 4 |
| | | | | 18 mL/瓶 | 6901234 00006 1 |
| | | 吸剂(清凉油鼻舒) | | 1.2 g/支 | 6901234 00007 8 |
| | 龙虎牌 | 黄色 | | 3.0 g/盒 | 6901234 00008 5 |
| | | | | 10 g/盒 | 6901234 00009 2 |
| | | 白色 | | 10 g/盒 | 6901234 00010 8 |
| | | | | 18.4 g/瓶 | 6901234 00011 5 |
| | | 棕色 | | 10 g/盒 | 6901234 00012 2 |
| | | | | 18.4 g/瓶 | 6901234 00013 9 |
| | | 吸剂(清凉油鼻舒) | | 1.2 g/支 | 6901234 00014 6 |
| | ROYAL BALM™ | 运动型棕色强力装 | | 18.4 g/瓶 | 6901234 00015 3 |
| | | 关节型原始白色装 | | 18.4 g/瓶 | 6901234 00016 0 |
| 风油精 | 龙虎牌 | 8 mL/瓶 | | | 6901234 00017 7 |
| | | 3 mL/瓶 | | | 6901234 00018 8 |
| 家友(组合包装) | 龙虎牌 | 风油精 1 mL/瓶,清凉鼻舒 0.5 g/支 | | | 6901234 00019 1 |

(资料来源:中国物品编码中心网站,有改动)

**思考:企业如何编制商品标志代码?**

## 三、二维码

### 1. 二维码的概念

二维码是对二维条形码的简称,在水平和垂直两个方向表示信息,对物品进行描述的一种条码技术。它是在一维条形码不能满足大容量信息存储的情况下发展起来的,与一维条形码的区别是,它的信息以点的方式在横轴和纵轴方向上同时分布(见图 2-5)。它除了可以存储字符、数字以外,还可以存储图形、声音等一切可以数字化的信息。其主要特点是存储信息容量大、安全性高、读取率高、错误纠正能力强。

### 2. 二维条码的分类

按照编码方法的不同,二维条码通常可分为以下两种类型。

图 2-5 二维码与一维码信息表示情况

1) 行排式二维条码

行排式二维条码(又称堆积式二维条码或层排式二维条码),其编码原理是建立在一维条码基础之上,按需要堆积成二行或多行。它在编码设计、校验原理、识读方式等方面继承了一维条码的一些特点,识读设备和条码印刷与一维条码技术兼容。但由于行数的增加,需要对行进行判定,其译码算法与软件与一维条码也不完全相同。有代表性的行排式二维条码有:PDF417、Code 49、Code 16K 等(见图 2-6)。

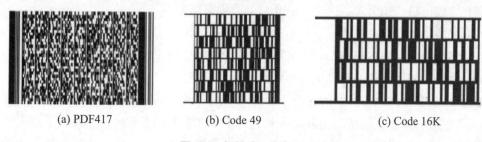

(a) PDF417　　　　(b) Code 49　　　　(c) Code 16K

图 2-6 行排式二维条码

2) 矩阵式二维条码

矩阵式二维条码(又称棋盘式二维条码),它是在一个矩形空间通过黑、白像素在矩阵中的不同分布进行编码。在矩阵相应元素位置上,用点(方点、圆点或其他形状)的出现表示二进制"1",点的不出现表示二进制的"0",点的排列组合确定了矩阵式二维条码所代表的意义。矩阵式二维条码是建立在计算机图像处理技术、组合编码原理等基础上的一种新型图形符号自动识读处理码制。具有代表性的矩阵式二维条码有:QR Code、Data Matrix、Code One 等(见图 2-7)。

(a) QR Code　　　　(b) Data Matrix　　　　(c) Code One

图 2-7 矩阵式二维条码

### 3. 二维码的应用

二维码从"质"上提高了条形码的应用水平,从"量"上拓宽了条形码的应用领域。二维码能够"慧眼识人"。由于二维码可以存储个人照片、声音、指纹、虹膜、基因状况等综合信息,将二维码应用在身份证、护照和机动车驾驶证等重要证件上,假冒分子就很难得逞。二维码还能准确"认物"。由于二维码可以存储产地、生产厂家、品牌、质量指标、生产批号、安全性能等综合信息,将二维码应用在药物、高档家用电器等物品上,伪劣产品就难以蒙混过关。利用便携式识读设备读取相关数据,还可以"跟踪"某一物件的流向。例如,有关机构可采用二维码为树木、邮件、汽车、军需物资、货运物品等制作"身份证",使人们对它们的变化和流通情况了如指掌。此外,二维码还可应用在对管理程度要求较高的银行、工商、税务和海关等系统。总之,在现代商业活动中,二维码的应用十分广泛。

归结起来,二维码目前主要应用于以下四个方面。

(1) 传递信息,如个人名片、产品介绍、质量跟踪等。

(2) 电商平台入口。顾客线下扫描商品广告的二维码,然后在线购物。

(3) 移动支付。顾客扫描二维码进入支付平台,使用手机进行支付。

(4) 凭证,如团购的消费凭证、会议的入场凭证等。

例如,二维码在汽车行业的应用十分深入,从发动机的钢体、钢盖、曲轴、连杆、凸轮轴到变速箱的阀体、阀座、阀盖,再到离合器的许多关键零部件,以及电子点火器和安全气囊,二维码应用比比皆是。由于生产加工质量得以全过程跟踪,提高了加工质量,同时由于跟踪了生产过程中的加工设备,可以自由管理工人的状态,使得其原生产线变成柔性生产线,可生产多种产品。更为重要的是,二维码的引入还为产品防伪提供了有力的手段,也为产品的售后服务提供了有说服力的保障。

【案例分析 2-3】

#### 化妆品防窜货管理系统条码方案

**一、企业介绍**

广州环亚化妆品科技有限公司(简称"环亚科技",下同)是一家集研发、生产、销售、培训、服务等为一体的综合性美容化妆品企业,注册资金为 8 000 万美元。目前拥有美肤宝、法兰琳卡、蕾菈、幽雅和滋源等品牌,产品种类涵盖洁肤、护肤、洗发、护发等多个领域,实现了对 CS 化妆品专卖店、超市、KA 卖场、百货商场、美容院、电子商务等全渠道覆盖。

**二、项目背景介绍**

环亚科技十分重视产品质量,一方面从原材料进厂检验、生产过程控制直至产品出货各个阶段严把质量关,生产的产品符合国家标准"优等品"的要求。另一方面从产品设计着手,立足从人性化角度出发,充分考虑市场需求,通过完善的产品设计、稳定的生产过程控制,提供用户满意的产品,使企业的社会价值和市场价值得到比较完美结合。

但公司却饱受窜货的困扰，破坏了企业辛苦建设的渠道网络，使得市场紊乱，价格混乱。据介绍，仅一个区域每年由于窜货造成的损失就高达几百万元，在这样的背景下，环亚科技需要一套有效的系统为防伪防窜货提供管理手段。

三、实施方案

1. 产品介绍

利用标领条码防窜货管理系统，结合环亚科技生产、销售、管理的特殊化需求，打造适合企业的特有销售防窜货管理系统。

标领条码防窜货管理系统包括基础功能、企业出入库及库存管理系统、流向查询、库存监管、窜货查询及预警等功能。

(1) 基础功能：完成系统的区域、企业信息、产品信息、用户信息等的维护管理，以及系统的各类后台服务。

(2) 企业出入库及库存管理系统：完成从生产企业到各级经销商的产品条码的上报、出入库单查询及库存查询等功能。系统能无缝对接企业现有的ERP系统，避免了重复上报和上报易出错等问题。系统支持多样化的数据上传的方式，可以通过智能Wince扫描枪上报、批处理扫描枪上报、Web页面上报、Excel导入上报等，为流通各环节中不同的企业类型提供了不同的条码上传的功能。

(3) 流向查询：完成条码的流向查询、产品批号流向查询、窜货查询等功能。

(4) 库存监管：为企业提供各类库存查询功能。

(5) 窜货等预警：用户可以订阅库存上下限、窜货、产品有效期的预警信息。通过此功能可以处理各类预警。系统不仅可以针对已经发生的窜货预警，还可以通过定制规则引擎脚本，预报某地区将可能发生窜货，以便管理者加强监管。

2. 方案设计

根据环亚科技生产线特点，设计了三级包装，即小包装、中包装、外箱。生产线单品包装采用固定激光喷码。中包装、外箱用贴码方式，其中一级包装使用的是二维码，中包装、外箱采用的一维条码。一级包装采取系统数据关联，中包装、外箱采用PDA扫描方式，从而优化了入库、出库的流程，节省时间。

四、实施效果

通过标领条码防窜货管理系统的全面运行，环亚科技建立起智能化的防窜货管理系统，在产品的生产、库存、发运、渠道管理、最终消费者等各个环节推行信息化管理，每一个最小包装产品都能实现追踪追溯。这一套完整的解决方案帮助环亚科技实现精益化生产和精益化管理，提升效率、降低人力物力和管理成本，优化并整合了环亚科技的供应链管理。系统目前运行良好。

### 五、客户现场图

**问题：** 环亚科技用了什么条码技术？

# 任务三　商　品　目　录

> **任务提出**

非食品部门的负责人对小A的商品品类的分析非常满意，让小A提供一份适当的商品目录，要求方便内部查询和作为直邮资料方便顾客选购并使其了解部门的商品。

> **背景知识**

## 一、商品目录的概念

商品目录又称为商品分类目录，是指将经营管理的全部商品按一定标志进行系统分类编制而成的商品细目表。商品目录是在商品逐级分类的基础上，用表格、符号和文字全面记录商品分类体系和编排顺序的书本式工具。商品目录是商品分类的体现，只有根据商品的科学分类编制商品目录，才能使商品目录层次分明、条理清晰。

从其表现形式分析，商品目录是在商品分类和编码的基础上，用表格、文字、数码等全面记录和反映相关商品集合总体综合信息的文件；从其内容结构分析，商品目录一般是商品名称、商品代码、商品分类体系三方面信息的有机结合。建立科学的、实用的商品分类体系和商品目录是研究商品分类的主要内容和最终目的。商品目录不是一成不变的，它应随着商品生产和商品经济的发展、消费者需求的变化、地区商业企业之间经营品种的变化以及国家经济政策的调整，及时地进行相应的修订，才能发挥出其对商品经营的指导作用。

## 二、商品目录的种类

商品目录的种类有很多，按其适用范围，商品目录可分为国际商品目录、国家商品目录、行业(部门)商品目录、企业商品目录；按其用途，商品目录可分为生产资料商品目录和消费资料商品目录；按其管理权限，商品目录可分为一类商品目录、二类商品目录和三类商品目录；按其产销地区，商品目录可分为地产商品目录、进口商品目录、内销商品目录以及出口商品目录。下面介绍按适用范围编制的商品目录种类。

1. 国际商品目录

国际商品目录，是指由国际组织或区域性集团通过商品分类编制的商品目录。在国际上公认的并广泛采用的国际商品目录主要有：联合国编制的《国际贸易标准分类目录》(SITC)，是国际上使用最为广泛的一种分类标准，该目录将所有商品划分为 10 类(见表 2-8)67 章，共 261 组 1 033 个分组；海关合作理事会编制的《海关合作理事会商品分类目录》(CCCN)，主要用于海关税则的商品分类；国际关税合作理事会编制的《商品名称及编码协调制度》(HS)；国际海事组织编制的《国际海运危险货物运输规则》(IMDG)，是目前国际海运界在控制包装货物运输方面使用最广泛的强制性规则，将危险物品分为 9 类。

表 2-8 《国际贸易标准分类目录》(SITC)的 10 类商品

| 类别 | 内容 | 类别 | 内容 |
| --- | --- | --- | --- |
| 0 | 食品及活动物 | 5 | 化学品及相关产品 |
| 1 | 饮料及烟草 | 6 | 按原料分类的制成品 |
| 2 | 非食用原料(燃料除外) | 7 | 机械及运输设备 |
| 3 | 矿物燃料、润滑油及有关原料 | 8 | 杂项制品 |
| 4 | 动植物油、脂及蜡 | 9 | 未分类的商品 |

2. 国家商品目录

国家商品目录，是指由国家指定专门机构通过商品分类编制的商品目录。例如，我国国家质量监督检验检疫总局发布的《全国主要产品分类与代码》，由相对独立的两部分组成，第一部分是可运输产品(见表 2-9)，第二部分是不可运输产品。可运输产品代码标准是对《全国工农业产品(商品、物资)分类与代码》的修订，与国际通行产品目录协调一致，分为五大部类，共列入 5 万余条类目，40 多万个产品品种或品类。

表 2-9 《全国主要产品分类与代码》(大部类、部类)

| 0 农林(牧)渔业产品；中药 | | | |
| --- | --- | --- | --- |
| 01 | 种植业产品 | 02 | 活的动物和动物产品 |
| 03 | 森林产品和森林采伐产品 | 04 | 鱼和其他渔业产品 |
| | | 06 | 中药 |
| 1 矿和矿物；电力、可燃气和水 | | | |
| 11 | 无烟煤、烟煤和褐煤等煤；泥炭 | 12 | 原油和天然气等 |
| 13 | 铀和钍矿 | 14 | 金属矿 |
| 15 | 石、砂和黏土等非金属矿及其采选品 | 16 | 其他矿物 |
| 17 | 电力、城市燃气、蒸汽和热水 | 18 | 水 |

| | 2 加工食品、饮料和烟草；纺织品、服装和皮革制品 | | |
|---|---|---|---|
| 21 | 肉、水产品、水果、蔬菜、油脂等类加工品 | 22 | 乳制品 |
| 23 | 谷物碾磨加工品、淀粉和淀粉制品；豆制品；其他食品和食品添加剂；加工饲料和饲料添加剂 | 24 | 饮料 |
| 25 | 烟草制品 | 26 | 纱、线和丝；机织物和簇绒织物等 |
| 27 | 服装以外的机织、针织、钩编的纺织制品 | 28 | 针织或钩编的织物(或品)；服装及衣着附件 |
| 29 | 天然皮革、再生革和皮革制品及非皮革材料的同类制品；鞋 | | |
| | 3 除金属制品、机械和设备外的其他可运输物品 | | |
| 31 | 木(材)和木制品、软木制品，稻草、麦秆和缏条材料制品 | 32 | 纸浆、纸和纸制品；印刷品和相关物品 |
| 33 | 炼焦产品；炼油产品；核燃料 | 34 | 基础化学品 |
| 35 | 其他化学产品；化学纤维 | 36 | 橡胶和塑料制品 |
| 37 | 玻璃和玻璃制品及其他非金属制品 | 38 | 家具；其他不另分类的可运输物品 |
| 39 | 旧物、废弃物或残渣 | | |
| | 4 金属制品、机械和设备 | | |
| 41 | 主要金属材料 | 42 | 除机械设备外的金属制品 |
| 43 | 通用机械设备及其零部件 | 44 | 专用机械设备及其零部件 |
| 45 | 办公、会计和计算机械 | 46 | 电气机械和器材 |
| 47 | 广播、电视和通信设备等电子产品 | 48 | 医疗器械；精密和光学等仪器仪表及其元器件和器材，计量标准器具与标准物质；钟表 |
| 49 | 交通运输设备 | | |

### 3．行业(部门)商品目录

行业(部门)商品目录，是指由行业主管部门编制的商品目录。例如，商务部编制发布的《流通业商品分类与代码》(见表 2-10)，适用于商品流通环节，以商品用途和功能为主要标志，将商品分为 11~99 个大类；海关总署编制的《中华人民共和国海关统计商品目录》，所列商品分为 22 类 98 章，共计 8557 个八位数商品编号。

### 4．企业商品目录

企业商品目录是指由企业在兼顾国家和部门商品目录分类原则的基础上，为充分满足本企业工作的需要，而对本企业生产或经营的商品编制的商品目录。企业商品目录的编制，必须符合国家和部门商品目录的分类原则，并在此基础上结合本企业的业务需要，进行适当的归并、细分和补充。例如，某超市商品分类目录，如表 2-11 所示。

表2-10 《流通业商品分类与代码》(大类)

| 序号 | 名称 | 序号 | 名称 | 序号 | 名称 |
|---|---|---|---|---|---|
| 11 | 粮食 | 35 | 玩具 | 61 | 工艺品 |
| 12 | 加工食品 | 39 | 其他文化娱乐品 | 62 | 珠宝 |
| 13 | 生鲜食品 | 41 | 面料 | 63 | 首饰 |
| 14 | 饮料 | 42 | 居家家纺 | 69 | 其他工艺制品 |
| 15 | 酒类 | 43 | 服装 | 71 | 建筑涂装工具 |
| 19 | 其他食品 | 44 | 鞋和帽 | 72 | 水、电材料 |
| 21 | 家居用品 | 45 | 服饰用品 | 73 | 门、窗材料 |
| 22 | 化妆品 | 49 | 其他纺织衣着品 | 74 | 顶、榻、地面材料 |
| 23 | 非处方医药品 | 51 | 可穿戴用品(含钟表、眼镜) | 75 | 涂料 |
| 24 | 宠物用品 | 52 | 家具 | 79 | 其他居家建材 |
| 29 | 其他日用品 | 53 | 箱包 | 81 | 电子书及音像制品 |
| 31 | 办公用品 | 54 | 生活电器 | 82 | 计算机软件 |
| 32 | 图书音像品 | 55 | 摄影、摄像器材及配件 | 83 | 中介信息产品 |
| 33 | 乐器 | 56 | 车辆及用品 | 84 | 票务及旅游产品 |
| 34 | 体育用品与器材 | 59 | 其他耐用消费品 | 89 | 其他信息产品 |
|  |  |  |  | 99 | 其他商品 |

表2-11 某超市商品分类目录

| 大分类 | 中分类 | 小分类 | 大分类 | 中分类 | 小分类 |
|---|---|---|---|---|---|
| 食品1 | 101 酒饮组 | 碳酸饮料 | 食品1 | 105 日配组 | 冷藏/冷冻食品 |
| | | 一般饮料 | | | 常温干货 |
| | | 乳品饮料 | | | 冷冻食品 |
| | | 香烟 | | | 冰制品 |
| | | 啤酒 | | | 外购面包 |
| | | 国产酒 | | | 日配季节商品 |
| | | 进口酒 | | 106 生鲜组 | 热食 |
| | | 烟酒年节礼盒 | | | 非热食 |
| | 102 冲调组 | 营养保健 | | | 生鲜海产 |
| | | 冲调食品 | | | 加工调味品 |
| | | 奶粉/调品 | | | 蔬菜 |
| | 103 休闲组 | 休闲小食品 | | | 水果类 |
| | | 饼干/糕点 | | | 季节性 |
| | | 糖果/巧克力 | | | 家禽类 |
| | | 季节性休闲食品 | | | 内脏类 |

续表

| 大分类 | 中分类 | 小分类 | 大分类 | 中分类 | 小分类 |
|---|---|---|---|---|---|
| 食品1 | 104 粮油组 | 南北干货 | 食品1 | 106 生鲜组 | 调味肉品 |
| | | 米/面 | | | 加工肉品 |
| | | 厨房调料 | | | 骨头 |
| | | 冲泡包面/粉 | | | |
| | | 罐头食品 | | | |
| 非食品2 | 201 洗涤组 | 家用清洁用品 | 非食品2 | 203 文体组 | 音乐/影视 |
| | | 个人清洁用品 | | | 图书 |
| | | 护肤品/彩妆 | | | 纸品 |
| | | 卫生、急救用品 | | | 文具 |
| | | 纸类用品 | | | 礼品 |
| | 202 家居组 | 家用容器 | | | 办公设备 |
| | | 餐具 | | | 电脑及周边设备 |
| | | 一次性用品 | | | 自行车/配件 |
| | | 厨房用具 | | | 汽车用品 |
| | | 炊具 | | | 体育用品 |
| | | 洁/卫浴用品 | | 204 儿童组 | 玩具 |
| | | 家庭整理用具 | | | 婴儿用品 |
| | | 电器配件 | | | 内衣裤 |
| | | 工具 | | | 婴幼童装(0~7岁) |
| | | 装修用具 | | | 童装(7岁以上) |
| | | 家私 | | | 幼/童鞋 |
| | | 鞋类配件 | | 205 针织组 | 内衣裤 |
| | | 园艺/宠物食品 | | | 袜子/丝袜 |
| | | | | | 纺织品 |
| 百货3 | 301 家电组 | 大家电 | 百货3 | 302 服装组 | 睡衣 |
| | | 空调系列 | | | 女装 |
| | | 家庭电器用品 | | | 男装 |
| | | 厨房电器用品 | | | 轻便鞋 |
| | | 美发用品 | | | 男鞋 |
| | | 照相器材 | | | 女鞋 |
| | | 影音设备 | | 303 综合组 | 专柜 |
| | | 通信器材 | | | 出租 |
| | | 钟表/眼镜 | | | 形象柜 |

(参考来源：根据网络资源整理)

**思考：** 香烟属于酒饮组吗？园艺/宠物食品属于家居组吗？为什么该超市要这样归类？表 2-11 中还有相似情况吗？请找出来，如果你是该超市店长，你会怎么调整分类？

提示：这是某超市的商品分类，它根据本企业的业务需要进行适当的归并、细分和补充，有些类项单独看划归并不合理，但单列又没有必要，于是就近放在相关组内了。例如，香烟类别不多，单独成组又太小，烟酒常一块提及，放在酒饮组也便于顾客习惯购物。如果香烟类别非常丰富，也是可以单独成"香烟组"或者"烟酒组"。

# 工作训练营

## 一、名词解释

商品分类　　线分类法　　面分类法　　商品目录　　商品条码　　二维码

## 二、判断题

1. 二维码不属于条码技术。　　　　　　　　　　　　　　　　　　　（　　）
2. 《全国主要产品分类与代码》采用的是层次编码法。　　　　　　　　（　　）
3. 条码技术的准确度是键盘的 1000 倍。　　　　　　　　　　　　　　（　　）
4. 在 EAN 系统中，前缀码为"20"的条形码用于店内码。　　　　　　（　　）
5. 国际通用商品条码是 UPC 条码。　　　　　　　　　　　　　　　　（　　）
6. 商品分类就是将商品质量分为优等品、一等品或用甲乙丙来表示。　（　　）
7. EAN 条码一定是由 13 位数字码及其对应的条码符号组成的。　　　（　　）
8. 层次性好是面分类法最突出的优点。　　　　　　　　　　　　　　（　　）
9. 商品分类与商品编码的关系是编码在前。　　　　　　　　　　　　（　　）
10. 二维码都是堆积式编码形式。　　　　　　　　　　　　　　　　　（　　）

## 三、选择题

1. 在建立分类体系时，设置收容项目体现了(　　)原则。
   A. 整体性　　　B. 层次性　　　C. 包容性　　　D. 可延性
2. 在线分类体系中，上位类与下位类之间存在(　　)关系。
   A. 并列　　　B. 从属　　　C. 独立　　　D. 复合
3. 线分类法的主要缺点体现在(　　)方面。
   A. 层次　　　B. 逻辑性　　　C. 信息容量　　　D. 结构弹性
4. 在同一层级范围内只能采用一种分类标志是选择标志时应遵循的(　　)。
   A. 目的性原则　　B. 唯一性原则　　C. 包容性原则　　D. 逻辑性原则
5. 下列商品分类代码中设有细目类的是(　　)。
   A. 01111　　　B. 01123　　　C. 01122·012　　　D. 01131

6. 中国物品编码中心研制的全球统一标志系统称为( )系统。
   A. UPC　　　　B. EAN　　　　C. ANCC　　　　D. POS
7. EAN-13 中前缀码代表( )。
   A. 商品的产地　B. 商品条码的注册地　C. 商品项目　D. 国家或地区代码
8. 在 EAN-13 条码中，中国物品编码中心的前缀码是( )。
   A. 460　　　　B. 590　　　　C. 690　　　　D. 880
9. 在图书代码 9787040218503 中，当出版社号是 04021 时，书序号是( )。
   A. 8503　　　B. 850　　　　C. 218　　　　D. 185
10. 商品目录按其适用范围，可分为( )。
    A. 国际商品目录　B. 国家商品目录　C. 行业商品目录　D. 企业商品目录

## 四、实训题

**1. 技能题**

(1) 常用的商品分类标志有哪些？选择某一商品对其进行分类。

(2) 商品目录与商品分类的关系是怎样的？以某一商场或超市为例，编制一份商品目录。

**2. 案例分析题**

某百货商店有三个柜组，分别是文教用品柜组、办公用品柜组和小家电柜组。各柜组经营商品如下。

文教用品柜组：学生用品、计算器、掌上电脑、保险柜、文件夹、胶条、各类笔。

办公用品柜组：乐器、电话、手机、健身器材、打印机、扫描仪。

小家电柜组：收音机、随身听、照相机、相册、胶卷、复读机、助听器、电池、豆浆机、蒸汽熨斗、加湿器。

分析：

(1) 三个柜组各自经营的商品与柜组名称相符吗？

(2) 这样的柜组会给店内管理及顾客选购商品带来不便吗？

(3) 怎样分类更合理？

# 项目三　商品质量的形成

**学习要点**

- 商品质量的一般性要求。
- 商品质量的主要影响因素。
- 商品质量管理的概念和发展阶段。
- 全面质量管理的主要特点。
- PDCA 循环法。
- 商品标准和标准化的概念。
- 商品标准的分级。

**技能目标**

- 能够初步评价商品质量，懂得从哪些途径去维护商品质量。
- 能够初步运用 PDCA 循环法进行全面质量管理工作。
- 能够运用商品标准和标准化知识进行相关的商务活动。

**工作情景导入**

### 质量有问题：鸡蛋 or 微波炉？

张小姐在一家幼儿园工作。某天上午她将自己在家里煮熟的鸡蛋带到幼儿园，并使用园内的微波炉进行加热，方便给小朋友们吃。不过热好后，小朋友们没来，她只好自己吃掉。可是就在张小姐剥好蛋壳，将鸡蛋放进嘴里时，鸡蛋却突然发生了"爆炸"，"砰"的一声，蛋黄蛋清四处飞溅，场面甚是恐怖，她上下嘴唇的黏膜都被炸烂。事发后，张小姐感到口腔发麻，近 4 个小时都"合不拢嘴"。医生表示，张小姐伤得比较重，幸运的是没有出现整个鸡蛋在嘴里爆炸的情况，否则后果不堪设想。让张小姐不解的是，鸡蛋是煮熟的，加热前也将蛋壳打碎后才放入微波炉的，为何会发生爆炸？是鸡蛋有问题，还是微波炉有问题？

通常微波炉是不能用来煮带壳的生鸡蛋的，如要加热生鸡蛋，除了去壳外，还要用牙签一类的尖物戳破鸡蛋黄，否则会发生爆炸。可是上述例子的鸡蛋是煮熟的，也去壳了，并且鸡蛋在微波炉内没爆炸，反而在嘴里爆炸了。难道这只是一个意外？

然而这类事件不是个例，许多人经历过类似情况。把煮熟的鸡蛋剥皮后用微波炉加热，加热过程中未出现任何异常，热好后直接食用，就会突发爆炸，将嘴唇炸破，有的人还会鲜血直流，有的人甚至会被飞溅的蛋壳扎进眼睛，从而导致眼角膜、视网膜破碎，终身失明。

原来微波炉加热是通过微波在物体内部互相撞击摩擦产生热量，且是从里向外加热的。

当内部能量过大，又不能在短时间内从小孔里排出，就容易撑破密闭的薄膜发生爆炸。如果还没有被撑破，就要小心了，因为里面的能量虽不能把蛋壳撑破，但依然很大，有个受力点就会释放这些能量，把已经受损的蛋壳冲个粉碎。虽然已将鸡蛋壳剥掉，但是鸡蛋除了有一层硬壳外，内部还有几层软膜，加热后很容易发生爆炸。

因此，不能使用微波炉加热烘烤密封的食物，否则容易发生爆炸，诸如密封的易拉罐、窄口的瓶子等都不能用微波炉加热。如果不知道这些使用知识，出现状况就会以为是微波炉的质量有问题，或者鸡蛋一类的食物有问题。

(资料来源：万维家电网，有改动)

**引发的思考：** 商品质量的问题不只是在生产制作过程中存在，当消费者使用不当时，也会造成严重的问题，继而对商品产生不良的印象。因此厂家或商家要确保商品质量没问题，就不能忽略将适当的使用方法告知消费者，以避免不必要的"质量事件"发生。

# 任务一　商　品　质　量

**【任务提出】**

小 A 看了报道《会爆炸的鸡蛋》后，开始思考以下问题：商品质量是什么，它是怎样形成的？作为买卖双方，应该注意哪些因素？

**【背景知识】**

## 一、商品质量的概念

商品学研究的中心内容是商品质量，它是企业和消费者关注的热点，是商品进入市场的通行证。提高和保证商品质量，是满足人们生活水平日益提高和社会不断发展的需要。商品质量的概念，简言之，是指商品满足规定或潜在需求的特征和特性的总和。可以说，商品质量是商品具备的使用功能，反映了商品满足用户全面需求的程度，能够衡量商品使用价值的大小，是商品使用价值评价和实现的前提。这里需要强调以下几个概念。

(1) 规定，指国家或国际上有关法规、质量标准或买卖双方的合同要求等方面的人为界定。

(2) 潜在需求，指人和社会对商品的适用性、安全性、卫生性、可靠性、耐久性、美观性、经济性以及信息性等方面的人为期望。

(3) 特征，指用来区分同类商品不同品种的特殊标志。例如，手机有 2G、3G、4G、5G 等不同制式；冰箱有直冷式和风冷式的区分。

(4) 特性，指不同类别商品所具有的品质、性能。例如，电视机、冰箱的品质和性能不同；空调的制冷、制热性能与保温瓶的保温性能不同。

商品质量包括狭义概念和广义概念。狭义的商品质量主要是指产品与其规定标准技术条件的符合程度，以国家或国际上有关法规、商品标准或订购合同中的有关规定作为最低技术条件，是商品质量的最低要求和合格的依据，它由商品的自然属性决定，所以狭义的商品质量也可以说是自然质量，又称为商品品质、产品质量。商品的自然质量是其使用价值的来源，是衡量商品实用性和技术性的标准。广义的商品质量是指商品适合其用途所需的各种自然、经济、社会属性的综合及其满足消费者需求的程度，是市场商品质量的反映，或者说是人们在购买和使用商品时感到的满意程度，也称为市场质量、社会质量。它不仅包括能够满足需要的商品的基本性能，还包括品牌包装、价格实惠、交货准时、服务周到等内容。

商品质量是内在质量和外观质量的综合。内在质量是指通过仪器、实验手段能反映出来的商品特性或性质，如商品的物理性质、化学性质、机械性质以及生物学性质等；外观质量(又称外在质量)，主要是指商品的外部形态以及通过感觉器官能直接感受到的特性，如商品的式样、造型、结构、色泽、气味、食味、手感、声响以及规格等，能够满足其他非基本需要的特性的总和。外在质量在满足消费者需求的心理因素上占有重要地位，追求的是"物超所值"。具有同等效用的商品中，外观形态好的、颜色与色调协调的、带有精美包装的、附带良好售后服务和名牌标志的，往往被认为具有更好的质量。

商品质量还是一个动态的概念，其表现具有时间性、空间性和消费对象性。不同时代、不同地区、不同的消费对象，对同一商品有不同的质量要求，并随着科技进步、生活水平的提高和社会的发展而不断变化。

## 二、商品质量的一般性要求

商品质量必须"符合要求"，要根据不同商品的用途、使用方法以及消费者的期望和社会需求进行确定。特定的商品会有特定的要求，但总体来说，商品之间会有共性，这就是商品质量的一般性要求，主要包括六个方面。

### 1. 适用性

适用性即有用性，也称为使用性能、实用性，是指商品为满足一定的用途或使用目的所必须具备的各种性能或功能。例如，食品以食用为目的，应具有一定的营养功能，包括供给热量、保持体温、维持生命和调节代谢等；纺织品主要用于制作服装，要求穿着过程中舒适、美观，即使用性能好，包括尺寸稳定性、不易起毛球、刚挺度、悬垂性、保暖性、吸湿性和透气性等。

### 2. 安全卫生性

安全卫生性，是指对商品在生产、流通，尤其是在使用过程中保证人身安全与健康以及环境不受污染、不造成公害的要求。例如，家用电器必须有良好的绝缘性和防护装置，以免造成使用者触电；食品要求卫生无害，食品中不应含有或不超过允许限量的有害物质和微生物等。

### 3. 审美性

审美性是指商品能够满足人们审美需要的属性，主要表现在商品的形态、色泽、质地、结构、气味、味道和品种多样化等方面。例如，纺织品要求内在美和外在美的统一，内在美主要是其蕴含的文化内涵；外在美则是纺织品呈现的外观、风格、色泽、装饰以及图案等所体现的技术艺术性，其中外观包括平整、光滑、纹路清晰、无瑕点等。

### 4. 寿命和可靠性

寿命是指商品的耐用程度，包括存储寿命及使用寿命。例如，纺织品要求的耐用性，主要是在穿用和洗涤过程中抗外界各种破坏因素作用的能力，包括断裂强度、撕裂强度、耐磨强度、耐日光性、染色牢度等。可靠性是指商品在规定条件下和规定时间内，完成规定功能的能力，这是与商品在使用过程中的稳定性和无故障性联系在一起的质量特性，是评价机电类商品质量的主要指标之一。

### 5. 经济性

经济性，一方面包括物美价廉基础上的最适质量；另一方面还包括商品价格与使用费用的最佳匹配，要求优质与低成本、低使用维护费相统一。例如，经济型轿车的售价亲民是减少了一定的功能支出。消费者在选购功能相似、可靠性相当、使用寿命大体相同的商品时，对商品的价格较为敏感。

### 6. 信息性

信息性是指应为消费者提供的关于商品的有用信息，主要包括商品名称、用途、规格、型号、重量、原材料或成分，生产厂名、厂址、生产日期、保质期或有效期，商标、质量检验标志、生产许可证、卫生许可证，储存条件，安装使用、维护方法和注意事项，安全警告，售后服务内容等。

### 【案例分析3-1】

#### 方便面符合食品商品质量的基本要求吗

由日本首先研制出来的方便面是适应快节奏现代生活的一种方便食品。很多人都认为方便面是油炸食品，营养欠佳，长期食用对身体健康不利。那么，方便面这种商品是否符合食品的质量要求呢？

食品是保证人体发育和健康不可缺少的生活必需品。保证食品质量，防止食品污染和有害因素对人体的危害，对保证人体健康、增强体质具有重要意义。对食品质量的基本要求可概括为三个方面。

(1) 具有营养价值，具体包括食品的营养成分、可消化率(指人体能消化吸收的程度)、发热量三项指标。

(2) 符合卫生质量要求。食品卫生关系到人们的身体健康和生命安全，甚至会影响到子孙后代，因此食品必须符合有关的卫生规定和标准。

(3) 色香味形俱佳，这是评价食品新鲜程度、加工精度、品质特点以及质量变化状况等的重要外观指标，是选择食品时首先接触的重要问题。例如，包装的打糕，色形俱在，但由于多数不是现打出来的，香味欠缺，影响了打糕的口感和品质，以致很多人认为打糕不好吃，实际上现打出来的打糕特别好吃。

方便面虽然有不好的一面，但符合食品质量的基本要求。方便面具有营养价值，只是不够丰富；具有色香味形，甚至很多人还非常喜欢方便面的味道；除了假冒伪劣方便面之外，方便面企业能够达到相关的卫生规定和标准。由于食品的卫生无害性要求的是"不超过允许限量的有害物质存在"，可见达到食品质量要求的是最低要求，并不是最佳要求。

(资料来源：作者整理)

## 三、影响商品质量的主要因素

商品质量受多方面因素的制约，从商品质量的形成过程来看，商品的生产、流通和消费的全过程都会影响商品的质量。

### 1. 生产过程

生产过程对于商品质量的形成非常重要，对于自然生长的商品(指来自农、林、牧、渔业的天然产品)，生产过程形成的质量主要取决于品种选择、饲养或栽培技术、生长条件、收获季节及方法等因素；对于工业品商品，生产过程形成的质量主要取决于原材料选择、生产工艺的采用以及前期的市场调研和开发设计等环节。商品质量产生、形成于商品的生产过程，这一过程是影响商品质量的根本因素。这里主要从工业品方面探讨生产过程对商品质量的影响。

狭义地讲，生产过程主要取决于制造质量，即在生产过程所形成的符合设计要求的质量因素，是商品质量形成的主要方面。广义地讲，生产过程也包含前期的产品开发设计，甚至是市场调研，这决定了设计质量的高低，是商品质量形成的前提条件和起点。本书从广义的角度看待生产过程中的质量因素。

1) 市场调研

市场调研是商品开发设计的基础。在开发设计前，要充分研究商品消费需求，研究影响商品消费需求的因素，收集、分析与比较国内外、同行业不同生产者的商品质量信息，确定何种质量等级、品种规格、数量和价格的商品才能适应目标市场的需求。

2) 产品开发设计

产品开发设计是形成商品质量的前提。只有设计合理，才有可能生产出高质量的商品。如果产品在设计时存在某些本质性质量缺陷，其质量就难以保证和提高，更不要说生产出高质量的商品。开发设计包括使用原材料配方，商品的结构原理、性能、型号、外观结构及包装装潢设计等。例如，某品牌刹车系统设计缺陷，造成极大的质量问题。

3) 原材料

原材料是构成商品的物质基础，其质量是决定商品质量的重要因素。不同原材料生产出的商品,在性能、质量和品种上都会不同,这主要是由不同原材料在成分、性质、结构等方面的差异引起的。例如,含硅量高的石英砂能够制成透明度和色泽俱佳的玻璃制品,而含铁量高的硅砂只能生产出较差的玻璃制品;用不同产地、不同质量的矿泉水生产的饮料,质量差别明显。

4) 生产工艺

商品的内在质量和外在质量都是在生产过程中形成并固定下来的,因此生产工艺对商品质量具有决定性作用。生产工艺主要是指商品在加工制造过程中的配方、操作规程、设备条件以及技术水平等。同样的原材料在不同的工艺路线下可形成不同的商品品种和质量。例如,酿酒时,同样的五谷杂粮,由于酿造工艺的不同,可以得到清香型、浓香型和酱香型等风格各异的白酒;采用速冻技术生产的冷冻食品,比一般冷冻工艺的质量水平要好一些。

5) 商品检验与质量控制

商品检验是根据商品标准和其他技术文件的规定,判断成品及其包装质量是否合格的工作。可根据商品特性,采用不同的检验方法,可参看商品检验部分。

质量控制是指从原材料到制成品整个制造过程的质量控制,包括对原材料的质量控制、设备和工具的质量控制、工艺条件和工作环节的质量控制等。质量控制的目的在于及时消除不正常因素对商品质量的影响,保证商品的制造质量达到设计质量的要求。全面质量管理理念中,商品检验和质量控制都是质量管理的一部分。

6) 商品包装

商品包装是构成商品质量的重要因素,是商品生产的最后一道工序。商品包装可以减少和防止外界因素对商品质量的破坏性影响,并能装饰、美化商品,以便于商品的储运、销售和使用,甚至还可以增加商品的价值。

### 2. 流通过程

流通过程是指商品离开生产过程进入消费过程前的整个过程。这个过程包括商品的运输、储藏保管和销售服务等环节。流通过程中的恰当措施无论对农产品还是对工业品的质量维护都非常重要,如果运输、储存和养护等环节不当,会严重损坏商品的质量。流通过程确保的是市场质量的实现,对已在生产环节形成的质量的维护、保证以及形成附加的质量。

1) 商品运输

合理地使用运输工具,安全地将商品运到目的地,是防止运输对商品质量造成不良影响的有效措施。用最少的环节、走最近的路程、用最短的时间、选择恰当的运输方式等都能较好地维持商品质量。例如,鲜乳低温冷藏快速运输,让消费者喝到与广告宣传一致的乳品,否则味道会大打折扣,严重降低乳企在消费者心中的质量形象。

2) 商品储存与养护

商品在存储期间的质量变化与商品的特性、仓库内外环境条件、存储场所的适宜性、养护技术与措施、储存期的长短等因素有关。例如,金属制品在存储过程中如果养护不当就会锈蚀，降低商品质量，严重的甚至无法出售。商品养护是与商品储存相对应的重要工作，通过科学的储存管理和养护措施，能有效地降低损耗，保证商品质量。

3) 销售服务

销售服务过程中的进货验收、入库短期存放、商品陈列、提货搬运、装配调试、包装服务、送货服务、技术咨询、维修和退换服务等工作都是最终影响消费者所购商品质量的因素。售前、售中、售后服务质量是商品质量的重要组成部分。

3. 消费过程

商品在消费(使用)过程中，消费者的观念、消费习惯、商品的使用范围和条件、商品的使用方法以及维护保养，甚至商品使用后的废弃处理方式等的不同，都影响着商品的质量。

1) 消费观念与消费习惯

消费观念是人们对待其可支配收入的指导思想和态度以及对商品价值追求的取向，是消费者主体在进行或准备进行消费活动时，对消费对象、消费行为方式、消费过程、消费趋势的总体认识评价与价值判断。消费观念是动态变化的，随时间、空间、社会环境、产品竞争等因素的变化而变化。消费习惯是人们对于某类商品或某种品牌长期维持的一种消费需要，它是个人的一种稳定性消费行为，是人们在长期的生活中慢慢积累而成的，反过来又影响人们的购买行为。例如，审美观随时代、民族、宗教、区域、阶层、环境、职业、年龄和性别等的不同，对美的商品的认同和追求也就不同。消费习惯不同使人们对同一商品质量的认可也有一定的差异，如因饮食习惯的不同而对食品好坏的认同有差异。

2) 商品使用

商品的使用价值最终要在使用消费中才能得到实现。商品的使用方法会直接影响商品质量，正确的维护和保养方法可以延长商品的寿命，更好地实现其使用价值。若在消费过程中安装不妥、使用不当、保管不善、环境不好、养护不及时等，都会直接影响到商品的质量。因此，需要采取多种形式向消费者宣传、传授商品使用和养护知识，以保证商品的使用质量。此外，使用过的商品及其包装物的丢弃，需要考虑对环境是否造成污染。随着对环境保护的重视，污染环境的废弃物成为影响商品质量的又一重要因素。

【知识拓展】

你的消费习惯揭示了你的个性

你将钱都花在哪些地方？我不是指生活中的必需品，如食物、账单和租金。我的意思是，你喜欢买什么？你是否购买书籍、衣服、音乐或珠宝等物品？或者你更喜欢购买假期、剧院门票或前往电影院或餐馆的体验？你喜欢设计师品牌还是寻找老式便宜货？

伦敦大学学院的 Joe Gladstone 博士，使用了一个追踪金钱的应用程序，获得了超过 2 000 名英国消费者的同意，收集他们的消费习惯数据，并要求他们填写个性问卷。Joe Gladstone 博士说："我们的研究结果首次表明，人们可以从他们的消费中预测出人的性格。"

五大性格特质如下所述。

(1) 开放性：愿意尝试新的体验，具有创造性和复杂性。
(2) 尽职尽责：可靠，纪律严明，有条理。
(3) 外向：善于交际，外向和热情。
(4) 宜人：温暖，同情，善解人意。
(5) 神经质：容易产生担忧，抑郁和焦虑。

该研究发现了人们消费习惯和个性的几种有趣模式。

(1) 旅行：如果你总是购买机票或在旅途中花钱，你可能会心胸开阔并适应开放性类别。这是有道理的，此类别的人对新体验持开放态度，因此他们的支出会反映出这一点。
(2) 饮食：外向者喜欢把钱花在食物和饮料上，大概是在社交环境中。他们用钱来与朋友和家人联系。
(3) 储蓄：在责任心方面得分高的人倾向于将钱存入储蓄账户而根本不花钱。他们从储蓄增长中获得乐趣。
(4) 捐赠给慈善机构：这种人格特质与宜人性有关。这是有道理的，宜人与同情和热心联系在一起。
(5) 珠宝和衣服：那些在神经质方面得分很高的人会购买珠宝和衣服等非必需品。神经质与孤独感有关，所以孤独的人在购买这些东西时会感觉更好。

"我们预计，人们支出的这些丰富的差异模式可以让我们推断出他们是什么样的人。"Sandra Matz(共同作者)说。

这些差异非常大，研究人员能够提前预测特定人格群体的消费模式。事实上，他们能够在诸如年龄和收入等广泛类别中做出这些预测："无论一个人是年老还是年轻，或者他们的工资是高还是低，都无关紧要，我们的预测大体上是一致的。"研究人员还分析了物质主义和自我控制等特定特征的数据。他们发现，那些在珠宝上花更多钱的人在物质主义方面得分很高，而那些支付银行费用较少的人在自我控制方面得分很高。

(资料来源：丁香叶. 研究：你的消费习惯揭示了你的个性[OL]，有改动)

**思考：** 你的消费习惯是什么？与你的个性有关吗？

# 任务二　商品质量管理

### 任务提出

小 A 在了解商品质量的形成中，知晓生产过程对于商品质量的形成是最重要的。那么制造商要怎样确保他们所生产制造的商品质量是合格的，甚至是优秀的呢？质量管理的基本方法又是什么呢？小 A 带着这个任务又开始钻研起来。

### 背景知识

商品质量管理是指为了实现商品质量目标所进行的指挥和控制组织的协调活动。在质量方面的指挥和控制活动，通常包括制定质量方针和质量目标以及质量策划、质量控制、质量保证和质量改进。商品质量管理经历了不同的发展阶段，目前被大家熟知和认可的是全面质量管理。

## 一、商品质量管理的发展阶段

商品质量管理的发展大致经历了三个阶段：质量检验阶段、统计质量控制阶段和全面质量管理阶段。

### 1. 质量检验阶段

质量检验阶段(20世纪20—40年代)的质量管理实际是事后检验阶段。在此之前，产品质量主要依靠操作者的技艺水平和经验来保证，生产和检验都集中在操作工人身上。20世纪20年代，科学管理的奠基人泰勒(Taylor)提出在生产中应该将计划与执行、生产与检验分开的观点。于是一些工厂设立了专职的检验部门，对生产出的产品进行全数技术检验，挑出废品，进行事后把关，以保证出厂产品完全合格。

质量检验阶段是一种消极防守型管理，依靠事后把关，杜绝不合格产品进入流通领域。虽然当时对提高产品质量起到了促进作用，但是即使查出了废品，造成的损失也无法挽回，还容易导致责任不清，耗费太多的人力、物力。有些检验属于破坏性的检验，会在判断质量与保护产品之间产生矛盾，给工作带来麻烦。

### 2. 统计质量控制阶段

统计质量控制阶段(20世纪40—60年代)实际上是预防性的质量管理阶段。1924年，美国休哈特(Shewhart)运用数理统计的原理提出控制和预防缺陷的概念，与此同时，美国贝尔研究所提出关于抽样检验的概念及其实施方案。第二次世界大战爆发后，由于事后检验无法控制武器弹药的质量，美国国防部决定把数理统计法用于质量管理，使得以数理统计理论为基础的统计质量控制得以推广应用。

统计质量控制阶段是一种预防型管理，防患于未然，依靠生产过程中的质量控制，把质量问题消灭在生产过程中。由质量检验发展到质量控制，即从事后把关变为预先控制，以预防为主，防检结合，是质量管理出现的一次质的飞跃。但是数理统计方法的应用忽视了组织管理手段的运用，没有涉及商品质量控制的全过程管理，只依靠少数技术部门、检验部门和管理部门进行管理，是少数人参加的管理活动。

### 3. 全面质量管理阶段

美国通用电气公司工程师费根鲍姆(Feigenbaum)于20世纪60年代初提出全面质量管理的概念。除统计质量控制本身的不足之外，促使统计质量控制进入全面质量管理阶段(20世纪60年代至今)还有若干社会原因：随着生产力的迅速发展和科学技术的日新月异，人们对产品的质量从注重产品的一般性能发展为注重产品的耐用性、可靠性、安全性、维修性和经济性等；在生产技术和企业管理中要求运用系统的观点来研究质量问题；在管理理论上也有新的发展，突出重视人的因素，强调依靠企业全体员工的努力来保证质量；此外，还有"保护消费者利益"运动的兴起,企业之间市场竞争越来越激烈。从 20 世纪 60 年代开始,世界各国积极推行全面质量管理,80 年代后期以来,全面质量管理得到了进一步的扩展和深化,逐渐由早期的全面质量控制(Total Quality Control,TQC)演化成为全面质量管理(Total Quality Management,TQM)。20 世纪八九十年代还有两个重要的质量管理概念逐渐被重视:精益生产和六西格玛管理。精益生产推行全过程的质量保证体系,追求零库存和快速反应,最终实现准时化生产方式(JIT)。六西格玛管理是一种从全面质量管理方法演变而来的一个高度有效的企业流程设计,改善和优化技术,追求零缺陷和减少变异。两者还不断衍生融合为精益六西格玛管理,成为一种持续提高企业业绩与竞争力的管理模式。

## 二、全面质量管理

### 1. TQC 与 TQM 的区别

TQC(全面质量控制)是日本最先采用的一种质量管理方式,是要发动企业所有部门和全体职工,综合运用科学的管理方法和手段,控制影响产品质量全过程的各个因素,建立从设计、制造及使用服务全过程的质量保证体系,用经济的方法生产满足用户和社会需求的商品。TQM(全面质量管理)是美国首先开始采用的一种质量管理方式,是一个组织以质量为中心,以全体成员参与为基础,目的在于通过让顾客满意和本组织所有成员及社会受益而达到长期成功的管理途径。TQM 是美国式的思路,其思想与日本的 TQC 有许多类似之处,但最大的区别在于,美国的 TQM 活动都是建立在社会大网络的基础之上。也就是说,美国的质量管理目标正逐步从"追求企业利益最大化"向"体现企业的社会责任"转移。

全面质量管理是一种积极进取型的质量管理,国内外实践经验证明,要保证并不断提高产品质量,更好地满足社会需要,必须在企业中推行全面质量管理。

### 2. 全面质量管理的主要特点

全面质量管理的主要特点是"四全一多",具体如下。

1) 全面的质量管理

质量的含义是全面的,不仅包括产品(服务)质量,还包括产品质量赖以形成的工作质量。工作质量是指企业生产工作、技术工作和组织工作对达到产品质量标准和提高产品质量的保证程度。企业各方面工作的质量最终都会影响产品质量,特别是对直接从事产品研发和制造的生产技术工作的质量,影响更为直接。全面质量管理要以改进工作质量为主要内容,通过提高工作质量,不仅可以保证提高产品质量,预防和减少不合格产品,还有利于达到降低成本、供货及时、服务周到、更好地满足用户各方面使用要求的目的。

2) 全过程的质量管理

实行全面质量管理,不仅要按照用户的质量要求加强设计和工艺加工过程中产品的质量管理,还要建立用户在规定期限能够正常使用的质量保证制度。这样,质量管理就从原来的生产制造过程扩大到产品研发、新产品设计、原材料供应、生产加工、质量检验、储运管理、产品销售,直到用户服务等各个环节,形成一条龙的全过程的质量管理。由于人类追求质量的活动是无止境的,为了满足人们不断发展的需要,产品质量要不断改进、不断提高。

3) 全员的质量管理

全面质量管理是企业所有部门的全体人员都参加的全员质量管理。从质量形成的全过程来看,产品质量好坏是许多环节质量管理活动的综合反映,它涉及企业各部门的员工。要完成产品质量形成的全过程,就必须将质量形成全过程中各环节的质量管理活动落实到各部门的相关人员。提高产品质量需要依靠企业上下所有人员的共同努力,只有所有人员都能学习、运用科学质量管理的思想和方法,关心质量,做好自己的本职工作,企业的质量管理才能搞好,产品质量才能有可靠保证。

4) 全社会参与的质量管理

提升质量并取得好的效果不仅需要企业的努力,也需要全社会的重视和参与。这一点之所以必要,一方面是因为一个完整的产品,往往是由许多企业共同协作来完成的。例如,机器产品的制造企业要从其他企业获得原材料、各种专业化生产的零部件等。因此,仅靠企业内部的质量管理无法完全保证产品质量。另一方面,来自全社会宏观质量活动所创造的社会环境可以激发企业提高产品质量的积极性和认识它的必要性。例如,通过优质优价等质量政策的制定和贯彻,以及实行质量认证、质量立法、质量监督等活动以取缔伪劣产品的生产,使企业认识到,生产优质产品无论对社会还是对企业都有利,而产品质量不过关则企业无法生存发展,从而认真对待产品质量和质量管理问题,使全面质量管理得以深入持久地开展下去。

5) 多方法的质量管理

全面质量管理是采用多种管理方法和技术手段的综合性质量管理,包括科学的组织工作、数理统计方法的应用、先进的科学技术手段和技术改造措施等,并要求把多种方法结合起来,综合发挥它们的作用。由于影响产品质量的因素错综复杂,而且来自各个方面(诸如人、物、技术、管理、环境或社会因素等),要把众多的因素系统地控制起来,全面地管好,就必须综合运用不同的管理方法和措施。质量管理的基本方法是 PDCA 循环法,它借助多种工具和技术进行数据分析,其中统计方法是重要的组成部分。常用的 QC 管理工具有新旧七大工具之分,均是由日本人提出的。旧七大管理工具主要有因果分析图、排列图、直方图、控制图、散布图等,新七大管理工具主要有亲和图、关联图、系统图、矩阵图、矩阵数据分析等方法,如表 3-1 所示。

表 3-1 QC 管理工具

| 序号 | 旧七大管理工具 | 新七大管理工具 |
| --- | --- | --- |
| 1 | 检查表——集数据 | 亲和图法:从杂乱的语言数据中汲取信息,找问题点,又称为 KJ 法 |
| 2 | 柏拉图——抓重点 | 关联图法:理清复杂因素间的关系,找真因 |
| 3 | 直方图——显分布 | 系统图法:系统分析,找最佳手段 |
| 4 | 因果图——追主因 | 矩阵图法:多角度考察变量之间的关系,评价对策及决定对策 |
| 5 | 散布图——看关联 | 矩阵数据分析法:多变数转化少变数数据分析,求得最好结论 |

续表

| 序号 | 旧七大管理工具 | 新七大管理工具 |
|---|---|---|
| 6 | 分层图——作解析 | 过程决策程序图法：预测设计中可能出现的障碍和结果，导向最好结果，又称为 PDPC 法 |
| 7 | 控制图——找异常 | 箭条图法：合理制订进度计划 |

3．PDCA 循环法

全面质量管理的整个过程就是质量计划的制订和组织实现的过程，而这个过程是按照 PDCA 循环不停顿地、周而复始地运转的。PDCA 循环法，最早由休哈特(Shewhart)于 1930 年提出，后被美国质量管理专家戴明(Deming)博士于 1950 年再度挖掘出来，并加以广泛宣传和运用于持续改善产品质量的过程中，因此也称为"戴明环"。它是全面质量管理所应遵循的科学程序，在质量管理活动中被广泛应用。

1) PDCA 循环的阶段和步骤

PDCA 循环将管理过程分为四个阶段，即 Plan(计划)、Do(执行)、Check(检查)和 Action(处置或行动)。全面质量管理就是按照计划—执行—检查—处置的流程进行，并且循环不止，如图 3-1 所示。

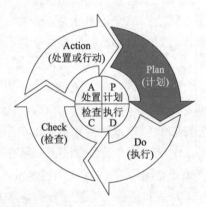

图 3-1　PDCA 循环(又称为"戴明环")

(1) 计划阶段的任务是确定方针和目标以及制订活动计划，具体又分为以下四个步骤。

① 质量状况，找出存在的质量问题。

② 分析产生质量问题的原因。

③ 找出影响质量的主要原因及其影响程度。

④ 针对影响质量的主导因素，结合企业资源实际情况，采取恰当的措施进行解决。

(2) 执行阶段的任务是执行计划，按预定的计划、目标、措施及分工具体实施，努力实现计划中的内容。

(3) 检查阶段的任务是检查计划的实施情况，把执行结果与要求达到的目标进行对比，检查计划执行情况是否与预定目标偏离，并分析原因。

(4) 处置阶段的任务是对实施结果进行总结，具体又分为以下两个步骤。

① 把成功的经验总结出来，制定相应的标准或作业指导书；对于失败的教训也要加以

总结，记录在案，作为借鉴，防止以后发生类似情况。

② 把未解决或新出现的问题转入下一个 PDCA 循环中，作为下一阶段的计划目标。

总体来说，整个 PDCA 循环的工作程序包括四个阶段、八个步骤(见表 3-2)。全面质量管理活动的运转，离不开管理循环的转动。不论提高产品质量，还是减少不合格产品，都要先提出目标，即质量提高到什么程度、不合格产品率降低多少。这就要有个计划，这个计划不仅包括目标，而且也包括实现这个目标需要采取的措施；计划制订之后，就要按照计划进行检查，看是否实现了预期效果，有没有达到预期的目标；通过检查找出问题和原因；最后就要进行处理，将经验和教训制定成标准，形成制度。

表 3-2 PDCA 循环的四个阶段、八个步骤以及所用方法

| 阶段 | 步骤 序号 | 管理内容 | 质量管理办法 |
|---|---|---|---|
| P | 1 | 分析现状，找出质量问题 | 排列图、直方图、控制图、矩阵图、工序能力分析、KJ 法 |
| P | 2 | 分析产生质量问题的原因 | 因果分析图、关联图、散布图、矩阵数据分析法 |
| P | 3 | 找出影响质量问题的主要因素 | 排列图、散布图、关联图、系统图、矩阵图、KJ 法 |
| P | 4 | 针对主要原因，制订措施计划 | 关联图、系统图、矢线图、过程决策程序图、目标管理法<br>回答"5W1H"：<br>为什么制定该措施(Why)？<br>达到什么目标(What)？<br>在何处执行(Where)？<br>由谁负责完成(Who)？<br>什么时间完成(When)？<br>如何完成(How)？ |
| D | 5 | 执行、实施计划 | 系统图、矢线图、矩阵图、过程决策程序图 |
| C | 6 | 检查计划执行效果 | 排列图、控制图、系统图、过程决策程序图、检查表、抽样检验 |
| A | 7 | 总结成功经验，制定相应标准 | 标准化、制度化、KJ 法、制定或修改工作规程 |
| A | 8 | 未解决或新出现的问题转入下一个循环 | — |

【案例分析 3-2】

**PDCA 循环法在酒店管理中的应用**

**1. 课题选择**

上海锦江饭店"以客人不能及时拿到电传"为重点作为课题进行解决。

目标：①通过这一活动，把营业部从预订房间、问询、住宿登记、结账、电传收发等一系列环节，用必要的制度、方法和手段组织起来，形成一个围绕优质服务这个宗旨而进行活动的有机整体。②从"事后处理"的落后管理变为"事先预防"的科学管理。

**2. 现状调查**

饭店经常接待大量的国宾、参加国际会议的客人和商务客人。电传作为快速传递信息的媒介已发挥出越来越重要的作用。在传统做法上，一份电传的收发过程是这样的（当值台员打电话至客房，客人恰巧不在房间时）：①电传员——②值台处——③总机——④留言——⑤客人——⑥领取。

正是由于这种程序上的缺陷，致使客人迟收电传的情况时有发生。当客人提出投诉后，不得不上门道歉。其结果：①耽误了客人的事情；②影响了饭店的声誉；③在经济上遭受了损失。

**3. 因果分析**

在查明现状的基础上，通过讨论，以"为什么客人不能及时收到电传"为题进行了因果分析。从分析中发现，如有一方通知客人不及时、房号查错、忘记通知或客人不明白电话机上红灯亮的原因、留言信号发生故障等都会造成客人迟收电传情况的发生。

**4. 主要原因的调查**

借助因果分析法，一致认为电传不能及时送到客人处的主要原因是在电传收发工作中存在着多环节的状况，特别是电话留言这一环节，其出现问题的可能性最大，而且某一环节出了问题，很难查明是哪个部门、哪一个人的责任，往往会出现互相扯皮、推诿的现象。

**5. 对策与措施**

确认了"多环节"是主要原因后，对症下药，制定了以下的办法：①加强思想教育，提高大家的工作责任心；②改变过去客人有电传时用电话通知的方法，采取发书面通知的方式；③明确岗位责任制，合理分工，各负其责；④一旦收到电传，即刻发送通知单，并具体注明日期、地点、签收人等。

**6. 效果**

通过以上办法的实施，取得了以下成果：①从某一时期频繁发生这类情况，变为迄今消灭了这现象；②提高了经济效益及办事效率；③这种快速的传递方法被客人称赞；④提高了饭店的声誉，为竞争创造了有利条件；⑤变事后处理为事先预防，从管结果变为管因素。

**7. 巩固措施**

从以上效果来看，所采取的对策及措施是行之有效的。为了巩固这一成果，又进一步采取了以下措施：①班组长带头层层把关，负责督促检查电传的收发情况，保证新措施的实施；②修订岗位责任制，把这一措施补充到岗位责任制中去。

(资料来源：根据百度文库整理)

思考：(1) PDCA 循环法一定需要复杂工具的使用吗？
　　　(2) 你认为 PDCA 法给你的最大帮助是什么？

2) PDCA 循环的特点

PDCA 循环可以使思想方法和工作步骤更加条理化、系统化、图像化和科学化。它具有如下特点(见图 3-2)。

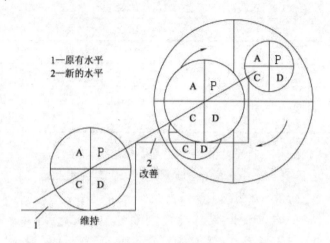

图 3-2　PDCA 大环套小环、循环上升示意图

(1) 大环套小环，互相促进。PDCA 循环作为质量管理的基本方法，不仅适用于整个工程项目，也适用于整个企业和企业内的科室、工段、班组以及个人。各级部门根据企业的方针目标，都有自己的 PDCA 循环，层层循环，形成大环套小环，小环里面又套更小的环。大环是小环的母体和依据，小环是大环的分解和保证。通过循环把企业上下或工程项目的各项工作有机地联系起来，组织成一个质量保证体系，彼此协同，相互促进，实现质量目标。

(2) 循环前进，阶梯上升。PDCA 循环的四个过程不是通过一次运动就完结，而是像爬楼梯一样，一个循环运转结束，生产的质量就会提高一步；然后再制定下一个循环，再运转、再提高，不断前进，不断提高。

(3) 综合性循环，关键在"处置"。PDCA 循环的四个阶段不是截然分开的，而是紧密联系在一起的，甚至有时是边计划边执行，或边执行边检查等交叉进行。四个阶段中，处置阶段是 PDCA 循环的关键，因为这一阶段是解决存在的问题、总结经验和吸取教训的阶段，其重点在于修订标准，包括技术标准和管理制度。没有标准化和制度化，就不可能使 PDCA 循环转动向前。

【案例分析 3-3】

## PDCA 循环在质量管理中的应用

用某一车间不合格产品的案例来说明 PDCA 循环在质量管理中的应用，特别是它如何利用质量管理中常用的统计分析方法。某车间加工某工件的不合格产品统计情况如表 3-3 所示。

表 3-3　某车间加工某工件的不合格产品统计情况

| 原　因 | 数量/件 | 比率/% | 累计百分比/% |
| --- | --- | --- | --- |
| 包边不良 | 5 207 | 10.8 | 10.8 |
| 小头破裂 | 6 557 | 13.6 | 24.4 |
| 壳体开裂 | 34 856 | 72.3 | 96.7 |
| 自检废品 | 1 253 | 2.6 | 99.3 |
| 其他 | 337 | 0.7 | 100 |
| 总计 | 48 210 | 100 | — |

(1) 分析现状，找出存在的问题。

本案例存在的主要问题是不合格产品数量较大，需要找出相应的方法来解决。

(2) 分析产生问题的各种原因或影响因素。

根据这个统计资料，可以画出它的直方图(见图 3-3)，从直方图中可以明显看出，壳体开裂是影响产品质量的主要原因，如果解决了这个质量问题，就可以降低不合格产品率。

(3) 找出主要影响因素。

可以利用因果分析图对壳体开裂这个质量问题进行分析。根据统计资料可知，构成工序的六大因素(即人、机器、材料、方法、测量和环境)都同时对产品质量发生作用、产生影响。也就是说，它们决定着产品质量。对产生壳体开裂质量问题的因素 5M1E，即人(Man)、机器(Machine)、材料(Material)、方法(Method)、测量(Measurement)、环境(Environment))逐步进行分析，画出因果分析图(见图 3-4)，从而找出主要原因。还可以利用分层法分析，把搜集的数据按照不同的目的加以分类，并把性质相同、在同一生产条件下搜集的数据归集在一起。这样，可以使数据反映的事实更明显、更突出，便于分析问题，找出原因，从而对症下药找出主要原因。根据 QC 小组的分析发现，壳体开裂的主要原因是材料的质量。

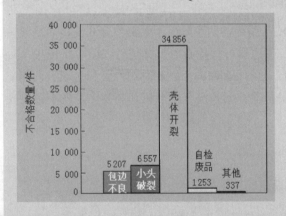

图 3-3　不合格产品直方图

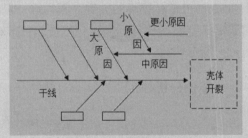

图 3-4　因果分析图

(4) 制定解决措施。

针对以上原因可以采取更换原材料、采用各种方法对材料进行处理等措施来解决。

(5) 执行计划措施。
(6) 调查和评价阶段。
采取措施后还应再用排列图等方法检查并与最初的设想对比，从而评价其实施效果。
(7) 将工作结果标准化、制度化。
(8) 提出尚未解决的问题，并进行新的 PDCA 循环。
总之，PDCA 循环是在企业管理中经常使用的好方法，尤其是在质量管理中的应用更为广泛。为了改进和解决产品质量问题，在进行 PDCA 循环时，还应利用相关的数据和资料以及质量管理中常用的统计分析方法作出科学的分析和判断。

(资料来源：徐文彪.PDCA 循环在企业管理中的应用[J]. 制造技术与机床，2006(3)：76-77)

## 任务三　商品标准和标准化

**【任务提出】**

小 A 接到组长的通知：这几天公司要进行商品标准化实施工作的检查，他作为实习生也要参与备查。小 A 对此很不理解，为什么要搞标准化工作？都弄成一样的，多没个性呀，这个充满创意的世界应该百家争鸣、百花齐放才是呀。组长看了小 A 一眼，问他：有消费者质疑你卖的商品有质量问题，而你觉得根本没问题，该以什么作为衡量依据呀？还有，经常发生的重复性工作，今天一个样，明天又换一个样，工作效率高吗？小 A 一脸迷茫，这与公司检查有关联吗？商品标准和商品标准化到底是什么？存在的意义又是什么呢？

**【背景知识】**

## 一、商品标准

### 1．商品标准的概念

标准是对重复性事物和概念所做的统一规定。商品标准是对商品质量和与商品质量有关的各方面所做的技术规定。例如，在商品生产中，对商品的品种、结构、规格、技术性能、试验方法、检验规则、包装、储藏和运输等所做的统一规定。对于某一种商品来说，可制定统一的符合各种质量要求的实物或文件作为标准。商品标准是商品生产、检查、验收、监督、使用、维护和贸易洽谈的技术准则，也是发生商品质量争议时仲裁的技术依据。

### 2．商品标准的性质

为了适应商品经济的发展和对外开放的需要，很多国家的标准体制是强制性和推荐性相结合的标准体制。

1）强制性标准

强制性标准是指标准制定后必须贯彻执行的标准。《中华人民共和国标准化法》规定，对保障人身健康和生命财产安全、国家安全、生态环境安全以及满足经济社会管理基本需要的技术要求,应当制定强制性国家标准。不符合强制性标准的产品、服务,不得生产、销售、进口或者提供。生产、销售、进口产品或者提供服务不符合强制性标准的,依照《中华人民共和国产品质量法》《中华人民共和国进出口商品检验法》《中华人民共和国消费者权益保护法》等法律、行政法规的规定查处,记入信用记录,并依照有关法律、行政法规的规定予以公示;构成犯罪的,依法追究刑事责任。

下列国家标准属于强制性国家标准。

(1) 药品国家标准、食品卫生国家标准、兽药国家标准、农药国家标准;

(2) 产品及产品生产、储运和使用中的安全、卫生国家标准,劳动安全、卫生国家标准,运输安全国家标准;

(3) 工程建设的质量、安全、卫生国家标准及国家需要控制的其他工程建设国家标准;

(4) 环境保护的污染物排放国家标准和环境质量国家标准;

(5) 重要的涉及技术衔接的通用技术术语、符号、代号(含代码)、文件格式和制图方法国家标准;

(6) 国家需要控制的通用的试验、检验方法国家标准;

(7) 互换配合国家标准;

(8) 国家需要控制的其他重要产品国家标准。

2) 推荐性标准

推荐性标准是指国家鼓励自愿采用的具有指导作用而又不宜强制执行的标准。对满足基础通用、与强制性国家标准配套、对各有关行业起引领作用等需要的技术要求,可以制定推荐性国家标准。这类标准不具有强制性,任何单位均有权决定是否采用。

国家鼓励采用推荐性标准,即企业自愿采用推荐性标准,同时国家将采取一些鼓励和优惠措施,鼓励企业采用推荐性标准。但在有些情况下,推荐性标准的效力会发生转化,必须执行。

(1) 推荐性标准被相关法律、法规、规章引用,则该推荐性标准具有相应的强制约束力,应当按法律、法规、规章的相关规定予以实施。

(2) 推荐性标准被企业在产品包装、说明书或者标准信息公共服务平台上进行了自我声明公开的,企业必须执行该推荐性标准。企业生产的产品与明示标准不一致的,依据《产品质量法》承担相应的法律责任。

(3) 推荐性标准被合同双方作为产品或服务交付的质量依据的,该推荐性标准对合同双方具有约束力,双方必须执行该推荐性标准,并依据《合同法》的规定承担法律责任。

**3. 商品标准的构成要素**

构成商品标准的全部要素可分为概述要素、标准要素和补充要素三类(见表 3-4)。一个标准文件不需要包括表中所有的要素,但可包括表中所示之外的其他要素。

(1) 概述要素。概括地说明标准对象、介绍标准内容、说明标准背景、标准的制定以及与其他标准的关系等。其主要内容包括封面与首页、目次、前言及引言。

(2) 标准要素。规定标准的要求和必须遵守的条文，包括一般要素和技术要素。一般要素主要包括标准名称、范围、引用标准等；技术要素主要包括术语、符号、技术要求、商品分类、试验方法、检验规则、标志、包装、储运等。

(3) 补充要素。提供有助于理解标准或使用标准的补充信息，包括附录和附加说明。

表 3-4 商品标准的构成要素

| 要素的类型 | | 要素的内容 |
| --- | --- | --- |
| 概述要素 | | 封面、首页、目次、前言、引言 |
| 标准要素 | 一般要素 | 标准名称、范围、引用标准 |
| | 技术要素 | 定义、符号和缩略语、技术要求、抽样、试验方法、分类与命名、标志、标签、包装 |
| 补充要素 | | 附录、脚注、采用说明的注释 |

## 二、商品标准的分级

国际上的商品标准通常分为国际标准、区域标准、国家标准、行业标准或专业团体标准以及公司(企业)标准五级。国际标准对于国家间的贸易和科技交流、国际范围的专业化协作、合理利用资源和保护生态平衡等都具有十分重要的意义。我国逐渐与国际标准接轨，积极采用国际标准化组织、国际电工委员会等国际标准化组织制定的国际标准。我国标准采用国际标准的程度，分为等同采用和修改采用两大类。等同采用是指与国际标准在技术内容和文本结构上相同，或者与国际标准在技术内容上相同，只存在少量编辑性修改。修改采用是指与国际标准之间存在技术性差异，并清楚地标明这些差异以及解释其产生的原因，允许包含编辑性修改。修改采用时，我国标准与国际标准在文本结构上应当对应，只有在不影响与国际标准的内容和文本结构进行比较的情况下才允许改变文本结构。我国标准与国际标准的对应关系除等同、修改外，还包括非等效。非等效不属于采用国际标准，只表明我国标准与相应标准有对应关系。

根据《中华人民共和国标准化法》规定，我国的商品标准可分为：国家标准、行业标准、地方标准和团体标准、企业标准。国家标准、行业标准和地方标准属于政府主导制定的标准，团体标准、企业标准属于市场主体自主制定的标准。推荐性国家标准、行业标准、地方标准、团体标准、企业标准的技术要求不得低于强制性国家标准的相关技术要求。现以我国的商品标准分级进行说明。

### 1. 国家标准

国家标准是我国重要的技术规范。对需要在全国范围内统一的下列技术要求，应当制定国家标准(含标准样品的制作)。

(1) 通用的术语、符号、代号(含代码)、文件格式、制图方法等通用技术语言要求和互换配合要求。

(2) 保障人体健康和人身、财产安全的技术要求,包括产品的安全、卫生要求,生产、储存、运输和使用中的安全、卫生要求,工程建设的安全、卫生要求,环境保护的技术要求。

(3) 基本原料、材料、燃料的技术要求。

(4) 通用基础件的技术要求。

(5) 通用的试验、检验方法。

(6) 工农业生产、工程建设、信息、能源、资源和交通运输等通用的管理技术要求。

(7) 工程建设的勘察、规划、设计、施工及验收的重要技术要求。

(8) 国家需要控制的其他重要产品和工程建设的通用技术要求。

国家标准分为强制性标准和推荐性标准。国家标准的编号由国家标准的代号、国家标准发布的顺序号和国家标准发布的年号构成。国家标准代号由大写拼音字母构成,强制性国家标准代号为 GB,推荐性国家标准代号为 GB/T。国家标准顺序号是发布的国家标准的顺序排号。国家标准顺序号和标准发布年号之间加中横线隔开。

即　　GB 或 GB/T　　×××××—××××

　　　国家标准代号　国家标准顺序号　标准发布年号

例如,GB 1355—1986,1986 年发布的小麦粉的国家强制性标准,适用于加工、销售、储存和出口的商品小麦粉。2017 年 3 月 23 日起,该标准转化为推荐性标准,不再强制执行。现行小麦粉标准改为 GB/T 1355—1986。

**2. 行业标准**

对没有推荐性国家标准、需要在全国某个行业范围内统一的技术要求,可以制定行业标准。行业标准不得与有关国家标准相抵触。行业标准在相应的国家标准实施后,即行废止。有关行业标准之间应保持协调、统一,不得重复。行业标准的编号由行业标准代号、标准顺序号及发布年号组成,各行业标准代号如表 3-5 所示。

即　　——或——/T　　×××××—××××

　　　行业标准代号　标准顺序号　发布年号

例如,NY 5095—2002,2002 年发布的无公害食品——香菇的农业行业强制性标准;QB/T 2286—1997 润肤乳液的轻工行业推荐性标准于 2017 年 6 月 2 日废止,护肤乳液现行标准为 GB/T 29665—2013。

> **思考:** 当不同行业对同一种商品制定了行业标准,如自发小麦粉的行业标准,有国内贸易行业制定的推荐性标准 SB/T 10144—1993,也有粮食行业制定的推荐性标准 LS/T 3209—1993,那么该以哪个标准为准呢?
>
> **参考答案:** 一般不同的行业推荐性标准没有强制性,企业可自行选择,但选择后一定要按照标准执行下去。行业间标准统一后,就会取消其他的行业标准。目前自发小麦粉标准只有 LS/T 3209—1993,SB/T 10144—1993 已被 LS/T 3209—1993 代替。

表 3-5 我国行业标准代号

| 行业名称 | 标准代号 | 行业名称 | 标准代号 | 行业名称 | 标准代号 |
| --- | --- | --- | --- | --- | --- |
| 安全生产 | AQ | 民政 | MZ | 建材 | JC |
| 包装 | BB | 农业 | NY | 建筑工业 | JG |
| 船舶 | CB | 轻工 | QB | 金融 | JR |
| 测绘 | CH | 汽车 | QC | 交通 | JT |
| 城镇建设 | CJ | 航天 | QJ | 教育 | JY |
| 新闻出版 | CY | 气象 | QX | 旅游 | LB |
| 档案 | DA | 国内贸易 | SB | 劳动和劳动安全 | LD |
| 地震 | DB | 水产 | SC | 粮食 | LS |
| 电力 | DL | 石油化工 | SH | 林业 | LY |
| 地质矿产 | DZ | 电子 | SJ | 民用航空 | MH |
| 核工业 | EJ | 水利 | SL | 煤炭 | MT |
| 纺织 | FZ | 出入境检验检疫 | SN | 卫生 | WS |
| 公共安全 | GA | 石油、天然气 | SY | 稀土 | XB |
| 供销合作 | GH | 能源 | NB | 黑色冶金 | YB |
| 广播电影电视 | GY | 铁路运输 | TB | 烟草 | YC |
| 航空 | HB | 土地管理 | TD | 通信 | YD |
| 化工 | HG | 体育 | TY | 有色冶金 | YS |
| 环境保护 | HJ | 物资管理 | WB | 医药 | YY |
| 海关 | HS | 文化 | WH | 邮政 | YZ |
| 海洋 | HY | 兵工民品 | WJ | 中医药 | ZY |
| 机械 | JB | 外经贸 | WM | 文物保护 | WW |

## 3. 地方标准

为满足地方自然条件、风俗习惯等特殊技术要求,可以制定地方标准。地方标准由省、自治区、直辖市人民政府标准化行政主管部门制定;设区的市级人民政府标准化行政主管部门根据本行政区域的特殊需要,经所在地省、自治区、直辖市人民政府标准化行政主管部门批准,可以制定本行政区域的地方标准。

地方标准的编号由地方标准代号、标准顺序号及发布年号组成。地方标准代号由汉语拼音字母"DB"加上省、自治区、直辖市的行政区代码前两位数再加斜线组成,各地方代码如表 3-6 所示。

即　　DB××或DB××/T　　×××××－××××

　　　　地方标准代号　　　标准顺序号　发布年号

例如,DB21 为辽宁省强制性地方标准;DB32/T 为江苏省推荐性地方标准;DB61/T 1195—2018 规定了干香菇、干菇柄、鲜香菇的术语和定义、技术要求、试验方法、检验规则、标志、标签、包装、运输和贮存,该标准适用于陕西省行政区域内人工栽培的椴木香菇和代料香菇。

表 3-6 省、自治区、直辖市代码(前两位)

| 代码 | 地区 | 代码 | 地区 | 代码 | 地区 | 代码 | 地区 |
|---|---|---|---|---|---|---|---|
| 11 | 北京 | 32 | 江苏 | 44 | 广东 | 61 | 陕西 |
| 12 | 天津 | 33 | 浙江 | 45 | 广西 | 62 | 甘肃 |
| 13 | 河北 | 34 | 安徽 | 46 | 海南 | 63 | 青海 |
| 14 | 山西 | 35 | 福建 | 50 | 重庆 | 64 | 宁夏 |
| 15 | 内蒙古 | 36 | 江西 | 51 | 四川 | 65 | 新疆 |
| 21 | 辽宁 | 37 | 山东 | 52 | 贵州 | 71 | 台湾 |
| 22 | 吉林 | 41 | 河南 | 53 | 云南 | 81 | 香港 |
| 23 | 黑龙江 | 42 | 湖北 | 54 | 西藏 | 82 | 澳门 |
| 31 | 上海 | 43 | 湖南 | — | | — | |

**4．团体标准**

团体标准是依法成立的社会团体为满足市场和创新需要，协调相关市场主体共同制定的标准。国家鼓励学会、协会、商会、联合会、产业技术联盟等社会团体协调相关市场主体共同制定满足市场和创新需要的团体标准，由本团体成员约定采用或者按照本团体的规定供社会自愿采用。国家支持在重要行业、战略性新兴产业、关键共性技术等领域利用自主创新技术制定团体标准。国家鼓励社会团体制定高于推荐性标准相关技术要求的团体标准，鼓励制定具有国际领先水平的团体标准。2018 年版《标准化法》从法律上明确了团体标准的地位，国家标准化管理委员会、民政部 2019 年 1 月联合印发《团体标准管理规定》。团体标准应当符合相关法律、法规的要求，不得与国家有关产业政策相抵触。对于术语、分类、量值、符号等基础通用方面的内容应当遵守国家标准、行业标准、地方标准，团体标准一般不予另行规定。团体标准发布机构可申请转化为国家标准、行业标准或地方标准。

团体标准编号依次由团体标准代号、社会团体代号、团体标准顺序号和年代号组成。社会团体代号由社会团体自主拟定，可使用大写拉丁字母或大写拉丁字母与阿拉伯数字的组合。社会团体代号应当合法，不得与现有标准代号重复。

即　　T/×××　×××－××××

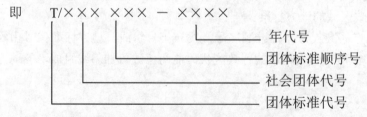

例如，大连市珠宝玉石协会发布的 T/DZYX 005—2018《贵金属与珠宝玉石饰品标识》团体标准，中关村半导体照明工程研发及产业联盟(国家半导体照明工程研发及产业联盟)发布的 T/CSA 051—2019《智能道路照明终端控制器接口要求》团体标准。

### 5. 企业标准

企业标准是对企业范围内需要协调、统一的技术要求、管理要求和工作要求所制定的标准。企业标准是企业组织生产、经营活动的依据。企业可以根据需要自行制定企业标准，或者与其他企业联合制定企业标准。国家支持在重要行业、战略性新兴产业、关键共性技术等领域利用自主创新技术制定企业标准。国家鼓励企业制定高于推荐性标准相关技术要求的企业标准。企业标准有以下几种。

(1) 企业生产的产品，因没有国家标准、行业标准和地方标准而制定的企业产品标准；

(2) 为提高产品质量和促进技术进步，制定的严于国家标准、行业标准或地方标准的企业产品标准；

(3) 对国家标准、行业标准的选择或补充的标准；

(4) 工艺、工装、半成品和方法标准；

(5) 生产、经营活动中的管理标准和工作标准。

企业标准的编号由企业标准代号、企业代号、标准顺序号及发布年号组成。企业标准代号为 Q，其企业代号可用汉语拼音字母或阿拉伯数字或两者兼用。企业代号按中央所属企业和地方企业，分别由国务院有关行政主管部门和省、自治区、直辖市的政府标准化行政监督部门会同同级有关行政主管部门制定。

即　　　　Q/——　　　　×××××－××××
　　　企业标准代号/企业代号　　标准顺序号　　发布年号

例如，Q/NXY003—2018 是南阳仙草药业有限公司温灸贴的企业标准，其中 NXY 是企业代号，003 是标准顺序号，2018 是年代号；Q/SNMD5 是上海相宜本草化妆品有限公司深层清洁面膜的企业标准；Q/320601NY 16 是江苏省南通市农药厂糖醇树脂的企业标准。

## 三、商品标准化

### 1. 标准化和商品标准化的概念

在国家标准中对标准化的定义是："在经济、技术、科学及管理等社会实践中，对重复性事物和概念通过制定、实施标准，达到统一，以获得最佳秩序和社会效益的过程。"依据标准付诸行动，就是标准化。标准化的基本任务和主要内容就是制定和实施具体标准。

标准化的目的是获得最佳秩序和社会效益，即通过实施标准来提高标准化对象的有序程度，使其发挥出最大功能。标准化将企业成员积累的技术和经验通过文字的方式加以保存，不会因为人员流动而使整个技术和经验随之流失，即将个人经验转化为企业财富。每项工作即使换了不同的人来操作，也不会在效率和品质上出现太大差异。因此，有观点认为：标准化和创新改善是企业提升管理水平的两大车轮。标准化是一项涉及范围广、内容丰富、技术复杂、政策性强的工作，它除了涉及生产、流通、消费等领域外，还包括科学、技术、管理等社会实践领域，因此必须有一整套的组织机构和管理体制，才能完成标准化的工作任务。

商品标准化是指在商品生产和流通的各个环节中制定、发布以及实施商品标准的活动。它是整个标准化活动中的重要组成部分。商品标准化不是一个孤立的事物，它包括商品标准的制定、实施贯彻，进而修订或重新规定商品标准的整个实践活动过程。这个过程也不是一次完结，而是一个不断循环、螺旋式上升的运动过程，每完成一次循环，商品标准的水平就在原有的基础上提高一步。

**【知识拓展】**

## QHSE 标准化管理体系

QHSE 是指在质量(Quality)、健康(Health)、安全(Safety)和环境(Environment)方面指挥和控制组织的管理体系。QHSE 管理体系在 ISO 9001 标准、ISO 14001 标准、GB/T 28000 标准和 SY/T 6276《石油天然气工业健康、安全与环境管理体系》的基础上，把质量、健康、安全、环境管理模式系统化地进行整合，目的是满足顾客的需求、保证员工的安全、保护周边的环境，通过风险控制避免各类事故的发生，杜绝不合格品、安全隐患以及环境污染。QHSE 管理体系的四个特性是：整体性、层次性、持久性、适应性，是全员、全方位和全过程的全面质量管理体系。工作方法是 PDCA 循环，永恒的目标是持续改进总体业绩。工作重点之一就是通过过程识别和控制规范管理，根据职能分配落实职责，根据体系文件化建设制度。而 PDCA 循环的关键阶段就是处置阶段，将重复性经常发生的工作进行标准化、制度化建设，以提高日常工作效率，减少各类事故。

为了成功地领导和运作一个企业，需要采用一种系统和透明的方式进行管理，针对所有相关方(包括顾客、员工和社会各界)的需求，实施并保持持续改进其业绩的管理体系，从而使企业获得成功。建立和实施 QHSE 管理体系的方法和步骤如下所述。

(1) 确定顾客、员工、社会及其他相关方的需求和期望。
(2) 建立公司的工作方针和目标，即管理承诺和经营框架。
(3) 确定实现目标必需的过程和职责。
(4) 确定和提供实现目标必需的资源。
(5) 规定测量每个过程的有效性和效率的方法。
(6) 应用这些测量方法确定每个过程的有效性和效率。
(7) 确定防止不合格并消除产生不合格原因的措施。
(8) 建立和应用持续改进 QHSE 管理体系的过程。

采用上述方法，可为公司过程能力和实现预期目标提供保障，为持续改进提供基础，从而提高企业顾客、员工、社会及其他相关方的满意度。

QHSE 标准化业务模块内容如下。
(1) 质量管理：包括质量分析、质量控制、质量改进、对比分析、满意度调查、质量投诉、质量大事记、质量考核。
(2) 职业健康：包括职业卫生监测、劳防用品管理和体检管理。
(3) 安全管理：包括安委会管理、重大危险源管理、安全设施管理、项目安全管理、危化品管理、应急预案演练、安全教育培训、风险管理、安全观察等。

(4) 环境保护：包括环境监测管理、环境装置运行管理、指标控制、三废管理和环境辨识等。

(5) 检查与整改：包括检查整改设置、检查整改统计、检查整改记录管理及整改统计分析等。

(6) 设备管理：包括设备基本信息管理、设备的检查、设备的维修、设备的保养、设备的停用、设备的恢复、设备的报废。

(7) 体系管理：包括文件记录管理、内审管理、外审管理、管理评审、目标指标、相关方管理、法律法规。

(8) 消防管理：包括车辆管理、人员管理、器材管理等。

(9) 人员管理：岗位管理、部门岗位管理、部门人员管理、外来人员的管理、供应商流程管理等。

(10) 系统管理：包括组织结构、应用管理、菜单管理、系统参数配置、自定义信息聚集等。

(资料来源：根据网络资源整理)

**2. 商品标准化的内容范围**

商品标准化的主要目的是促进商品经济的高速发展，保证以丰富的优质产品满足人们日益增长的物质和文化生活的需要，增强产品在国际市场上的竞争能力。商品标准化的内容一般包括以下几个方面。

(1) 名称术语统一化，即把商品的名称术语作统一规定，避免一物多名或一名多物的混乱现象。

(2) 商品质量标准化，即对商品的成分、性能、使用寿命及其他一些重要的质量指标或技术要求，以及质量检验和质量维护等方法，都作出标准规定。一种商品只能有一个标准，从而保证商品质量的统一。

(3) 商品零部件通用化，即某商品零部件可以在两种以上不同种类的商品上使用，或者一类商品的零部件的一部分或大部分可以相互通用。也就是在互换性的基础上，尽可能扩大同一对象的使用范围，做到相关零部件彼此协调、相互通用。

(4) 商品品种规格系列化，即把同一商品的不同规格，按照一定规律和技术要求进行品种分档，统一成标准系列。这样能尽量简化、优化商品的品种规格，以最少的品种来满足更广泛的需要。

此外，商品标准化还包括商品分类编码标准化，商品检验方法标准化以及商品包装、储运、养护标准化和规范化等。

实行商品标准化可以使商品生产、经营在商品标准的指导下有序地发展，从而有利于商品的科学管理和现代化管理；有利于提高商品质量，发展商品品种；有利于保护消费者的利益；有利于合理利用资源，减少浪费；有利于发展对外贸易，打破贸易技术壁垒，扩大商品出口。商品标准化水平是衡量一个国家生产技术水平和管理水平的尺度,是现代化的一个重要标志。现代化水平越高,就越需要商品标准化。

# 工作训练营

一、名词解释

商品质量、内在质量、全面质量管理、商品标准、商品标准化

二、判断题

1. 商品标准化是一个孤立的事物。（    ）
2. 商品的使用价值主要来源于它的社会质量。（    ）
3. 有了商品标准,商品质量就完全有了依据。（    ）
4. 产品的设计开发是形成商品质量的前提。（    ）
5. PDCA 的四个过程通过一次运动就完结。（    ）
6. TQM 是美国式的思路,其思想与日本的 TQC 完全一样。（    ）
7. 制定标准、形成制度的阶段是 PDCA 的执行阶段。（    ）
8. 凡涉及保障人体健康、人身财产安全的商品标准为推荐性标准。（    ）
9. 世界各国的安全认证都属于强制性认证。（    ）
10. IEC 是国际标准化组织。（    ）
11. 构成商品标准的全部要素可分为概述要素和标准要素。（    ）

三、选择题

1. 在市场经济条件下,(    )是企业强化管理的必然趋势。
   A. 体系　　　　B. 资源　　　　C. 成本　　　　D. 质量
2. 产品在规定的时间内、规定的条件下完成规定功能的能力是商品的(    )。
   A. 性能　　　　B. 寿命　　　　C. 可靠性　　　D. 安全性
3. 吸湿性、透气性等是对纺织品质量(    )方面的基本要求。
   A. 材料　　　　B. 组织结构　　C. 机械性能　　D. 服用性能
4. 商品标准的有关规定是商品质量的(    )技术条件。
   A. 最高　　　　B. 最低　　　　C. 相同　　　　D. 参照
5. 在商品质量形成并固定的过程中,(    )具有决定性的意义。
   A. 开发设计　　B. 生产工艺　　C. 产品检验　　D. 商品包装
6. 在 PDCA 循环过程中,(    )是关键阶段。
   A. P　　　　　B. D　　　　　C. C　　　　　D. A
7. 全过程质量管理包括从市场调研、设计开发、生产作业到(    )。
   A. 包装运输　　B. 仓储养护　　C. 广告宣传　　D. 销售服务

8. 对已有产品国家标准的企业，鼓励制定(　　)国家标准的企业标准。
   A. 参照　　　　B. 等同　　　　C. 低于　　　　D. 高于
9. 采用国际标准时，若主要技术内容相同，技术上只有很小差异的是(　　)。
   A. 等同采用　　B. 等效采用　　C. 参照采用　　D. 非等效采用
10. 食品卫生相关标准应该是(　　)标准。
    A. 强制性　　　B. 推荐性　　　C. 指导性　　　D. 引入性
11. 下列哪个不是商品质量的一般性要求？(　　)
    A. 审美性　　　B. 寿命和可靠性　C. 安全卫生性　D. 营养性
12. QB/T 3856—2007是(　　)代号。
    A. 团体标准　　　　　　　　　B. 行业标准
    C. 企业标准　　　　　　　　　D. 地方标准

## 四、实训题

**1. 技能题**

(1) 根据商品质量的一般性要求，你能推断出影响食品质量的要求有哪些吗？

(2) 全面质量管理的整个过程是怎样实现的？请阐述其各个阶段的主要任务和步骤。

(3) 什么是国际标准？为什么各国都积极地采用国际标准？我国采用国际标准的程度是怎样的？

**2. 实践题**

(1) 去某商品生产厂家参观或观看录像，了解这种商品的生产过程及影响商品质量的因素。思考生产企业应该如何提高或保证商品质量。

(2) 到商店考察商品标准，并写出各级标准的标准号和相对应的商品。在日常学习和生活中，你能想到哪些标准的存在？

# 项目四　商品质量的评价

**学习要点**

- 商品检验的概念与意义。
- 商品检验的内容和方法。
- 商品品级的划分。
- 商品质量认证的概念和作用。
- 商品质量认证的内容和标志。
- 商品质量监督的概念、作用与形式。

**技能目标**

- 能够初步运用商品检验法、依据商品标准进行商品检验。
- 熟悉常见的商品质量认证标志,并能通过适宜的质量认证提升商品品质和企业盈利能力。
- 能够合理运用商品质量监督形式为企业构建良好社会形象。

**工作情景导入**

### 质量认证使杂粮卖了好价格

东北一直都是中国重要的商品粮生产基地。东北黑土地,东北出好粮,这是众所皆知的事实。著名的石油城大庆也在这片黑土地上,大庆不仅盛产黑色的石油,也拥有黑色的沃土。这里地处松花江和嫩江交汇处,生态环境良好,属于北温带大陆性气候,四季分明,气候宜人,无霜期135～145 d。年平均气温4.5℃,年降雨量350～500 mm。灌溉用水,水温水质适合,是理想的农作物灌溉用水。土壤耕层较厚,土质主要为黑油沙土质、黑钙土等,富含碳酸钙、碳酸镁等多种有机物,适合有机杂粮杂豆种植。

据大庆市肇源县志记载,清朝康熙年间,小米由此传至朝廷,成为餐桌上的极佳贡品。得天独厚的地理生态环境生产的小米、玉米、黄豆等杂粮虽然品质优良,但是售价与其他普通粮食一样,农民并没有因此得到丰厚的回报。随着人们对产品质量认证的深入认识和对安全高质量农产品的需求提高,这片沃土上杂粮的身价也如秋天里粮食的颜色一般金灿灿起来,普通散小米四五元一斤,它们卖到了二三十元一斤。

2000年悉尼奥运会指定运动员早餐食品之一的古龙贡米,就出自大庆市吉泰实业集团旗下的古龙贡米加工有限公司,这是目前我国最大的小米加工企业,始建于1998年2月,坐落在肇源县新站镇。该集团主要业务涉及贡米加工、贡酒酿造、农牧开发、饲料、矿泉饮品、油脂产品、农副产品进出口等领域,年综合加工农副产品10万吨,出口创汇2 600万美元。2000年10月,大庆市吉泰实业集团被农业部等八部委授予农业产业化龙头企业称号。古龙贡米积极建设绿色食品生产基地,加工过程无二次污染,实行全方位的质量控制。

于1999年1月被中国绿色食品发展中心认定为A级绿色食品，2001年2月通过产品质量体系认证，并与中国农业科学院谷物品质研究所合作，联合成立"吉泰集团优质作物开发中心"，在品种研究和产品开发等方面争创全国领先地位。

"昔日贡米地，今日娄家寨"，近几年娄家寨异军突起。娄家寨粮食种植专业合作社位于肇源县二站镇，成立于2011年4月。娄家寨的报道逐渐出现在国家及地方媒体上，合作企业也纷至沓来，2012年年底与三生(中国)健康产业有限公司建立合作关系，成为三生公司的有机杂粮生产基地，积极拓展海外市场。先后与黑龙江农信绿色食品有限公司签订合作协议，成为农信集团的绿色食品杂粮供应商；与黑龙江嘉联绿色食品展销有限公司签订协议，入驻其北京、上海、深圳等地旗舰店销售；与黑龙江圣亿农粮商贸有限公司达成合作协议，拓展北京销售市场，并洽谈进入沃尔玛超市和国际连锁店。

然而这家合作社当地人却不怎么清楚，县领导也摸不着头脑。可是合作社成员却在短短几年内腰包鼓了起来，连农闲的冬天也不再闲着。这究竟怎么回事呢？秘密就在于领军者娄云鹤认定了粮食发展需要走有机认证的道路。娄云鹤是土生土长的肇源人，大学毕业后一直从事教师行业。筹建合作社的初衷不过是想让家人能吃上安全放心的粮食，社员能增加收入而已。然而合作社一旦启动，便停不下来。

2011年年底，合作社被国家有机食品认证中心批准为中国有机转换产品。通过转换期之后，2014年获得有机食品认证，成为黑龙江省唯一一家杂粮类有机食品生产基地。2015年2月又被国家环境保护部确定为"国家有机食品生产基地"。目前有机种植面积达到2 000多万亩，年实现产值3 000多万元，社员平均增收近3万元。虽然每年投入有机认证的费用达20多万元，但是娄云鹤觉得值，合作社的成员在品尝到有机认证带来的甜头后，也非常赞同，并努力达到严苛的有机认证的规定要求。在基地种植过程中能够做到五个统一，即统一种子、统一耕种、统一施肥、统一田间管理、统一收割。在质量管理过程中，建立了严格的质量监管跟踪系统和质量保证责任制，一系列的生产记录存储、产品流向追踪以及储运信息查询体系。消费者在互联网上通过质量安全追溯码，就能够查询到所有产品生产过程中使用了什么种子、农药、肥料等信息，以及生产者的基本情况，搭建起从种植基地到产品销售一体化的信息网络追溯系统，实现动态集中管理，责任到人、到田间地块。

合作社严把产品各个环节的质量关，按照有机标准进行生产，促进自然资源的合理开发利用。合作社未来将开展有机蔬菜、香瓜种植，有机黏玉米常温下保鲜；建立有机畜禽养殖场，充分利用粮食加工后剩余的米糠进行有机养殖，发展有机畜牧业。建立有机肥厂，利用畜禽养殖的粪便和农作物秸秆作原料，生产有机肥，为有机种植提供肥料保证，逐步形成科学的、高效的、生态循环有机农业产业链。

(资料来源：根据网络资源整理)

**引发的思考：**粮食增产后，为什么有些人发愁卖不上价，有些人卖高价还有人抢着买？贡米自古流传，质量有保证，可认证前和认证后的价格为什么差别那么大，还销路很好？众所周知，好产品可以卖好价格，问题是怎样让买方相信你的产品质量好。可靠的第三方质量认证，使得买方有可能相信卖方的产品质量。在商品买卖过程中，消费者对商品质量的信任至关重要，于是就要有相应的商品质量评价和监督事宜。

# 任务一　商品检验

**任务提出**

有了商品标准，如何确定商品质量符合规定的要求？不同质量等级的商品又怎样进行划分并识别呢？

**背景知识**

## 一、商品检验概述

### 1. 商品检验的概念

商品检验是指根据商品标准规定的各项指标，运用一定的检验方法和技术，综合评定商品质量优劣、确定商品品级的活动。商品检验的中心内容是商品质量检验，狭义的商品检验即指商品质量检验。商品质量是否符合规定的标准，只有经过检验才能确定。

商品的质量检验在早期质量管理中发挥了保证商品质量的把关作用，在全面质量管理不断发展的今天，由于预防、控制并非总是有效的，所以商品检验仍然是保证商品质量的一项内容。商品检验是一项科学性、技术性、规范性较强的复杂工作，为使检验结果更具公正性和权威性，必须根据具有法律效力的质量法规、标准以及合同等开展商品检验工作。

### 2. 商品检验的形式

商品检验的形式有很多种，本书仅介绍三种，即按检验有无破坏性划分的形式、按检验主体及目的划分的形式、按检验商品的相对数量划分的形式。

1) 按检验有无破坏性划分

(1) 破坏性检验。破坏性检验是指经测定、试验后的商品遭受破坏的检验。

(2) 非破坏性检验。非破坏性检验是指经测定、试验后的商品仍能使用的检验，也称无损检验。

2) 按检验主体及目的划分

(1) 生产检验。生产检验又称第一方检验或卖方检验，是商品生产者为了维护企业信誉、保证商品质量，对原材料、半成品和成品进行检验的自我约束活动。生产检验合格的商品往往用"检验合格证"或"质量合格证"加以标志。

(2) 验收检验。验收检验又称第二方检验或买方检验，是商品的买方为了杜绝不合格品进入流通、消费领域，维护自身和消费者的利益，保证所购商品满足合同规定或标准的要求所进行的检验活动。

(3) 第三方检验。第三方检验又称法定检验或公正检验，是指处于买卖利益之外的第三方(主要指质量监督与认证部门以及消费者协会等)以公正的、权威的非当事人身份，根据法律、法规、合同或标准所进行的商品检验。其目的在于维护各方面的合法权益和国家利益，协调矛盾，使商品的交易活动能够顺利而有序地进行。

3) 按检验商品的相对数量划分

(1) 全数检验。全数检验是对受检批次中的所有单位产品逐个进行检验。它适用于批量小、质量特性少且不稳定、较贵重的非破坏性检验，如照相机、手表、彩电和冰箱等。

(2) 抽样检验。抽样检验是根据预先确定的抽样方案，从受检批次中随机抽取少量单位产品组成样本，再根据对样本中单位产品逐一测试的结果与标准或合同规定比较，最后从样本质量状况统计推断整批商品质量是否合格的检验方法。它适用于批量大、价值低、质量特性多且质量较为稳定，具有破坏性的商品检验，如天然矿泉水、糕点和乳制品等。

(3) 免于检验。免于检验是指对生产技术和检验条件较好，质量控制具有充分保证，成品质量长期稳定的生产企业的商品，在自荐合格后，商业和外贸部门可直接收货，免于检验。但对涉及安全、卫生及有特殊要求的商品不能申请免于检验。当享有"免检标志"荣誉桂冠的三鹿集团出现重大的食品安全事故后，国家质检总局发布公告，自2008年9月18日起所有食品企业都不再享有"免检"资格，同时废止《产品免于质量监督检查管理办法》(国家质量监督检验检疫总局令第9号)。

3. 商品检验的主要内容

商品检验主要包括以下几方面的检验。

1) 商品质量检验

商品质量检验又称品质检验，是运用各种检验手段(包括感官检验、化学检验、仪器分析、物理测试以及微生物学检验等)，对商品的品质、规格、等级、性能等进行检验，确定其是否符合贸易合同(包括成交样品)、标准等规定。

品质检验范围很广，大体上包括外观质量检验与内在质量检验两个方面：①外观质量检验，主要是对商品的外形、结构、花样、色泽、气味、触感、疵点、表面加工质量和表面缺陷等的检验。②内在质量检验，一般是指有效成分的种类、含量、有害物质的限量、商品的化学成分、物理性能、机械性能、工艺质量以及使用效果等的检验。

2) 商品重量和数量检验

商品的重量和数量是贸易双方成交商品的基本计量计价单位，是结算的依据，直接关系到双方的经济利益，也是贸易中最敏感且最容易引起争议的因素之一。

(1) 重量检验。重量检验是指根据合同规定，采用不同的计量方式，对不同的商品计量出它们准确的重量。

(2) 数量检验。数量检验是指按照发票、装箱单或尺码明细单等规定，对整批商品进行逐一清点，证明其实际装货数量。

3) 商品包装检验

包装检验是指根据购销合同、标准和其他有关规定，对商品的包装标志、包装材料、包装种类和包装方法等进行检验。

包装检验的内容主要有：首先核对外包装上的商品包装标志(标记、号码等)是否与有关标准的规定或贸易合同相符，然后对商品的内外包装进行检验。

(1) 对进口商品的包装检验，主要检验外包装是否完好无损，包装材料、包装方式和衬垫物等是否符合合同规定的要求。对外包装破损的商品，要另外进行验残，查明货损责任方以及货损程度。对发生残损的商品，要检查其是否是由于包装不良引起的。

(2) 对出口商品的包装检验，除包装材料和包装方法必须符合外贸合同、标准规定外，还应检验商品内外包装是否牢固、完整、干燥、清洁，是否适于长途运输和保护商品质量、数量的要求。

4) 安全、卫生检验

安全性能检验是根据国家规定、标准(对进出口产品，应根据外贸合同以及进出口国的法令要求)，对商品有关安全性能方面的项目进行的检验，以保证生产、使用和生命财产的安全。对电子电器类商品要进行漏电检验、绝缘性能检验和 X 光辐射检验等。

卫生检验是指商品中的有毒有害物质及微生物的检验，检验其是否符合卫生标准，以保障人民健康和维护国家信誉。

## 二、商品检验的方法

商品检验的方法很多，根据所用器具、原理和条件，主要分为感官检验法和理化检验法。

### 1. 感官检验法

1) 感官检验法的定义

感官检验法是指利用人体的感觉器官结合平时积累的实践经验对商品质量进行判断和鉴定的方法，即以人的眼、鼻、舌、耳、手等感觉器官作为检验器具，结合实践经验对商品外形结构、外观疵点、色泽、声音、气味、滋味、弹性、硬度、光滑度、包装和装潢等情况进行评价，并对商品的种类品种、规格和性能等进行识别。例如，食品商品的检验，通过舌头品尝食品的滋味和风味辨别其优劣；没有任何仪器能代替人的嗅觉功能，嗅觉检验对检验变质发霉的商品特别有效；检验各种乐器的音质好坏、挑选西瓜是否成熟等，常采用听觉的检验方法。

2) 感官检验法的特点

感官检验法在商品检验中有着广泛的应用，并且任何商品对消费者来说总是先用感觉器官来进行评价质量的，所以感官检验法十分重要，在工商业的产、供、销过程中经常使用。感官检验法的优点：①方法简单，快速易行；②不需复杂、特殊的仪器设备和试剂或特定场所，不受条件限制；③一般不易损坏商品；④成本较低。

当然，感官检验法也有其局限性：①不能检验商品的内在质量，如成分、结构、性质等；②检验的结果不精确，不能用准确的数字来表示，是一种定性的方法，结果只能用专业术语或记分法表示商品质量的高低；③检验结果易带有主观片面性，常受检验人员知识、技术水平、工作经验、感官的敏锐程度及客观环境等因素的影响，再加上审美观不同以及检验时的心理状态，会影响结果的准确性，科学性不强。

虽然感官检验法有很多不足之处，但它仍具有不可替代性。为了提高感官检验结果的准确性，通常是组织评审小组，尽可能采用一些科学的方法进行检验。

**2. 理化检验法**

1) 理化检验法的定义

理化检验法是在实验室的一定环境条件下，借助于各种仪器设备或化学试剂，运用物理、化学的方法来检测评价商品质量的方法，故也称实验室检验法。它主要用于检验商品的成分、结构、物理性质、化学性质、安全性、卫生性以及对环境的污染和破坏性等。根据检验的原理不同，理化检验法可分为物理检验法、化学检验法和生物检验法三种方法。例如，测定皮革在高温和低温下的性能是否发生较大变化，利用物理检验法看耐热耐寒性的结果；鉴定食品有无损害人体健康的微生物存在，利用生物检验法。

2) 理化检验法的特点

理化检验法的优点：①检验结果精确，可用数字定量表示，如成分的种类和含量、某些理化、机械性能等；②检验的结果客观，不受检验人员的主观意志的影响，对商品质量的评价客观而科学；③能深入地分析商品成分、内部结构和性质，反映商品的内在质量。

理化检验法的局限性：①需要一定仪器设备和实验场所，成本较高，要求条件严格；②往往需要破坏一定数量的商品，消耗一定数量的试剂，费用较大；③检验需要的时间较长；④要求检验人员具备扎实的基础理论知识和熟练的操作技术；⑤对于某些商品的某些感官指标，如色、香、味等还无法进行检验。因此，商业企业直接采用理化检验法较少，大多把它作为感官检验的补充检验方法，或委托专门的检验机构做理化检验。

检验商品品质需采用的检验方法因商品种类不同而不同，有的商品采用感官检验法即可评价质量(如茶叶、烟酒)；有的商品既需要采用感官检验法，也需采用理化检验法(如搪瓷、纺织品、手表)；有的商品需以理化检验的结论作为评价商品质量的依据(如化肥、钢材、家用电器)。要使商品检验的结果准确无误，符合实际的商品质量，经得起复验，就要不断提高检验的技术和经验，采用新的检验方法和新的检测仪器。随着科技的发展，检验方法向着快速、准确、少损(或无损)和自动化方向发展。

**【案例分析4-1】**

**鲜梨的检验**

**一、感官检验**

1. 视觉检验

视觉检验是检验鲜梨好坏的主要方法。

(1) 看大小。通过视觉挑选外观形状的大小，不同的品种，其果径大小也不同。例如，苍溪雪梨、雪花梨、金花梨、茌梨等是特大型果；鸭梨、酥梨、黄县长把梨、栖霞大香水梨、山东子母梨、宝珠梨、苹果梨、果酥梨、大冬梨等是大型果；而香梨等则是小型果。

(2) 看形状。梨的品种很多，成熟时各具本品种应有的形状。大体上有圆球形、长圆形、扁圆形、卵圆形、葫芦形、圆锥形、纺锤形等多种果形。检验果形是否端正，主要是看果实有没有不正常的明显凹陷或突起以及外形偏缺的现象。如果有，就是畸形果，品质较差。

(3) 看色泽。梨成熟时应有较为自然的色泽，主要有黄色、绿色、黄绿色、金黄色、褐黄色和红褐色等。有的品种在果实底色的阳面还会出现不同程度的红晕。色泽越自然，品质越好。

(4) 看外观。主要看果实外观是否有病虫害或虫咬以及破损、碰伤程度等情况。外观良好的，品质较好。

2. 味觉检验

品尝是否清脆爽口、鲜甜多汁，判断其成熟情况和品质程度。

3. 触觉检验

手感光滑还是凹凸不平，感知软硬、干瘪等情况，口感清脆、细腻还是粗糙颗粒多。

4. 嗅觉检验

闻着有淡淡的果香，还是无味或有异味。

二、理化检验

1. 物理检验

称量重量，测量直径，测定果实硬度等物理特性。

2. 化学检验

检验可溶性固形物、总酸量、固酸比等化学指标。

3. 生物检验

检验微生物、农药残留、虫害等是否存在或超标。

鲜梨检验中，感官检验为主，理化检验为辅。但随着人们对生活质量要求的提高以及食品卫生安全的重视，理化检验中的生物检验指标逐渐重要起来。

(资料来源：鲜梨国家标准，根据相关标准整理)

## 三、商品品级

### 1. 商品品级的概念

商品品级也称为商品分级，是根据商品标准规定的质量指标和实物质量指标的检验结果，按一定的标志将同类商品分为若干等级的工作。它是表示商品质量高低优劣的标志，也是表示商品在某种条件下适合其用途大小的标志，是商品鉴定的重要内容之一。

商品种类不同，分级的质量指标内容也不同。例如，茶叶按照其感官质量指标分级；食糖按其主要成分、蔗糖含量和杂质含量分级；印染织品则同时按感官指标、理化指标、染色牢固度和外观疵点四项综合分级(即以其中最低一项定等级)。对各种商品每一级的具体要求和分级方法，在商品标准中一般都已规定。

商品品级既有利于促进生产部门加强管理，提高生产技术水平和产品质量，也有利于限制劣质商品进入流通领域，维护消费者利益，并且便于消费者选购商品。此外，商品品级还有利于物价管理与监督，促进社会主义商品市场健康发展。

### 2. 商品品级的划分

商品的品级通常是用等或级的顺序来划分的。等或级的顺序用以具体地表示商品质量的高低，如一等、二等、三等；一级、二级、三级；甲、乙、丙、丁等或级。一般来说，工业品分三个等级，而食品特别是农副产品、土特产等多为四个等级，最多可达六七个等级，如茶叶、棉花、卷烟等。按照国家《工业产品质量分等导则》的有关规定，商品质量水平可划分为以下几种。

(1) 优等品。优等品是指商品的质量标准必须达到国际先进水平，且实物质量水平与国外同类产品相比达到近5年内的先进水平。

(2) 一等品。一等品是指商品的质量标准必须达到国际一般水平，且实物质量水平达到国际同类产品的一般水平。

(3) 合格品。合格品是指按照我国一般水平标准组织生产，实物质量水平达到相应标准的要求。

### 3. 商品分级的方法

商品分级的方法很多，一般有记分法和限定法两种方法。

1) 记分法

(1) 百分记分法。百分记分法是将商品各项质量指标规定为一定的分数，各项质量指标分数之和为100分，其中重要指标占高分，次要指标占低分。此方法多在食品和部分日用工业品中采用。

例如，对酒的质量分级，采用百分记分法。如果各项指标都符合标准要求，或认为无瑕可挑的，则打满分；若某项指标欠缺，则在该项中相应扣分。全部合格为满分100分。

白酒：色10分、香25分、味50分、风格15分。

啤酒：色10分、香20分、味50分、泡沫20分。

(2) 限度记分法。限度记分法是将商品品种疵点规定为一定的分数，由疵点分数的总和确定商品的等级，疵点越多，总分越高，则商品的等级越低。此方法一般在日用工业品和纺织品中采用。例如，纺织品中以40m长、1.1m宽的本色棉布的布面上，按布面上的疵点多少来打分，分数总和不大于10分为一等品，超过60分为等外品。即评分累计限度为：一等品≤10分，二等品≤20分，三等品≤60分，等外品＞60分。

2) 限定法

限定法是指在标准中规定商品每个等级限定疵点的种类、数量和疵点的程度，也称为限定数量和程度法。疵点的程度主要是规定哪些疵点不能有以及决定商品成为废品的疵点限度。限定法限定的对象一般是商品的各类缺陷，也就是将商品各种缺陷和各项要求列出，凡不符合要求者作为一项缺陷，缺陷累计超过规定数量，或缺陷大小、部位超过标准规定者，且易被人眼看出或者易被仪器无损鉴定，可认为商品存在质量问题，如布匹表面的疵点、铸件表面气孔、钢材的内伤、家用电器表面缺陷等。

在消费商品中，限定法应用较广，尤其常被用于工业品分级。例如，全胶鞋 13 个感官指标中，鞋面起皱或麻点在一级品中规定"稍有"，二级品中规定"有"；鞋面砂眼在一级品中规定"不许有"，二级品中砂眼直径不超过 1.5 mm、深不超过鞋面厚度。

【案例分析 4-2】

### 鲜梨的质量等级

鲜梨质量分三个等级，凡不符合表中质量等级规定的均视为等外品(见表 4-1)。

表 4-1　鲜梨质量等级要求

| 项目指标 | 优等品 | 一等品 | 二等品 |
| --- | --- | --- | --- |
| 基本要求 | 具有本品种固有的特征和风味；具有适于市场销售或贮藏要求的成熟度；果实完整良好；新鲜洁净，无异味或非正常风味；无外来水分 | | |
| 果形 | 果形端正，具有本品种固有的特征 | 果形正常，允许有轻微缺陷，具有本品种应有的特征 | 果形允许有缺陷，但仍保持本品种应有的特征，不得有偏缺过大的畸形果 |
| 色泽 | 具有本品种成熟时应有的色泽 | | 具有本品种应有的色泽，允许色泽较差 |
| 果梗 | 果梗完整(不包括商品化处理造成的果梗缺损) | | 允许果梗轻微损伤 |
| 大小整齐度 | 各等级果的大小尺寸不作具体规定，可根据收购商要求操作，但要求应具有本品种基本的大小。而大小整齐度应有硬性规定，要求果实横径差异<5 mm | | |
| 果面缺陷 | 允许下列规定的缺陷不超过 1 项 | 允许下列规定的缺陷不超过 2 项 | 允许下列规定的缺陷不超过 3 项 |
| ①刺伤、破皮划伤 | 不允许 | 不允许 | 不允许 |
| ②碰压伤 | 不允许 | 不允许 | 允许轻微碰压伤，总面积不超过 0.5 $cm^2$，其中最大处面积不得超过 0.3 $cm^2$，伤处不得变褐，对果肉无明显伤害 |
| ③磨伤(枝磨、叶磨) | 不允许 | 不允许 | 允许不严重影响果实外观的轻微磨伤，总面积不超过 1.0 $cm^2$ |
| ④水锈、药斑 | 允许轻微薄层，总面积不超过果面的 1/20 | 允许轻微薄层，总面积不超过果面的 1/10 | 允许轻微薄层，总面积不超过果面的 1/5 |
| ⑤日灼 | 不允许 | 允许轻微的日灼伤害，总面积不超过 0.5 $cm^2$。但不得有伤处果肉变软 | 允许轻微的日灼伤害，总面积不超过 1.0 $cm^2$。但不得有伤处果肉变软 |
| ⑥雹伤 | 不允许 | 不允许 | 允许轻微者两处，每处面积不超过 1.0 $cm^2$ |

## 项目四 商品质量的评价

续表

| 项目指标 | 优等品 | 一等品 | 二等品 |
|---|---|---|---|
| ⑦虫伤 | 不允许 | 允许干枯虫伤 2 处，总面积不超过 0.2 cm$^2$ | 干枯虫伤处不限，总面积不超过 1.0 cm$^2$ |
| ⑧病害 | 不允许 | 不允许 | 不允许 |
| ⑨虫果 | 不允许 | 不允许 | 不允许 |

(资料来源：鲜梨国家标准，根据相关标准整理)

思考：鲜梨质量等级都用到了哪些商品分级方法？

## 任务二　商品质量认证

【任务提出】

影响产品质量的因素很多，单纯依靠检验就可以保证商品质量达到标准的要求吗？每次采购、生产或销售都要进行商品检验，花费大量检验费用，怎样才能以最佳成本持续稳定地使企业按要求生产出合格产品呢？

【背景知识】

### 一、商品质量认证概述

#### 1. 商品质量认证的概念

《中华人民共和国认证认可条例》中，认证是指由认证机构证明产品、服务、管理体系符合相关技术规范、相关技术规范的强制性要求或者标准的合格评定活动。认可是指由认可机构对认证机构、检查机构、实验室以及从事评审、审核等认证活动人员的能力和执业资格，予以承认的合格评定活动。

质量认证是由一个公认的权威机构对企业的质量体系、产品、过程或服务是否符合质量要求、标准、规范和有关政府法规的鉴别，并提供文件证明的活动。商品质量认证，国际标准化组织下的定义是，由可以充分信任的第三方证实某一经鉴定的产品或服务符合特定标准或其他技术规范的活动。

理解商品质量认证的概念应把握以下几个要点。

(1) 商品质量认证的对象是商品，包括产品和服务。

(2) 认证的基础是标准，认证的目的是证明商品是否符合特定的标准及规定的要求。

(3) 认证是第三方从事的活动，它与第一方(产品生产者)、第二方(产品采购者)都没有任何直接的行政上的隶属关系和经济上的利害关系。生产企业自己出具的合格证或其他形式的合格证明都不属于商品质量认证，只有第三方这样的公证机构出具的认证证明才是可靠的、可信赖的。

(4) 证明批准认证的方式是认证证书和认证标志。认证证书不可用来进行新闻性宣传，不可附加在商品上或商品包装物上；认证标志则可广泛用来进行广告宣传，也可附加在商品或商品包装物上，以提高商品的可信度，树立商品形象。

最早的质量认证只针对产品进行认证，20 世纪 70 年代后期逐渐产生对质量体系的认证，目前质量认证已经成为国际上通行的管理产品质量的有效方法。

### 2. 商品质量认证的作用

(1) 进一步推动企业的全面质量管理和可靠性工作。企业申请认证时，认证机构要审查企业的生产水平和质量情况，检查合格后才允许使用认证标志并发给认证证书。

(2) 保证商品质量，提高商品竞争力，有利于发展国际贸易，扩大出口。经过认证的产品有较高的质量，特别是根据国际标准或根据国际标准化组织、国际认证组织的要求认证的产品，更有利于消除国际贸易技术壁垒。

(3) 实施质量认证的产品要经过各种试验、检验或鉴定，这不但有利于标准实施的监督，也为修订标准提供了可靠的数据。

(4) 减少了社会检验和评定的重复性劳动以及检验评价的费用。生产厂家采购原材料、零部件时，往往需要对其质量进行检验，需要花费大量的检验费用，一种商品的使用者往往很多，每个使用者都重复这种检验工作，整个社会开支就相当可观，利用第三方认证机构提供的质量信息，就没必要重复检验，从而节约了大量的社会检验费用。

(5) 有利于保护消费者和用户的利益，指导消费者选购自己满意的商品。

### 3. 商品质量认证的分类

商品质量认证的分类方法有很多种，本书介绍常用的四种，即按照认证性质分类、按照认证内容分类、按照认证方式分类以及按照认证对象分类。

1) 按照认证性质分类

(1) 强制性认证。对有关人身安全、健康、检疫、环保和劳保等产品，依据法律规定必须实施强制性认证，该类产品未获得认证不得生产销售，否则依法惩处。

(2) 自愿性认证。企业根据自身情况自愿申请，对一般性产品按照现行标准进行检验，确定质量是否合格。没有经过自愿性认证的产品也可以在市场上销售。

2) 按照认证内容分类

(1) 合格认证。合格认证是用合格证书或合格标志证明某一商品符合其质量标准要求的认证。合格认证属于自愿性认证。

> **思考：** 有的企业给自己的产品签发合格证，并且附在每一件出厂的合格产品上，这种合格证与认证证书是一样的吗？

提示：不一样。合格证是生产企业的自检证明，质量认证证书是第三方认证机构检验合格后颁发的纸质证明。

(2) 安全认证。安全认证是以安全标准或商品标准中的安全要求为依据，对商品或只对商品安全有关的项目所进行的认证。通常世界各国的安全认证都属于强制性认证，如输美产品的 UL 认证、输欧产品的 CE 认证等均属安全认证。

获得安全标志的商品，只能证明该商品符合其安全标准或标准中的安全指标，而无法说明该商品质量的优劣。某些有安全要求的商品也需要合格认证，如电工商品常常既需要安全认证，也需要合格认证。

3) 按照认证方式分类

(1) 形式试验。按规定的试验方法对产品的样品进行试验，以证明样品符合标准或技术规范的要求。

(2) 形式试验加认证后监督——市场抽样检验。这是一种带有监督措施的形式试验。它是从市场上购买样品或从批发商、零售商的仓库中随机抽样进行检验，以证明认证商品的质量持续符合标准或技术规范的要求。

(3) 形式试验加认证后监督——供方抽样检验。这种类型与第二种相类似，但它不是从市场上抽样，而是从供方发货前的产品中随机抽样进行检验。

(4) 形式试验加认证后监督——市场抽样和供方抽样检验。这是第二种、第三种认证类型的综合，监督检验所用的样品来自市场和供方的随机抽样。

(5) 形式试验加供方质量体系认证再加认证后监督——质量体系复查加供方和市场抽样检验。这种认证类型是在批准认证的资格条件中增加了对产品供方质量体系的检查和评定，在批准认证后的监督措施中也增加了对供方质量体系的复查。

(6) 供方质量体系的评定和认可。这种认证类型，是对供方按既定标准或技术规范要求对所提供产品的质量保证能力进行评定和认可，而不是对最终产品进行认证，故又称质量保证能力认证。

(7) 批量检验。这种认证类型是根据规定的方案，对一批商品进行抽样检验，并据此做出该批商品是否符合标准或技术规范的判断。

(8) 百分之百检验。这种认证是对每一件产品在出厂前都要依据标准由认可的独立检验机构进行检验。

按认证方式分类的八种分类中以(5)最为完善，也是国际标准化组织向各国推荐的一种典型的第三方商品认证制度。

4) 按照认证对象分类

(1) 产品质量认证。在认证制度产生之前，卖方(第一方)为了推销其产品，通常采用"产品合格声明"的方式来博取顾客(第二方)的信任。在产品简单、不需要专门的检测手段就可以直观判别优劣的情况下，这种方式是可行的。随着科学技术的发展，产品品种日益增多，产品的结构和性能日趋复杂，仅凭买方的知识和经验很难判断产品是否符合要求，而且卖方的"产品合格声明"并不总是可信的。这种情况下，产品质量认证制度逐渐产生。目前，世界各国的产品质量认证一般都依据国际标准进行认证，这些标准 60%是由 ISO(国际标准化组织)制定的，20%是由 IEC(国际电工委员会)制定的，其余的 20%是由其他国际标准化组织制定的。产品质量认证主要针对的认证对象是产品,主要包括合格认证和安全认证两种(也有包括综合认证三种的情况)。依据标准中的性能要求进行认证的叫作合格认证,依据标准中的安全要求进行认证的叫作安全认证。前者是自愿的,后者是强制性的。

(2) 质量体系认证。国际质量认证机构在进行产品品质认证的时候,逐渐增加了对企业的品质保证体系进行审核的内容,推动了品质保证活动的发展。可以说,质量体系认证是从产品质量认证中演变出来的,目的是评定企业是否具有持续生产符合技术规范的产品的能力,后扩展为能持续保持企业产品质量的能力。质量体系认证是依据国际通用的质量和质量管理标准,经国家授权的独立认证机构对组织的质量体系进行审核,通过注册及颁发证书来证明组织的质量体系和质量保证能力符合要求。它的认证对象不是供方企业的某一产品或服务,而是其质量体系。当然,质量体系认证必然会涉及该体系覆盖的产品或服务。

认证阶段主要有两方面:一是认证的申请和评定阶段,其主要任务是受理并对接受申请的供方质量体系进行检查评价,决定能否批准认证和予以注册,并颁发合格证书;二是对获准认证的供方质量体系进行日常监督管理阶段,其目的是使获准认证的供方质量体系在认证有效期内持续符合相应质量体系标准的要求。质量体系认证,主要是为了提高企业的质量信誉和扩大销售量,一般是企业自愿、主动地提出申请,属于企业自主行为。

体系认证一般有:ISO 9000 质量管理体系认证、ISO 14000 环境管理体系认证、OHSAS 18000 职业健康安全管理体系认证、ISO 22000 与 HACCP 食品安全管理体系认证、ISO/PAS 28000 供应链安全管理(反恐认证)、SA 8000 社会责任管理体系认证、QC 08000 危险物品进程管理系统要求、ISO/TS 16949 汽车工业质量管理体系认证、ISO 13485 医疗器械质量管理体系认证等。

思考:  对于资源有限的企业来说,产品质量认证和质量体系认证,申请哪种更好?

提示:企业在选择用哪种方式认证时,要根据自身的情况和客户的要求,慎重选择。质量体系认证有覆盖面广的优点,但对外影响不如产品质量认证大。产品质量认证可以将认证标志直接印制在产品的包装上,影响面大,但它的局限性也很大,只能在某一特定的产品上使用。一些产品品种多、范围广的企业,对产品全部认证是非常不经济的,也是不可能的。在这种情况下,企业可以考虑先通过体系认证。在此基础上对一些重点产品进行产品认证时,可以免除对企业质量体系的审核,只对产品进行检验。对于不适合产品认证的企业,可申请体系认证。例如,没有适用于认证所需的产品标准、单件小批量产品、服务行业、专业设计单位等。各国法律法规实行强制认证的安全性产品,必须先申请产品认证。例如,电器产品、儿童玩具、汽车安全玻璃、汽车安全带、摩托车驾驶员头盔、某些建筑材料等,必须取得产品认证的资格。还有就是需方指定要求供方获得哪种认证,就应该考虑进行哪种认证。

## 二、商品质量认证标志

商品质量认证标志是按法定的程序颁发给生产企业,以证明其商品达到一定水平的符号或标记，经认证机构批准，可使用在每件出厂的获准认证的商品上。认证标志不同于普通商标，它不区分商品品种，也不区分不同的生产厂家，只要符合认证管理的相关规定，经认证机构批准认证的商品，都可使用相同的标志。

认证标志一般按有关的法律规定进行注册，并受法律保护，防止被人冒用，许多国家的认证标志还进行了国际注册。例如，马德里协定主要是一个关于国际商标注册的国际协定，根据这个协定，有关认证标志也准予进行注册，而且一个认证标志在一个国家注册后，其他签字国对这个标志将给予同样的保护。认证标志是质量标志，其作用是向消费者传递正确可靠的质量信息，方便选购。对生产者来说，认证标志既是对商品质量的担保，又是一种荣誉和信任，还可带来经济效益。

**1．国内常见的商品质量认证标志**

1) 中国强制性认证标志

中国强制性认证标志(China Compulsory Certification，CCC)，又称3C认证(见图4-1)。2002年5月起，为保护国家安全、防止欺诈行为、保护人体健康或者安全、保护动植物生命或者健康、保护环境，国家规定的相关产品必须经过强制性产品认证，并标注认证标志后，方可出厂、销售、进口或者在其他经营活动中使用。国家质量监督检验检疫总局(简称国家质检总局)主管全国强制性产品认证工作。国家认证认可监督管理委员会(简称国家认监委)负责全国强制性产品认证工作的组织实施、监督管理和综合协调。目前，国家安全认证(CCEE)、进口安全质量许可制度(CCIB)、中国电磁兼容认证(EMC)进行了三合一的强制认证统一。

国家对实施强制性产品认证的产品，统一产品目录，统一技术规范的强制性要求、标准和合格评定程序，统一认证标志，统一收费标准。第一批列入强制性认证目录的产品包括电线电缆、开关、低压电器、电动工具、家用电器、轮胎、医疗器械、安全防范设备等19大类132种。现今还增加了油漆、陶瓷、汽车产品、玩具等产品。

2) CQC认证标志

CQC认证是由中国质量认证中心(China Quality Certification，CQC)开展的自愿性产品认证业务之一，认证类型涉及产品安全、性能、环保和有机产品等，认证范围涉及机械设备、电力设备、电器、电子产品、纺织品和建材等500多种产品。CQC认证重点关注安全、电磁兼容、性能、有害物质限量(RoHS)等直接反映产品质量和影响消费者人身和财产安全的指标，旨在维护消费者利益，提高产品质量，增强国内企业的国际竞争力。CQC通用认证标志见图4-2。

图4-1　强制认证标志　　　　图4-2　CQC认证标志

3) 有机产品认证标志

有机产品认证标志(Organic)是由有资质的有机产品认证机构按照相关标准和法律法规对有机产品生产、加工和销售活动进行合格评价，从而获得使用的认证标志。中国有机认证的国家统一标志形似地球，象征和谐、安全，圆形中的"中国有机产品"字样为中英文结合方式，见图 4-3(a)。有机产品认证机构也可以有自己的有机产品标志，如中国质量认证中心 CQC 的有机标志、北京中绿华夏的有机产品标志、南京国环有机产品认证中心(OFDC)的有机标志等。

《有机产品认证管理办法》中对有机产品的定义，是指生产、加工和销售符合中国有机产品国家标准的供人类消费、动物食用的产品。GB/T 19630—2019《有机产品生产、加工、标识与管理体系要求》中对有机产品的定义是，有机生产、有机加工的供人类消费、动物食用的产品。有机生产，是指遵照特定的生产原则，在生产中不采用基因工程获得的生物及其产物，不使用化学合成的农药、化肥、生长调节剂、饲料添加剂等物质，遵循自然规律和生态学原理，协调种植业和养殖业的平衡，保持生产体系持续稳定的一种农业生产方式。有机加工，是指主要使用有机配料，加工过程中不采用基因工程获得的生物及其产物，尽可能减少使用化学合成的添加剂、加工助剂、染料等投入品，最大限度地保持产品的营养成分和/或原有属性的一种加工方式。有机产品通常包括有机食品，如粮食、果蔬、奶制品、禽畜产品、蜂蜜和蜂产品、水产品等。除有机食品外，还有有机化妆品、纺织品、生物农药、有机肥料等。

有机产品是所有产品中，特别是食品中要求最高的级别。根据中国国情，中国有机产品标准建立在各国有机产品标准和国际有机运动联盟(IFOAM)基本标准的基础上，于 2005 年 4 月 1 日起正式实施。2012 年 3 月起，市场上销售的有机产品需加施带有唯一编号的有机码(对应的商品信息有认证机构名称或其标识的有机产品认证标志等)，以便于辨识。GB/T 19630—2019 中废止了有机转换产品及其标志[见图 4-3(b)]，避免误导消费者将常规产品和有机转换期内的产品作为有机产品。按照国际惯例，认证一次有效，许可期限为 1 年，期满后可申请"保持认证"。

(a) 中国有机产品认证标志　　(b) 有机转换产品认证标志(已废止)

图 4-3　中国有机产品认证标志

需要强调的是，有机食品"不是"绝对无污染的食品。由于有机食品的生产过程不使用化学合成物质，因此，有机食品中污染物质的含量一般要比普通食品低，但是过分强调其无污染的特性，会导致人们只重视对终端产品污染状况的分析与检测，而忽视有机食品生产全过程质量控制的宗旨。

4) 绿色食品标志

《绿色食品标志管理办法》中对绿色食品的定义，是指产自优良生态环境、按照绿色食品标准生产、实行全程质量控制并获得绿色食品标志使用权的安全、优质食用农产品及相关产品。绿色食品标志是由农业部的中国绿色食品发展中心在国家商标局正式注册的质量证明标志，分为 A 级和 AA 级(见图 4-4)，认证使用的有效期为 3 年。

申请使用绿色食品标志的产品，应当符合《中华人民共和国食品安全法》和《中华人民共和国农产品质量安全法》等法律法规，在国家商标局核定的范围内，并具备下列条件。

(1) 产品或产品原料产地环境符合绿色食品产地环境质量标准。

(2) 农药、肥料、饲料、兽药等投入品使用符合绿色食品投入品使用准则。

(3) 产品质量符合绿色食品产品质量标准。

(4) 包装贮运符合绿色食品包装贮运标准。

1990 年，以国际食品法典委员会(CAC)标准为基础，参照发达国家标准制定了我国的绿色食品标准。绿色食品 AA 级的生产标准基本上等同于有机农业标准，比 A 级的标准和要求更为严格。比如，A 级可以限量使用特定的化学成分的农药、肥料等，而 AA 级则完全不允许使用化学成分的生产资料。绿色食品是普通耕作方式生产的农产品向有机食品过渡的一种食品形式，而有机食品是食品行业的最高标准。

中国绿色食品发展中心对许可使用绿色食品标志的产品进行统一编号，并颁发绿色食品标志使用证书。2012 年 7 月 31 日之后，所有获证产品包装上需要统一使用企业信息码 GF××××××　××　××××。其中，GF 是 Green Food 缩写，后面的 6 位数代表地区代码，按行政区划编制到县级；中间两位数是获证年份；最后四位数是企业序号。

思考：绿色食品与绿色产品是一样的吗？

提示：不一样。绿色食品是农业部绿色食品发展中心根据绿色食品相关行业标准进行的认证标志，分为 A 级和 AA 级。而绿色产品是市场监管总局根据国家推荐性标准 GB/T 33761—2017 等进行的认证标志(见图 4-5)，涉及资源、能源、环境、品质等绿色属性。两者使用认证标志也不相同。

图 4-4　绿色食品标志

图 4-5　绿色产品标志

【案例分析 4-3】

## 食品准入制度，从 QS 到 SC

QS(Quality Safety)是一种申请市场准入制度的生产许可证标志，最早是食品质量安全的市场准入标志。自 2001 年开始，首先在米、面、油、酱油和醋五类食品中推行；2003 年又扩大到肉制品、乳制品、饮料、调味品(糖、味精)、方便面、饼干、罐头、冷冻饮品、速冻米面食品以及膨化食品等 10 类食品；2008 年起所有食品必须加贴 QS 标志。QS 标志不仅用在食品上，和食品相关的产品也逐步列入 QS 范围，如食品的塑料包装和容器、纸包装和容器、食用酒精等。QS 标志也用在其他工业品上，从 2006 年 5 月起，电动自行车、眼镜、化妆品、肥料以及电线电缆等涉及安全的 86 类、525 种工业产品，也必须加贴 QS 标志。

2010 年 6 月起，企业使用的食品生产许可证标志——QS 加生产许可字样，不再是 QS 加质量安全字样(见图 4-6)。QS 标志可根据企业需要按式样比例放大或者缩小，但不得变形、变色。

图 4-6 食品准入标志的变化

2015 年 10 月 1 日起，国家食品药品监督管理总局颁布《食品生产许可管理办法》，启用 SC("生产"的汉语拼音字母缩写)食品生产许可制度，SC 编号由 14 位阿拉伯数字组成。数字从左至右依次为：3 位食品类别编码、2 位省(自治区、直辖市)代码、2 位市(地)代码、2 位县(区)代码、4 位顺序码、1 位校验码。3 年过渡期后，食品生产许可不再使用 QS 标志。"SC"编码代表着企业唯一许可编码，可以达到识别、查询的目的，实现食品的追溯，增强食品生产企业的安全责任意识。食品生产许可证编号一经确定便不再改变，以后申请许可延续及变更时，许可证书编号也不再改变。

从 QS 到 SC，做了以下调整。

(1) 调整食品生产许可主体，实行一企一证。

(2) 调整许可证有效期限，将食品生产许可证书由原来 3 年的有效期限延长至 5 年。

(3) 调整现场核查内容。

(4) 调整审批权限，除婴幼儿配方乳粉、特殊医学用途食品、保健食品等重点食品原则上由省级食品药品监督管理部门组织生产许可审查外，其余食品的生产许可审批权限可以下放到市、县级食品生产监管部门。

(资料来源：百度百科，根据网络资源整理)

**思考:** (1) 为什么要把 QS 质量安全改为生产许可？

(2) QS 和 SC 标志都用在哪些产品上？

**2. 国际常见的商品质量认证标志**

1) CE 认证标志

CE 标志是欧洲共同市场安全标志，是一种宣称产品符合安全、卫生、环保和消费者保护等欧盟相关指令的标志。使用 CE 标志是欧盟成员对销售产品的强制性要求，主要用于玩具、低压电器、医疗设备、电信终端(电话类)、自动衡器、电磁兼容和机械等产品。

2) CB 认证标志

CB 标志是国际电工委员会电工产品合格测试与认证组织"关于电工产品测试证书的相互认可体系"(IECEE-CB 体系)的认证标志。CB 体系适用于 IECEE 所采用的 IEC 标准范围内的电工产品，如电子电器产品的安全和性能测试、通信产品测试、电磁兼容性(EMC)测试。该体系是以参加 CB 体系的各成员之间相互认可(双向接受)测试结果来获得国家级认证或批准，从而达到促进国际贸易目的的体系。成员在共同的 IEC 标准下，各验证单位均相互承认彼此核发的 CB 证书及报告，据此可迅速地转换他国证书。

3) UL 认证标志

UL 是美国保险商实验室(Underwriter Laboratories Inc)的缩写，它是一个国际认可的安全检验及 UL 标志的授权机构，对机电包括民用电器类产品颁发安全保证标志。它诞生于 1894 年，是一个独立的、营利的、为公共安全做试验的专业机构，主要从事产品的安全认证和经营安全证明业务，其最终目的是为市场得到具有相当安全水准的商品，为人身健康和财产安全得到保证做出贡献。UL 认证在美国属于非强制性认证，部分 UL 安全标准被美国政府采纳为国家标准。产品要行销美国市场，UL 认证标志是不可缺少的条件。

4) GS 认证标志

德语中，GS 的含义是安全性已认证。GS 标志是德国安全认证标志，是德国劳工部授权由特殊的 TUV 法人机构实施的一种在世界各地进行产品销售的欧洲认证标志。GS 认证以德国产品安全法(SGS)为依据，按照欧盟统一标准 EN 或德国工业标准 DIN 进行检测的一种自愿性认证。产品获得 GS 标志，若发生故障而造成意外事故时，制造商会受到严格的德国(欧洲)产品安全法的约束，所以 GS 标志是强有力的市场宣传工具，能增强顾客的信心及购买欲望。通常，GS 认证产品的销售单价更高，而且更加畅销。

5) CSA 认证标志

CSA 是加拿大标准协会(Canadian Standards Association)的缩写，该协会成立于 1919 年，对机械、建材、电器、计算机设备、办公设备、环保、医疗防火安全、运动和娱乐等方面的所有类型的产品提供安全认证。带有 C-US 或 NRTL/C 的 CSA 认证标志的产品可在北美市场销售，即可同时进入加拿大和美国两个市场。

6) PSE 认证标志

PSE 认证是日本电气用品的强制性市场准入制度。2001 年 4 月 1 日起，DENTORL 法(电器用品控制法)正式更名为 DENAN 法(电气用品安全法)，统一使用 PSE 标志。DENAN

法将产品分为特定电气用品和非特定电气用品两类。进入日本市场的特定电气用品必须取得第三方认证，标示 PSE(菱形)标志；非特定电气用品则须做自我宣称或申请第三方认证，标示 PSE(圆形)标志。

7) PCT 认证标志

PCT 标志是俄罗斯 GOST 认证(即俄罗斯国家标准认证)取得的标志，该标志对于俄罗斯制造商和出口到俄罗斯市场的出口商都非常重要。GOST 认证是一种强制性认证，自 1995 年开始实行，1999 年将产品强制认证扩展到海关。只要产品获得了俄罗斯带有 PCT 标志的 GOST-R 证书，就相当于拿到了进入俄罗斯国门的通行证。

此外还有很多国际质量认证标志，在此不逐一介绍，可参见图 4-7。

| 国家 Country | 认可标志 Mark | 国家 Country | 认可标志 Mark |
|---|---|---|---|
| 中国 China | CCC CQC CB | 法国 France | NF |
| 欧洲 Europe | CE En/en | 荷兰 Holland | KEMA EUR |
| 德国 Germany | VDE GS | 瑞士 Switzerland | S |
| 美国 USA | UL FC ETL | 奥地利 Austria | ÖVE |
| 日本 Japan | PSE PSE | 意大利 Italy | |
| 加拿大 Canada | SA | 俄罗斯 Russia | PCT |
| 巴西 Brasil | INMETRO UC | 澳洲 Australia | |
| 挪威 Norway | N | 韩国 Korea | MIC |
| 丹麦 Demark | D | 新加坡 Singapore | SAFETY MARK 123456-00 |
| 芬兰 Finland | FI | 以色列 Israel | |
| 瑞典 Sweden | S | 南非 South Africa | SABS |
| 英国 England | | 阿根廷 Argentina | |
| 比利时 Belium | CEBDC | — | — |

图 4-7　国际质量认证标志(部分)

## 三、质量认证机构的条件和法律责任

《认证机构管理办法》中定义，认证机构是指依法取得资质，对产品、服务和管理体系是否符合标准、相关技术规范要求，独立进行合格评定的具有法人资格的证明机构。根据《中华人民共和国认证认可条例》规定，取得认证机构资质，应当经国务院认证认可监督管理部门批准，并在批准范围内从事认证活动。应当符合下列条件：

(1) 取得法人资格；

(2) 有固定的场所和必要的设施；

(3) 有符合认证认可要求的管理制度；

(4) 注册资本不得少于人民币 300 万元；

(5) 有 10 名以上相应领域的专职认证人员。

外商投资企业取得认证机构资质，除应当符合上述规定的条件外，还应当符合下列条件：①外方投资者取得其所在国家或者地区认可机构的认可；②外方投资者具有 3 年以上从事认证活动的业务经历。

外商投资企业取得认证机构资质的申请、批准和登记，还应当符合有关外商投资法律、行政法规和国家有关规定境外认证机构在中华人民共和国境内设立代表机构，须向工商行政管理部门依法办理登记手续后，方可从事与所从属机构的业务范围相关的推广活动，但不得从事认证活动。

未经批准擅自从事认证活动的，予以取缔，处 10 万元以上 50 万元以下的罚款，有违法所得的，没收违法所得。境外认证机构未经登记在中华人民共和国境内设立代表机构的，予以取缔，处 5 万元以上 20 万元以下的罚款。经登记设立的境外认证机构代表机构在中华人民共和国境内从事认证活动的，责令改正，处 10 万元以上 50 万元以下的罚款，有违法所得的，没收违法所得；情节严重的，撤销批准文件，并予公布。

## 任务三　商品质量监督

**任务提出**

除了供需双方运用商品检验确定商品质量外，还可以通过第三方进行质量认证，这样可以更容易、更公正、更清晰地知晓商品质量。但是，这就能确保商品质量不出问题吗？请找出让社会公众对商品质量更放心的其他方式。

**背景知识**

## 一、商品质量监督的概念与作用

### 1. 商品质量监督的概念

商品质量监督是由国家指定的商品质量监督机构，根据国家的质量法规和商品标准，对生产和流通领域的商品和质量保证体系进行监督的活动。商品质量监督与商品质量管理不同。商品质量监督所要解决的问题，是企业生产经营是否达到既定法规和标准的要求，并在此基础上对企业的质量保证工作实行监督。商品质量监督的职能部门，是由国家授权的法定机构；而商品质量管理主要是企业内部为提高和保证商品质量而进行的一系列工作。人们已意识到，仅靠企业内部的质量管理无法完全保证产品质量，需要全社会宏观质量活动创造的社会环境激发企业提高产品质量的积极性，如实行质量认证、质量立法、质量监督等活动，这便形成了全社会参与的全面质量管理活动。

对商品质量监督的理解，需要把握以下几个要点。

(1) 商品质量监督是一种质量分析、评价和保证活动。
(2) 商品质量监督的对象是实体，如商品等。
(3) 商品质量监督的范围包括生产、流通、储存和销售整个过程。
(4) 商品质量监督的依据是国家质量法规和商品技术标准。
(5) 商品质量监督的主体是用户或第三方。

**2．商品质量监督的作用**

商品质量监督实质上是国家对生产和流通领域的商品质量进行宏观调控的一种手段，具有如下几个方面的作用。

(1) 商品质量监督是贯彻实施质量法规和商品标准不可缺少的重要手段。
(2) 商品质量监督是维护消费者利益，保障人体健康和生命安全的需要。
(3) 商品质量监督促使企业强化内部管理，健全质量体系，有利于商品质量管理和更好地实现国家计划质量目标。
(4) 商品质量监督有利于提高商品竞争力，促进对外贸易的发展。
(5) 商品质量监督有利于解决存在的商品质量问题，维护市场经济的正常秩序。

## 二、商品质量监督的种类和形式

**1．商品质量监督的种类**

商品质量监督根据其主体的不同分为国家的质量监督、社会的质量监督与用户的质量监督三种。

1) 国家的质量监督

国家的质量监督，是指国家授权指定第三方专门机构，以公正的立场对商品进行的质量监督检查。这种法定的质量监督，是以政府行政的形式对涉及人身健康安全的商品和关系到国家重大技术、经济政策的商品实行强制性监督检验，并公开发布监督检验的结果。其目的是保证国家经济建设的顺利进行和消费者的合法权益不受损害，维护社会经济生活的正常秩序。监督的结果包括对于监督检验合格、符合国家有关质量法规和技术标准规定要求的商品，允许出厂和进入流通领域，否则不允许出厂和销售。国家的商品质量监督，由国家各级质量技术监督部门进行规划和组织实施。例如，质检总局主管全国检疫处理的监督管理工作，直属检验检疫局的通关业务管理部门组织所辖区域检疫处理监督管理工作，卫生检疫、动植物检疫业务管理部门负责检疫处理业务的指导、检查，分支机构负责所辖区域检疫处理业务的日常监督管理。

2) 社会的质量监督

社会的质量监督，是指社会团体、组织和新闻机构根据消费者和用户对商品质量的反映，对流通领域的某些商品质量进行的监督检查。这种质量监督，是从市场一次抽样后，委托第三方检验机构进行质量检验和评价，将检验结果特别是不合格商品的质量状况和生产企业名单予以公布，以强大的社会舆论压力，迫使企业改进质量，停止销售不合格商品，对消费者和用户承担质量责任，实行包修、包换、包退并赔偿经济损失等。中国质量管理协会用户委员会、中国消费者协会、中国质量万里行组织委员会等组织是社会质量监督的组织者和职权的行使者。

3) 用户的质量监督

用户的质量监督，主要是指内外贸部门和使用单位为确保用户所购商品的质量而进行的质量监督。这种质量监督是购买大型成套设备和装置以及采购生产企业生产的商品时，进驻承制单位和商品生产厂进行的质量监督，发现问题有权通知企业改正或停止生产，及时把住质量关，以保证商品质量符合所规定的要求。这种质量监督包括：用户自己派人或委托技术服务部门进驻承制单位实行质量监督，内外贸部门派驻厂人员进行质量监督以及进货时进行验收检验。

作为消费者，也应当学习国家法律和质量法规，提高自身对商品质量的识别能力，不使假冒伪劣产品有可乘之机；一旦发现自己的合法权益受到损害，应及时向质量监督机构或消费者协会投诉，以维护自己的合法权益。

**2．商品质量监督的形式**

商品质量监督的形式很多，可以归纳为抽查型质量监督、评价型质量监督和仲裁型质量监督三种。

1) 抽查型质量监督

抽查型质量监督，是指国家质量监督机构对从市场、生产企业或仓库等随机抽取的样品，按照技术标准进行监督检验，判定是否合格，从而采取强制性措施责成企业改进质量，直至达到商品标准要求的一种监督活动。抽查型质量监督，一般只抽检商品的实物质量，不检查企业的质量保证体系。抽查的主要对象是涉及人体健康和人身与财产安全的商品、影响国计民生的重要工业产品、重要的生产资料商品和消费者反映有质量问题的商品。其特点主要有以下五个方面。

(1) 抽查型质量监督是一种强制性的质量监督形式。

(2) 抽查产品的地点不限，采用随机抽样检查的方式。

(3) 抽查检测数据科学、准确，对产品质量的判断、评价公正。

(4) 抽查产品的质量检验结果公开。

(5) 对抽查检验不合格的单位限期整改。

2) 评价型质量监督

评价型质量监督，是指国家质量监督机构通过对企业的产品质量和质量保证体系进行检验和检查，考核合格后，以颁发产品质量证书、标志等方法确认和证明产品已经达到某一质量水平,并向社会提供质量评价信息,实行必要的事后监督,以检查产品质量和质量保证体系是否保持或提高的一种质量监督活动。评价型质量监督是国家干预产品质量、进行宏观管理的一种重要形式。产品质量认证、企业质量体系认证、环境标志产品认证、评选优质产品、产品统一检验制度和生产许可证的发放等都属于这种形式。其特点主要有以下四个方面。

(1) 按照国家规定的标准对产品进行检验,以确定其质量水平。

(2) 对产品生产企业的生产条件、质量体系进行严格审查和评定,由政府和政府主管部门颁发相应的证书。

(3) 允许在产品、包装、出厂合格证和广告上使用、宣传相应的质量标志。

(4) 实行事后监督,使产品质量保持稳定和不断提高。

3) 仲裁型质量监督

仲裁型质量监督,是指国家质量监督机构通过对有质量争议的商品进行检验和质量调查,分清质量责任,做出公正处理,维护经济活动正常秩序的一种质量监督活动。仲裁型质量监督具有较强的法制性,这项任务由质量监督管理部门承担,应选择省级以上人民政府产品质量监督管理部门或其授权的部门审查认可的质量监督检验机构作为仲裁检验机构。其特点主要有以下三个方面。

(1) 仲裁监督对象是有争议的产品。

(2) 仲裁型质量监督具有较强的法制性。

(3) 根据监督检验的数据和全面调查情况,由受理仲裁的质量监督部门进行调解和裁决,质量责任由被诉方承担。

## 三、商品质量监督体系

我国的商品质量监督体系采用的是"集中与分散相结合"的模式,在全国形成了一个由多系统组成的质量监督管理网络,包括技术监督系统和专业监督系统的质量监督管理机构和质量监督检验机构。

### 1. 技术监督系统

技术监督系统是指由国务院授权统一管理和组织协调全国技术监督工作的国家质量监督检验检疫总局系统,县级以上地方技术监督部门负责行政区域内的商品质量和管理工作。为适应我国商品监督检验工作的需要,国家在各省、自治区、直辖市和工业集中的城市都建立了产品质量监督检验机构。其任务是根据标准进行商品质量监督检验,当产销双方对商品质量有争议时执行仲裁检验,管理产品质量认证,组织生产许可证发放和参与优质产品审查工作等。

商品质量监督检验机构主要有四种形式:①国家级商品质量监督检验测试中心,主要承担国家指定的商品质量监督抽查检验;②各部级行业商品质量监督检验测试中心,负责本行业内部企业的商品质量监督检验;③全国各地方商品质量监督检验站、所,可代表国家行使商品质量监督检验权,承担地方商品质量监督抽查检验;④各省、市综合检验所,负责各专业检验机构未包括的商品质量监督检验工作。

### 2. 专业监督系统

我国专业监督系统的质量监督管理机构和质量监督检验机构包括外贸、卫生、兽药监察、船舶和锅炉等多个子系统,均根据国家颁布的有关法规,由各行业、各部门相应的质量监督机构行使监督职权。

(1) 外贸子系统。国家出入境检验检疫局是我国主管进出口商品检验的行政执法机构。国家检验检疫局以设在各地的进出口商品检验机构监督管理所辖地区的进出口商品检验。

(2) 卫生子系统。国务院卫生行政部门主管全国的药品监督管理工作,药品检验所负责药品的质量监督检验工作。各级卫生行政部门负责所管辖范围内的食品卫生监督工作,卫生防疫站负责食品卫生监督检验工作。

(3) 兽药监察子系统。各级农牧行政管理机关主管兽药监督管理工作;各级兽药监察机构,协助农牧行政管理机关,分别负责全国和本辖区的兽药质量监督检验工作。

(4) 船舶子系统。由国家船舶检验局及其在有关地区设立的船舶检验机构负责船舶的质量监督管理和检验工作。

(5) 锅炉子系统。由国家劳动人事部和地方劳动人事部门负责锅炉压力容器的安全监督检验工作。

此外,中国消费者协会、中国质量管理协会等团体,也在全国各地设立质量监督机构。

# 工作训练营

## 一、名词解释

商品检验　　商品品级　　商品质量监督　　感官检验法　　理化检验法
第三方检验　商品质量认证　体系认证　　　质量认证标志　绿色食品标志

## 二、判断题

1. 世界各国的合格认证都属于强制性认证。（　）
2. 2008年9月18日起,所有食品企业不再享有"免检"资格。（　）
3. 检验西瓜是否成熟,常用的检验法是嗅觉法。（　）
4. 认证标志一般按有关的法律规定进行注册,并受法律保护,防止被人冒用。（　）
5. 仲裁型质量监督具有较弱的法制性。（　）
6. 我国的商品质量监督管理体制采用的是"集中与分散相结合"的模式。（　）
7. 认证标志是质量标志,其作用是向消费者传递正确可靠的质量信息。（　）
8. 绿色产品认证是普通食品最基本的市场准入条件。（　）
9. 有机产品认证每3年认证一次。（　）
10. 限度记分法是限定法的一种。（　）

## 三、选择题

1. CQC 认证中心属于( )认证机构。
   A. 第一方　　　B. 第二方　　　C. 第三方　　　D. 第四方
2. 在国际贸易中与标准化和认证有关的贸易壁垒是( )。
   A. 关税壁垒　　　　　　　　B. 贸易技术壁垒
   C. 贸易经济壁垒　　　　　　D. 类关税壁垒
3. 由于采用的认证标志由企业自愿采用,因而采标产品质量( )。
   A. 不承担法律责任　　　　　B. 承担法律责任
   C. 免检　　　　　　　　　　D. 无监督
4. 出口到俄罗斯的强制性认证商品,需要通过( )认证。
   A. CCIB　　　B. CCC　　　C. CQC　　　D. GOST
5. 需要进行全数检验的商品是( )。
   A. 牛奶　　　B. 灯泡　　　C. 电器漏电性　　　D. 服装
6. 商品品级划分时,质量分数越高、质量等级越低的方法是( )。
   A. 百分记分法　　B. 限定程度法　　C. 限定数量法　　D. 限度记分法
7. 对检验变质发霉的商品用( )检验方法最有效。
   A. 视觉　　　B. 嗅觉　　　C. 味觉　　　D. 触觉
8. 产品质量认证、生产许可证发放等形式属于( )质量监督。
   A. 抽查型　　　B. 评价型　　　C. 仲裁型　　　D. 年检型
9. 不适宜感官检验的质量指标是( )。
   A. 商品成分　　　B. 手感　　　C. 气味　　　D. 弹性
10. 下列哪个不属于商品质量监督的形式?( )
    A. 抽查型　　　B. 评价型　　　C. 专业型　　　D. 仲裁型
11. 商品的( )检验是商品检验的中心内容。
    A. 重量　　　B. 数量　　　C. 质量　　　D. 含量(有效成分)
12. 第二方检验又称( )检验。
    A. 自检　　　B. 卖方　　　C. 验收　　　D. 法定

## 四、实训题

**1. 技能题**

(1) 运用所学知识,结合自己的体验,对所熟悉的某一食品进行质量检验。

(2) 农产品认证有哪些?哪个认证等级高?试说明理由。

(3) 商品质量监督与质量管理有何不同?与质量认证有何不同?

**2. 实践题**

到商场或超市实地考察各种商品都采用了哪些认证标志?试分析:对消费者来说,这些认证标志能带来哪些利益?

## 项目四　商品质量的评价

3. 案例分析题

2011年"3·15"的主题锁定"消费与民生",与百姓民生息息相关的商品消费价格欺诈、假冒伪劣商品、食品安全等问题,备受关注。年初大型知名超市家乐福、沃尔玛等涉嫌"价格欺诈",再次将商品消费欺诈问题抛上了风口浪尖。除了商家的自律之外,消费者如何能够便捷地识别商品的确切价格、商品的真实性与否,避免商品价格欺诈、假冒伪劣,成为摆在消费者面前更切实的问题。

记者采访时发现,超市"价格欺诈门"后,不少消费者在购物时对价格看得尤为仔细。张小姐说:"每次到超市要买很多东西,以前都不会看电脑小票。自从知道价格欺诈后,现在购物特别注意看价签,有时还会当场核对电脑小票,避免上当受骗。"

一款叫"Quick拍"的手机扫描软件,开始在广大消费者中流行。安装Quick拍软件后,通过手机"随手拍",就能详细了解商品价格等信息,一目了然。"比如我想买这盒薯片,对着条形码一扫描,手机上就会出现一个界面,可以看到商品的价格,看跟价签是否符合,然后可以放心购买。"市民李先生用手机向记者演示了Quick拍的操作方法,打开手机中的Quick拍软件,借助手机相机,对准条形码扫描,手机上很快就出现一个页面,显示商品名称、商品产地、生产企业、参考售价等信息。

开发Quick拍的北京灵动快拍信息技术有限公司CEO王鹏飞介绍说:"Quick拍通过点评功能,提供沟通与交流的平台,帮助其他消费者购买。同时,Quick拍还提供上传产品资料、补充产品资料的功能,极大地方便了消费者及时查询商品信息、参与到商品的监督中来,解决食品安全问题。"通过"随手拍",让众多消费者亲身参与商品消费的打假、防伪行动,参与到对商家的监督中,成为维护消费者自身权益的便捷之举。

(资料来源: Quick拍助阵3·15,"随手拍"揭穿商品消费欺诈. 中关村在线)

分析:

(1) "3·15"活动属于什么类型的质量监督?

(2) 用户怎样参与到质量监督中去?消费者还能通过哪些途径维护自身权益?

(3) 质量监督对生产企业和商业企业会有哪些影响?

# 项目五　商品质量的维护

**学习要点**

- 商品包装的概念和作用。
- 商品运输包装的标志。
- 包装材料与包装技法。
- 商品储运期间的质量变化。
- 商品养护技法。

**技能目标**

- 能够根据商品的特性和商务的要求选择合适的商品包装。
- 能够基本识别商品运输包装的各种标志，并进行适当的处置。
- 能够正确认识商品在储运过程中的质量变化规律。
- 能够对日常经营的商品进行适当的商品养护。

**工作情景导入**

### 器官移植保存　温度和时间的极限挑战

全世界有许多正在苦苦等待移植器官来救命的患者，器官的供不应求一直是一个相当严重的问题。除了来源有限外，器官短暂的保存时限也是制约器官移植的一大瓶颈。用于移植的器官被切断血液供应后，其中的细胞得不到氧和养料，很快就会死亡。因此，现在一般在0℃～4℃的低温下保存器官，以减缓细胞的代谢，减少其需氧量，并辅以模仿细胞内液的保存液，从而延长其保存时间。另外也有通过机械灌流不断给器官提供养料的方法，但成本高，且效果也不是特别理想，所以并不常用。

最成功的器官保存液是美国威斯康星大学(UW)的贝尔泽(F.O. Belzer)等在20世纪80年代末发明的UW保存液，它的出现给器官保存带来了突破性的进展。肾脏在低温的UW保存液中可以保存72小时，这使得跨大洲提供器官进行肾脏移植手术成为可能。

不过，肝脏的保存时间依然不甚理想。与肾脏不同，在0℃的UW保存液中，肝脏最多只能保存12小时。这极大地制约了肝脏移植，如果有办法能把肝脏的保存时间延长到24小时，不但可以扩展器官来源范围，也可以让移植手术的安排变得更加灵活。

此前，为了进一步减缓细胞代谢、延长保存时间，一些研究者尝试把保存肝脏的温度降低到0℃以下。他们采取了-196℃的超低温玻璃化保存，还有-5～0℃的过冷(让溶液温度降到冰点之下，但并不结冰)保存等方法，但都不成功。

肝脏难以保存的原因在于构成它的细胞种类繁多，这些细胞功能各异，需要的保存条件也不尽相同。在有的实验中，冰冻保存后移植的小鼠肝脏的肝实质细胞没有问题，胆管系统也可以正常工作，但内皮细胞和微血管却都损坏了。

2014年7月出版的《自然·医学》杂志上，哈佛大学医学院、麻省综合医院的科尔库特·乌伊贡(Korkut Uygun)和同事发表论文，介绍了一种新的肝脏保存方法，这种方法把过冷却和机械灌流结合起来，有显著提高肝脏保存时间的潜力，因而给肝脏移植带来了更多机会。

新方法的基本思路跟此前的类似研究一样，就是用更低的温度进一步减缓细胞的代谢。想要在0℃以下保存器官，需要面对几个关键的问题：首先就是水会凝固结冰，冰晶会破坏细胞，这是所有零下低温保存方法都要防范的"头号大敌"；另外，低温保存和其后的升温过程都可能给细胞膜带来不可逆的损伤，而在这些过程中，细胞也更容易受到氧化伤害，尤其是肝窦状隙内皮细胞最易受到影响，这也是零下低温保存让肝脏微血管系统失灵的主要原因。为了防止结冰并减轻低温给细胞膜带来的损伤，需要在普通的UW保存液中加入低温保护剂。乌伊贡选取了分子质量为35 kDa(注：kDa为生物学中常用分子质量单位，定义为碳12原子质量的1/12)的聚乙二醇。此前有研究显示，这种高分子物质有保护上皮细胞膜的作用。不过，聚乙二醇不能透过细胞膜，所以研究者还需要一种能进入细胞内部的低温保护剂。许多耐寒的生物都会制造出大量葡萄糖来充当低温保护剂，在此启发下，乌伊贡和同事采用了一种无法代谢的葡萄糖衍生物——"3-O-甲基-D-葡萄糖"。这种衍生物会通过葡萄糖转运机制进入肝实质细胞体内并积累起来，从而在细胞内部起到保护作用。

研究者也采用了机械灌流方法进一步抑制器官因长期缺血而导致的损伤。他们制定了一套过冷却保存肝脏的程序：首先用低于体温的机械灌流，把加入了低温保护剂的UW保存液注入从大鼠体内取下的肝脏中；然后在保持灌流的状态下把温度降低到4℃，再把浸在保存液中的肝脏降温到-6℃进行保存。在进行移植之前，还要在保持机械灌流的状态下升温。

实验表明，用这套方法保存的肝脏在72小时后依然保持活性，移植了这些肝脏的大鼠都活得很好。移植了保存96小时的肝脏的大鼠也有58%的存活率。另外，对照组表明，加入保存液中的两种低温保护剂和机械灌流过程对于肝脏的保存都是必不可少的。

新方法除了延长肝脏保存时间外，还可以让那些过去并不适用于移植手术的肝脏变得可用。这将会是乌伊贡和同事的下一个主要研究目标。当然，现在的新方法只是在大鼠身上进行了试验，要在人体上成功肯定还需要许多调整。一旦其取得成功，将会大大扩展肝脏的来源范围，给等待移植手术的病人带来福音。

(资料来源：生物探索，根据网络资源整理)

**引发的思考**：商品储运对于商品质量维护的重要性，在生命与时间的赛跑中是那么显而易见。如何包装、如何储存、如何运输以及如何养护，是一门值得研究与学习的大学问。

# 任务一　商　品　包　装

**任务提出**

小 A 在网上邮寄了一套上好的陶瓷茶具，希望父母能好好享受一下茶艺文化。可是打开包装却发现茶具碎了几个，父母埋怨小 A 不该邮寄这些易碎品，这下赔了夫人又折兵。小 A 却说这应该属于商品质量问题，维护运输中的商品不受损属于商品质量的一部分，商家没有做好商品质量的维护事宜，应该由网邮的商家负责。请来判断一下小 A 的说法是否正确？如果是小 A 自己从商场买下茶具，再通过快递邮寄，并且没有保值，破损的责任该由谁来负呢？

**背景知识**

## 一、商品包装概述

### 1．商品包装的概念

国家标准《包装术语》基础部分(GB/T 4122.1—2008)对包装的定义：包装是指为在流通过程中保护产品、方便运输、促进销售，按一定技术方法而采用的容器、材料及辅助物等的总体名称，也指为了达到上述目的而采用容器、材料和辅助物的过程中施加的一定方法等的操作活动。因此，包装具有两层含义：一是指盛装商品的容器、材料及辅助物等，即包装物(如箱、桶、袋等)，是一种静态的理解；二是指把商品盛装、包扎和装潢的操作过程，即包装操作活动(如装箱、灌瓶、装桶等)，是一种动态的理解。

目前对商品包装的研究更多的是围绕静态的"物质实体"，就是依据一定的商品属性、数量、形态以及储运条件和销售需要，采用特定包装材料和技术方法，按设计要求创造出来的造型和装饰相结合的实体。从实体构成来看，包装的四大要素是：包装材料、包装技法、包装结构造型和包装表面装潢。

(1) 包装材料是包装的物质和技术基础，是包装功能的物质承担者。
(2) 包装技法是实现包装保护功能、保证内装商品质量的关键。
(3) 包装结构造型是包装材料和包装技法的具体形式。
(4) 包装表面装潢是通过画面和文字美化来宣传和介绍商品的主要手段。

### 2．商品包装的作用

商品包装的作用主要有以下几种。

1) 保护商品

商品由生产领域进入流通领域，再由流通领域进入消费领域，都要有空间位移、时间延续的周转过程，商品在运输、储存和销售过程中，由于受各种自然因素的影响，致使产品质量发生变化,甚至丧失商品使用价值。例如,由于受温度、湿度、空气中的氧和有害气体、阳光等的影响,导致商品脱水干裂、潮解溶化、腐烂变质、氧化变色、老化锈蚀等;因为包装不好,导致细菌、微生物的侵入,致使商品虫蛀、霉变、腐败等。实施科学的商品包装可以增强商品的防护能力,减少商品损失。

2) 便于流通

商品包装为商品在流通领域的流转提供了便利。商品从出厂后要经过分配调拨、运输装卸、开箱验收、储存保管、展示销售等一系列流通环节,实施合理的包装,运用恰当的标志,能够在运输过程中最大限度地利用运输工具的装载空间,能够在装卸过程中进行机械化作业,能够在储存过程中更好地利用仓储空间,能够在收发转移过程中方便识别、验收、计量、分发和清点等,从而提高商品流通各环节的适应性和便利性,增大流通效率,加速商品流转。

3) 促进销售

包装本身就具有装饰商品、美化商品的功能,它直观地展示被包装物的性能特点、质量特性等,并显示商品的风采和活力,向消费者传递商品信息,引起消费者的注意,唤起消费者的共鸣,激发消费者的购买欲望和兴趣,还为消费者提供了解商品、识别商品和选购商品的充足条件,从而达到指导消费、促进销售的作用。好的商品包装,消费者的认可率就高,商品自然受消费者欢迎。

4) 方便消费

好的包装在消费使用时,便于识别、开启和携带,方便使用和回收,还能介绍商品的成分、性质、用途及使用方法、使用期限,最大限度地发挥商品的功能。包装上的使用说明还对使用中可能发生的问题提出警告,并对处理方法给予指导,避免消费者的利益受损。

5) 提高商品价值及使用价值

商品包装是社会生产的一种特殊商品,本身具有价值和使用价值。商品包装的价值包含在商品的价值中,在出售商品时会得到补偿或超额补偿,从而给企业带来较好的经济效益。商品包装的使用价值存在于整体商品中,绝大多数商品只有经过包装才算完成它的生产过程,进入流通和消费领域。包装是商品的外衣,优美的造型、新颖的包装会受到人们的喜爱。许多商品内在质量很好,但由于包装档次低,产品魅力难以显现,故价格会受到影响。

按包装在流通中的作用,可分为销售包装和运输包装。销售包装是以销售为主要目的,与内装物一起到达消费者手中的包装。运输包装是以运输贮存为主要目的的包装。前者的主要作用是保护、美化、宣传产品,促进销售。后者的主要作用是保障产品安全,方便储运装卸,加速交接和点验。

**3. 商品包装材料**

商品包装的作用能否最终实现,包装材料起到了决定性作用,在商品包装的使用价值中,它是最基本的构成要素。商品包装材料应具有以下几方面的性能:保护性能、加工操作性能、外观装饰性能、方便使用性能和易处理性能等。主要的包装材料如下所述。

1) 纸类材料

纸类材料包装分纸与纸板两种,是支柱性的包装材料,应用范围十分广泛。纸和纸板是按定量(单位面积的质量)或厚度来区分的,凡定量在 $250g/m^2$ 以下或厚度在 0.1mm 以下称为纸,在此以上的称为纸板。纸属于软性薄片材料,无法形成固定形状,常用来做裹包衬垫和口袋。纸板属于刚性材料,能形成固定形状,常用来制成各种包装容器。纸类材料制成的包装容器主要有纸箱(广泛使用的是瓦楞纸箱)、纸盒、纸袋、纸管、纸桶等。从环境保护和资源回收利用的观点来看,纸制包装有广阔的发展前景。

纸类材料的优点:取材容易,成本低;能制成各种形状,物理化学性质稳定;具有适宜的强度、耐冲击性和耐摩擦性;用后易于处理,对环境无害;与其他材料相比,具有最好的可印刷性,便于介绍商品。纸类材料的缺点:气密性、防潮性、透明性差;不耐水;撕裂强度低,易变形等。目前多通过制作纸塑复合材料等改进纸类材料,以弥补其不足。

2) 塑料材料

塑料是以人工合成树脂为主要原料的高分子材料,主要的塑料包装材料有聚乙烯(PE)、聚氯乙烯(PVC)、聚丙烯(PP)、聚苯乙烯(PS)、聚酯(PET)等,可制成瓶、杯、盘、盒、箱、桶、袋等容器,其中大量 PS 还被用来制造包装用泡沫缓冲材料。

塑料材料的优点:质轻、易加工成型;具有一定的强度和弹性,耐折叠、抗震、防潮;化学性质稳定,耐酸碱,防锈蚀等。塑料材料的缺点:耐热性不高,易于老化;有些塑料带有异味,易产生静电;不利于环境保护,尤其是塑料薄膜袋、泡沫塑料盒易造成白色污染问题。

3) 金属材料

包装用金属材料主要有钢板、铝材及其他合金材料,如薄钢板、黑铁皮、白铁皮、马口铁(镀锡低碳薄钢板)、铝箔以及铝合金等制成的各种包装。它制成的包装容器主要有:金属桶、金属盒、马口铁及铝罐头盒、油罐、钢瓶等。

金属材料的优点:具有良好的机械强度,牢固结实,耐冲撞,不破碎,能有效保护内装商品;密封性能优良,阻隔性好,不透气、防潮、耐光;具有良好的延展性,易于加工成型;表面易于涂饰装饰;易于回收再利用,不污染环境。金属材料的缺点:化学稳定性差,易腐蚀、锈蚀等。

4) 硅酸盐材料(陶瓷、玻璃)

硅酸盐材料是用硅酸盐以及相应的金属氧化物所形成的材料,即玻璃与陶瓷制品。这类材料多被制作成瓶、罐、坛、缸等容器。

硅酸盐材料的优点:化学稳定性好,耐酸性强,适于一些危险液体物品和要求较高的食品包装;玻璃的透明性好,能直接看到内装物,用作饮料、食品、药品及化妆品等的包装;无毒、无味、卫生;密封性良好,不透气、不透湿;易于加工成型,原料来源丰富,制作成本低;易回收,能重复使用,利于环保。硅酸盐材料的缺点:耐冲击强度低、易破碎;比较笨重,很少做运输包装容器。目前为防止玻璃破碎、减轻重量,国外已开始对一般玻璃制品进行必要的处理,以增加其固有的强度,提高抗冲击强度。例如,在一般玻璃外层涂上塑料或在玻璃生产线上喷涂润滑乳剂等。

### 5) 木质材料

制作包装的木质材料主要有木材和人造板材(如胶合板、纤维板等)，可制成的包装容器主要有：木箱、木桶、胶合板箱、纤维板箱(桶)、木制托盘等。

木质材料的优点：具有特殊的耐压、耐冲击性能，是大型和重型商品运输包装的重要材料；具有良好的加工性能；胶合板可减轻包装重量，改善外观。木质材料的缺点：木材易于吸水开裂，易受白蚁蛀蚀；破坏树木，不利于环境保护，不宜多用。

### 6) 纺织品材料

纺织品材料是以天然纤维和化学纤维及少量矿物纤维、金属纤维制成的包装材料，通常做成绳索和袋装运输容器等。绳索的主要作用是捆扎、固定。麻袋、布袋等均具有轻便、透气、易携带，吸湿性好，有一定牢度，便于回收利用的优点，多用于包装颗粒状、粉状商品，如粮食、化肥、化工原料等。随着化纤制品的发展，出现了许多纯化纤以及混纺织品，塑料纺织袋正在大范围地取代天然纤维纺织袋。

### 7) 草、竹、柳、藤等天然野生包装材料

用草、竹、柳、藤等天然野生材料制成各种筐、篓、袋、箱、包等，用于运装蔬菜、水果、鲜蛋、鲜鱼及其他生鲜类商品。

天然野生包装材料的优点：成本低廉；轻便，有一定牢度；加工技术简单，取材方便；绿色安全、通风透气、耐用。天然野生包装材料的缺点：由于材料的质量因取材各异，质量难以统一，不适宜作为商品大量生产交易。

### 8) 复合材料

复合材料是以两种或两种以上不同的材料复合在一起而制成的包装材料。例如，纸与塑料、纸和塑料与铝箔、塑料与木材、塑料与玻璃等制成的复合包装材料。复合材料具备不同材料的优良性能，使包装材料具有更好的机械性能、气密性、防水、防油、耐热或耐寒性，是现代包装材料的一个发展方向。复合材料一般可分为基层、功能层和热封层。基层主要起美观、印刷、阻湿等作用，如 BOPP、BOPET、BOPA、MT、KOP、KPET 等；功能层主要起阻隔、避光等作用，如 VMPET、AL、EVOH、PVDC 等；热封层与包装物品直接接触，起适应性、耐渗透性、良好的热封性以及透明性等功能，如 LLDPE、MLLDPE、CPP、VMCPP、EVA、EAA、E-MAA、EMA、EBA 等。

### 【案例分析 5-1】

#### 不同的酸奶包装有什么区别？

传统上酸奶常采用玻璃、陶瓷瓶罐包装。随着包装技术、新型包装材料的发展和包装设备的现代化，塑料、复合软包装材料及容器在酸奶及其他乳品包装中已占据主导地位。

塑料材料包装酸奶多采用聚乙烯和聚苯乙烯塑料，属于一次性销售包装，一般需要在低温下贮存和销售。常见的推荐保藏温度有 2~4℃、2~6℃、2~8℃和 0~4℃等温度范围，其中以 2~6℃的温度范围最为常见；常见的推荐保质期有 14 天、16 天、20 天、24 天、30 天等，其中最常见的为 14 天(一般是在 2~6℃下保存)，较少见的为 30 天(一般是在 0~4℃

保存）。塑料材料与纸质材料、玻璃材料和金属材料相比有很多优点和特性，如透明度好、防水防潮性好、良好的耐性（如耐油性、耐药品性、耐低温性）、良好的加工性和适宜的机械强度，同时，塑料材料的价格便宜、比重小。当然，塑料材料在耐腐蚀性方面不如玻璃材料，在机械强度方面不如金属材料，在印刷适性方面不如纸张，但是，只要进行合理的选择，并结合先进的塑料处理和加工技术，塑料材料在酸奶等乳品包装方面有着广阔的应用前景。

常用于包装酸奶的塑料复合材料主要有：①聚乙烯+二氧化钛。在生产聚乙烯薄膜时，添加白色的二氧化钛生产出来的聚乙烯薄膜有一定的阻光性能，可以起到一定的遮光作用，这是由于白色的二氧化钛使得聚乙烯薄膜呈现白色半透明或不透明状态，在很大程度上改善了聚乙烯材料对酸奶包装的缺点（透明性），以适应酸奶对包装材料的不透明的要求。②多层复合高密度聚乙烯材料。常用的主要有 3 层结构的高密度聚乙烯（中层为含碳的黑色高密度聚乙烯、内层和外层为含二氧化钛的白色高密度聚乙烯）和 5 层结构的高密度聚乙烯。利乐包、利乐砖以及利乐钻包装技术均采用 6 层复合结构。

我们来比较一下不同的酸奶包装有什么区别。

### 1. 玻璃瓶、瓷瓶

玻璃瓶和瓷瓶是最传统的酸奶包装，20 世纪 80 年代的酸奶，就是被装在牛奶瓶里。众所周知，玻璃、陶瓷相比其他包装来说不但易碎，而且很重，玻璃阻光性能也差，只适合短期包装。但是，这种包装经过这么多年也没被淘汰，是因为这种包装首先可以达到酸奶储存的基本要求，它有良好的阻气性，能够防止酸奶被氧化而变质，同时可以阻止内装物的易挥发性成分向大气挥发。其次，玻璃瓶成本低，对环境也很友好。最后，塑料瓶和纸盒都拼不过玻璃的"颜值"，在一定程度上会影响消费者的感官评价。

### 2. 百利包

百利包是法国百利公司生产的无菌包装，结构为多层无菌复合膜结构，也有共挤膜及铝塑复合膜。百利包从外观上看起来与普通塑料薄膜没什么区别，但它对氧气的阻隔性能是普通塑料薄膜的 300 倍以上。换句话说，用这种高阻隔薄膜包装牛奶相当于用普通包装膜 300 多层叠在一起使用的效果。

### 3. 塑料瓶、塑料杯

（1）用于酸奶的塑料杯一般采用添加了二氧化钛的 PS 材料，添加二氧化钛的目的是阻隔一部分光源，PS 材料呈白色的片状，采用热成型工艺制成。PS 杯刚性较好，外观高雅，表面光洁度好，油墨印刷附着力强，耐低温冷冻性能优异，能耐受-30℃的低温，保质期一般为 21 天左右。

（2）HDPE 瓶包装相对成本较低、耐冲击性好、防碎、防漏、盖子可重复开闭，一般保质期为 20 天，需冷藏。

（3）PET 瓶的优点是对其内部的乳品具有很好的遮光保护，透光率很低，延长了乳制品的保质期，为高品质的乳制品提供了合适的选择。

## 4. 利乐包、利乐钻

利乐包是瑞典利乐公司开发的。与塑料瓶、玻璃瓶相比，砖型和枕型的利乐包，容积率相对较大，而且这种包装形状更易于装箱、运输和存储。从材质角度看，利乐包是由纸、铝、塑料组成的6层复合纸包装，能够有效阻隔空气和光线，而这些正是容易让牛奶和饮料变质的杀手。

利乐钻是利乐公司生产的一种"钻石形"八面体的牛奶饮料包装，纯甄酸奶、开菲尔酸奶、莫斯利安酸奶等高端酸奶就采用了这种包装技术，比通常在超市看到的利乐砖(长方体的那种)更有时尚感。和利乐砖一样，利乐钻是6层复合材料，完全隔绝空气、光线和水，配合无菌灌装，可以用作牛奶、酸奶、饮料等的包装，不添加防腐剂、不需要放冰箱就可以保存5~6个月。

## 5. 爱克林壶形

爱克林壶形，这种包装设计极富人性化。首先，当酸奶一次喝不完时，包装的撕口会自动封合。其次，在包装开口后仍具有良好的站立性，减少了占用的空间。最后，用双手平行挤压包装袋即可将酸奶全部倒出，几乎没有残留，避免了浪费。它特有的充气把手，很方便握持。爱克林壶形的主要成分是天然矿物质和优质的大分子黏合剂，由70%碳酸钙和30%大分子黏合剂组成。其材料为单层结构，是一种环保性、阻隔性良好的包装材料，在自然界可逐步降解。

## 6. 屋顶盒

屋顶盒包装是较短保质期酸奶的一种包装形式，其独特的设计可防止氧气、水分的进出，对外来光线有良好的阻隔性，包装材料多为纸塑复合材料，如PE/纸板/黏合树脂/铝箔/黏合树脂/PE。采用屋顶盒包装的酸奶需低温储存，温度一般控制在0~4℃，保质期在21天左右。

(a) 百利包　　(b) 塑料瓶/杯　　(c) 利乐砖　　(d) 爱克林壶形　　(e) 屋顶盒

(资料来源：食品伙伴网，根据网络资源整理)

**问题：** 酸奶的不同包装材料对商品品质有特殊贡献吗？

## 二、商品包装技法

商品包装技法是指在商品包装操作时采用的技术和方法。只有通过包装技法，才能使包装与商品形成一个整体。包装技法与包装的各种功能密切相关，特别是与保护功能关系密切。采用各种包装技法，是为了有针对性地合理保护不同特性商品的质量。有时为了取得更好的保护效果,也将两种或两种以上的技法组合使用。按包装的主要功能可以将商品包装技法分为销售包装技法和运输包装技法两种。

### 1. 销售包装技法

1) 泡罩包装与贴体包装

泡罩包装是将商品封合在用透明塑料薄膜或薄片形成的泡罩与底板之间的一种包装方法。贴体包装是使包装的透明膜紧贴在产品周围,通过加热和抽真空,将膜似皮肤一样紧贴在产品表面,形成保护层的包装方法。由于这两种包装方法都是用衬底作为基础,因此也称衬底包装,主要用于包装一些形状复杂、怕压易碎的产品,如医药、化妆品、文具、小五金工具、机械零件、玩具、装饰品等,在自选市场和零售商店里很受欢迎。这两种包装方法的主要特点是:具有透明的外表,可以清楚地看到产品的外观;衬底上可印刷精美的图案和商品使用说明,便于陈列和使用;包装后的产品被固定在成型的薄料薄片与衬底之间,在运输和销售中不易损坏。

### 【案例分析 5-2】

#### 吉列泡罩包装　消费者体验至上

图 5-1 是吉列的一款泡罩包装,泡罩设计易于打开,消费者使用轻微的压力折断热成型泡罩上的穿孔后,将包装的顶部折回即可,不需要使用剪刀。

图 5-1　吉列的一款泡罩包装

**设计需求**:作为全球产品和包装设计创新公司,Gillette 公司需要一种能够保护剃须刀及其零部件,在商店货架上引人注目,并且最终消费者易于打开的包装。最终包装还需要具有较好的可持续发展性,自动化程度高,消除早期包装中的注塑托盘组件,并且形状灵活,以便在其他产品系列中使用。

**解决方案**:整套包装将外部热成型泡罩包装和内部热成型托盘以及卡片插入物和刚性盖组合在一起。专门针对功能和美观而设计的泡罩包装具有独特的易打开功能,消费者无须使用剪刀或其他工具即可将内托盘滑出。消费者将指尖放置在包装背面的模制开口中,可撕开开口任意一侧上的穿孔线。穿孔撕开后,包装三面打开,消费者可以将外部泡罩的顶部向后弯曲并滑出内部托盘。内部托盘盛装有热成型在托盘两侧的腔体,内置保持结构将剃刀手柄和存储装置牢固地保持在一侧，而剃须刀架则保持在另一侧。

设计中消除了包装中的PVC，以及内部注塑成型部件。透明外部塑料泡罩由PETG制造，内部热成型托盘由Placon公司的EcoStar品牌回收再用PET卷材制造。与之前的Venus系列相比，重新开发的包装使用的塑料减少了29%以上。

(参考资料：创新的泡罩包装 消费者体验至上，有改动)

**思考**：吉列包装上的设计出于怎样的考虑？

2) 真空包装与充气包装

真空包装是将商品装入气密性包装容器，抽去容器内部的空气，使密封后的容器内达到预定真空度的一种包装方法。这种方法可用于高脂肪低水分的食品包装，其作用主要是排除氧气，减少或避免脂肪氧化，而且可以抑制霉菌或其他好氧微生物的繁殖。真空包装还可用于轻纺工业品包装，能缩小包装商品体积，减少流通费用，同时还能防止虫蛀、霉变。

充气包装是在真空包装的基础上发展起来的，它是将商品装入气密性包装容器中，用氮、二氧化碳等气体置换容器中原有空气的一种包装方法。如果将包装内的气体含量进行调节，防止内装物长霉影响其品质，则称为气调包装。可以说气调包装是充气包装的一种变形。充气包装主要用于食品包装，其作用是能减慢或避免食品的氧化变质，亦可防止金属包装容器由于罐内外压力不等而易发生的瘪罐问题。另外，充气包装技法还用于日用工业品的防锈和防霉。

3) 收缩包装与拉伸包装

收缩包装是指用收缩薄膜包裹产品或包装件，然后使薄膜收缩包紧产品或包装件的一种包装方法。收缩薄膜是一种经过特殊拉伸和冷却处理的塑料薄膜，其内含有一定的收缩应力，这种应力重新受热后会自动消失，使薄膜在其长度和宽度方向急剧收缩，厚度加大，从而使内包装商品被紧裹，起到良好的包装效果。收缩包装具有透明、紧凑、均匀、稳固、美观的特点，同时由于密封性好，还具有防潮、防尘、防污染等保护作用。收缩包装适用于食品、日用工业品和纺织品的包装，特别适用于形态不规则商品的包装。

拉伸包装是指将拉伸薄膜在常温下拉伸，对产品或包装件进行裹包的一种包装方法，多用于托盘货物的裹包。它与收缩包装技法的效果基本一样，其特点是：采用此种包装不用加热，很适合于那些怕加热的产品，如鲜肉、冷冻食品、蔬菜等；可以准确地控制裹包力，防止产品被挤碎；由于不需要加热收缩设备，可节省设备投资和设备维修费用，还可节省能源。

4) 无菌包装

无菌包装是将产品、容器、材料或包装辅助器材灭菌后，在无菌的环境中进行充填和封合的一种包装方法。无菌包装是在罐头包装基础上发展起来的，适于液体食品包装。无菌包装的特点是：能较好地保存食品原有的营养素、色、香、味和组织状态；杀菌所需热能比罐头少25%~50%；复合包装材料和真空状态可以使产品免受光、气、异味和微生物的侵入，使食品不必加防腐剂，运输和仓储无须冷藏；因冷却后包装可以使用不耐热、不耐压的容器，如塑料瓶、纸板盒等，既降低了成本，又便于消费者开启。但是无菌包装技法所需设备较复杂,成本较高,对环境卫生要求高。

例如利乐砖、利乐枕等无菌纸包装,它对原奶进行超高温灭菌技术加工和无菌灌装,达到了商业无菌,再加上 6 层复合包装材料可以完全隔绝导致牛奶变质的光线、水分、微生物等因素,因此采用利乐包的常温奶不需要添加任何防腐剂,就能够较长时间地保护牛奶的营养物质。

**2. 运输包装技法**

1) 缓冲包装

缓冲包装是指在产品外表面周围放置能吸收冲击或振动能量的缓冲材料或其他缓冲元件,使产品不受物理损伤的一种包装方法,也称为防震包装。一般的缓冲包装有三层结构,即内层商品、中层缓冲材料和外层包装箱。缓冲材料在外力作用时能有效地吸收能量、及时分散作用力从而保护商品。缓冲包装依据商品性能特点和运输装卸条件,分为全面缓冲法、部分缓冲法和悬浮式缓冲法。全面缓冲法是在商品与包装之间填满缓冲材料,对商品所有部位进行全面缓冲保护。部分缓冲法是在商品或内包装件的局部或边角部位施用缓冲材料衬垫,这种方法对于某些整体性好或允许加速度较大的商品来说,既不减低缓冲效果,又能节约缓冲材料,降低包装成本。对于易碎或贵重物品,为了确保安全,可以采用悬浮式缓冲法,这种方法采用坚固容器外包装,将商品或内包装(商品与内包装之间的合理衬垫)用弹簧悬吊固着在外包装容器中心,通过弹簧缓冲作用保护商品,以求万无一失。

2) 防潮包装

防潮包装是指防止因潮气浸入包装件而影响内装物品质的一种包装方法。防潮包装适用于易受潮湿影响、不允许或限制允许含有水分的制品,如医药品、农药、皮革、纤维制品等。在防潮包装材料中金属和玻璃最佳,塑料次之,纸板、木板最差。防潮包装基本方法有:用防潮包装材料密封产品,如在内装物外面包裹防潮纸、塑料薄膜等;在包装容器内加入适量干燥剂,吸收残存潮气;将密封包装容器抽真空等。

3) 防锈包装

防锈包装是指防止内装物锈蚀的一种包装方法。金属制品极易受水分、氧气、二氧化碳、二氧化硫、盐分、尘埃等影响而生锈。防锈包装最重要的工作是在清洗、干燥后选用适当的方法对金属制品进行防锈处理。例如,在产品表面涂刷防锈油(脂);用气相防锈塑料薄膜或气相防锈纸包封产品等。防锈处理结束后,还需进行适当的外包装,以防止局部冲击,造成防锈皮膜的损伤和防锈剂的流失。

4) 防虫包装

防虫包装是指为保护内装物免受虫类侵害的一种包装方法,主要用于食品、水果和丝毛织物等的防护。防虫包装技法的应用主要有两种:一是破坏各类害虫的生存环境和营养条件;二是抑制害虫的生存条件,如用各类杀虫剂、驱虫剂、脱氧剂等。防虫包装可在包装容器中放入有一定毒性和气味的药物,或在包装材料中渗入杀虫剂,利用药物在包装中挥发气体灭杀和驱除各种害虫;也可采用真空包装、充气包装等技法,使害虫无生存环境,从而防止虫害。

5) 集合包装

集合包装是指把若干包装或商品包装在一起，形成一个合适的搬运单元的包装。集合包装的优点：便于机械化操作，可降低劳动强度，提高装卸效率；可促进商品包装标准化，提高商品运装安全系数。常见的集合包装有集装箱、托盘和集装袋等形式，如图 5-2 所示。

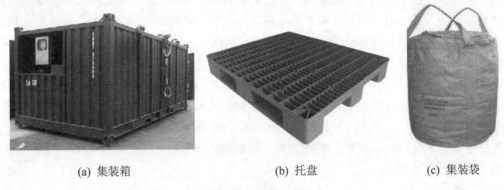

(a) 集装箱　　　　　　　　(b) 托盘　　　　　　　　(c) 集装袋

图 5-2　集合包装

(1) 集装箱。集装箱是指具有固定规格和足够强度，能装入若干件货物或散装货的专用于周转的大型容器。集装箱是集合包装最主要的形式。

根据国际标准化组织建议，集装箱具有如下特点和技术要求：①材质坚固耐久，具有足够的强度并能反复使用；②适用于各种运输形式，便于货物运送，在通过一种或多种运输方式进行运输时，中途转移可不动箱内货物直接换装；③备有便于装卸和搬运的专门装置，能进行快速装卸与搬运，可以从一种运输工具上直接方便地换装到另一种运输工具上；④形状整齐划一，便于货场装载和堆码，能充分利用车、船、货场等容积，同时便于货物的装满和卸空；⑤具有 $1m^3$ 以上的容积。

集装箱的出现和发展，是包装方法和运输方式的一场革命，它的出现对于运输的意义是：①集装箱结构牢固，密封性好，整体性强，能够保证集装商品的运输安全；②能够节省集装商品的包装费用，简化理货手续，减少营运费用，降低运输成本；③能够组织公路、铁路、水路的联运，能够实现快速装卸，加快了运输工具的周转，减少了商品在运输环节的滞留；④能够实现装卸技术的机械化、自动化控制，提高了劳动生产率，为实现运输管理现代化提供了条件。

集装箱有多种类型，按材料分类有钢制、铝合金制、玻璃钢制和不锈钢制四类。①钢制集装箱强度高，结构牢固，焊接性和水密性好，价格较低；但自重大，装货量小，易锈蚀，使用年限较短。②铝合金集装箱自重轻，不生锈，外表美观，如在集装箱表面涂一层特殊的涂料，能防海水腐蚀。铝合金集装箱使用年限高于钢制集装箱。③玻璃钢集装箱是指在钢制集装箱框架上安装玻璃钢复合板，其特点是强度高，刚性好，同时隔热性、防腐性、耐化学性都较好，不生锈，易着色，外表美观。它的缺点是自重大，树脂存在老化问题。④不锈钢集装箱强度高，耐锈蚀性好，在使用期内无须进行维修保养，使用率高；但由于价格较高，限制了其广泛使用。随着集装箱运输的发展，为了适应装载不同类型的商品，出现了不同用途的集装箱。例如，有适合装日用百货的通用集装箱，有适合装大型货物和重货的敞顶式集装箱和平板式集装箱，有适合装鲜活食品的通风集装箱，有适合装易腐性食品和液体化学品的罐式集装箱，有适合装颗粒状、粉末状货物的散装货集装箱，还有适合装汽车的汽车集装箱等。

(2) 托盘集合包装。托盘集合包装是货物与特制垫板的组合，即在一件或一组货物下面附加一块垫板，板下有角，形成插口，方便铲车的铲叉插入，进行搬运、装卸和堆码作业。托盘集合包装兼备包装容器和运输工具双重作用，是使静态货物转变为动态货物的媒介物。它的最大特点是使装卸作业化繁为简，完全实现机械化；同时可以简化单体包装，节省包装费用，保护商品安全，减少损失和污染；还能够进行高层堆垛，合理利用存储空间。

(3) 集装袋。集装袋是用合成纤维或复合材料编织成抽口式的包，是集装单元器具的一种，配以起重机或叉车可以实现集装单元化运输，又称柔性集装袋、吨装袋、太空袋等，适用于装运大宗散状、粒状、块状物料。集装袋产品应用面很广，特别是包装散装的水泥、粮食、化工原料、饲料、淀粉、矿物等粉、粒状物体，甚至于电石之类的危险品，装卸、运输、储存都非常方便。

## 三、商品运输包装标志

运输包装的标志是用简单文字或图形在运输包装外面印刷的特定记号和说明条款，是商品运输、装卸和储存过程中不可缺少的辅助措施。运输包装标志赋予传达功能的目的有三个：一是识别货物，实现货物的收发管理；二是明示物流中采用的防护措施；三是识别危险货物，暗示应采用的防护措施，以保证物流安全。因此，运输包装的标志也区分为三大类，一为收发货标志，也叫包装识别标志；二为储运图示标志，即指示标志；三为危险品货物标志。

### 1. 识别标志

识别标志又称运输标志、收发货标志、唛头或嘜头，通常是由一些简单的几何图形、字母、数字和简单的文字组成，其作用是便于在储运和交接货物中识别货物，防止错发、错运，从而准确无误地把商品运抵目的地。一般包括下列内容。

(1) 商品分类图形标志(代号 FL)，是用几何图形和简单文字表明商品类别的特定符号，属于必用标志，如图 5-3 所示。

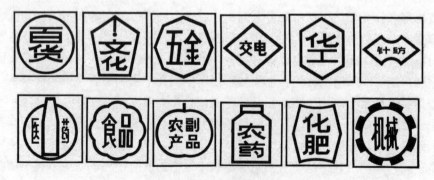

图 5-3　商品分类图形标志

(2) 供货号，供应该批货物的供货清单号码(出口商品用合同号码)。

(3) 货号，指商品顺序编号，以便出入库、收发货登记、核定商品价格。

(4) 品名规格，指商品名称或代号，还指单一商品的规格、型号、尺寸和花色等。

(5) 数量，指包装容器内含商品的数量。

(6) 重量，指包装件的重量(kg)，包括毛重和净重。

(7) 生产日期。

(8) 生产厂名、厂址。

(9) 体积，包装件的外径尺寸：长×宽×高=体积。

(10) 收货人(单位)及发货人(单位)，货物到达站、港和某单位(人)收货。

(11) 运输号码、发运件数，运输单号及发运件数。

(12) 有效期限，商品有效至×年×月。

## 2. 指示标志

指示标志即包装储运图示标志，是根据商品的不同性能和特殊要求，采用图案或简易文字来表示的用以提示人们在装卸、运输和储存过程中应注意的事项的标志。例如，对一些易碎、易潮、易残损或变质的商品，在装卸、运输和保管中提出的要求和注意事项，如小心轻放、由此吊起、禁用手钩等。国标 GB/T 191—2008《包装储运图示标志》中，包装储运图示标志有 17 种(见表 5-1)，标志由图形符号、名称及外框线组成。

表 5-1 包装储运图示标志(GB/T 191—2008)

| 序号 | 标志名称 | 图形符号 | 标志 | 含义 | 说明及示例 |
|---|---|---|---|---|---|
| 1 | 易碎物品 | | 易碎物品 | 表明运输包装件内装易碎物品，搬运时应小心轻放 | 见 4.2.2a 位置示例 |
| 2 | 禁用手钩 | | 禁用手钩 | 表明搬运运输包装件时禁用手钩 | — |
| 3 | 向上 | | 向上 | 表明该运输包装件在运输时应竖直向上 | 见 4.2.2b 位置示例 |
| 4 | 怕晒 | | 怕晒 | 表明该运输包装件不能直接照晒 | — |

续表

| 序号 | 标志名称 | 图形符号 | 标 志 | 含 义 | 说明及示例 |
|---|---|---|---|---|---|
| 5 | 怕辐射 | | | 表明该物品一旦受辐射会变质或损坏 | — |
| 6 | 怕雨 | | | 表明该运输包装件怕雨淋 | — |
| 7 | 重心 | | | 表明该包装件的重心位置,便于起吊 | 见 4.2.2c 位置示例<br><br>该标志应标在实际位置上 |
| 8 | 禁止翻滚 | | | 表明搬运时不能翻滚该运输包装件 | — |
| 9 | 此面禁用手推车 | | | 表明搬运货物时此面禁止放在手推车上 | — |
| 10 | 禁用叉车 | | | 表明不能用升降叉车搬运的包装件 | — |
| 11 | 由此夹起 | | | 表明搬运货物时可用于夹持的面 | 见 4.2.2d |
| 12 | 此处不能卡夹 | | | 表明搬运货物时不能用于夹持的面 | — |
| 13 | 堆码质量极限 | | | 表明该运输包装件所能承受的最大质量极限 | — |
| 14 | 堆码层数极限 | | | 表明可堆码相同运输包装件的最大层数 | 包含该包装件,$n$ 表示从底层到顶层的总层数 |

续表

| 序号 | 标志名称 | 图形符号 | 标志 | 含义 | 说明及示例 |
|---|---|---|---|---|---|
| 15 | 禁止堆码 | | | 表明该包装件只能单层放置 | — |
| 16 | 由此吊起 | | | 表明起吊货物时挂绳索的位置 | 见 4.2.2e 位置示例<br>应标在实际起吊位置上 |
| 17 | 温度极限 | | | 表明该运输包装件应该保持的温度范围 | |

注：见 4.2.2a、4.2.2b、4.2.2c、4.2.2d、4.2.2e 是指标准中的相应章节。

包装储运图示标志外框为长方形，其中图形符号外框为正方形。标志颜色一般为黑色，如果包装的颜色使标志显得不清晰，则应在印刷面上用适当的对比色，黑色标志最好以白色作为标志的底色。必要时，标志也可使用其他颜色，除非另有规定，一般应避免采用红色、橙色或黄色，以避免同危险品标志相混淆。标志的使用，可采用直接印刷、粘贴、拴挂、钉附及喷涂等方法。标志应标注在显著位置上，其中标志 1、3、7、11、16 的使用位置有特别示例，可参见表 5-1 说明。

3. 危险品货物标志

危险品货物标志是用来标明对人体和财产安全有严重威胁的货物的专用标志，由图形、文字和数字组成。国家标准 GB190—2009《危险货物包装标志》中，将标志分为标记(见表 5-2)和标签(见表 5-3)。标记 4 个，标签 26 个，其图形分别标示了 9 类危险货物的主要特性，如爆炸性物质或物品、易燃气体、易燃液体等。

表 5-2 危险货物包装标记

| 序号 | 标记名称 | 标记图形 |
|---|---|---|
| 1 | 危害环境物质和物品标记 | (符号为黑色，底色为白色) |

续表

| 序　号 | 标记名称 | 标记图形 |
|---|---|---|
| 2 | 方向标记 | 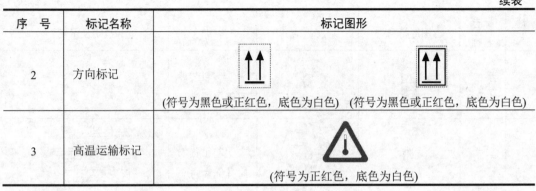<br>(符号为黑色或正红色，底色为白色)　　(符号为黑色或正红色，底色为白色) |
| 3 | 高温运输标记 | (符号为正红色，底色为白色) |

表5-3　危险货物包装标签

| 序号 | 标签名称 | 标签图形 | 对应项号 | 序号 | 标签名称 | 标签图形 | 对应项号 |
|---|---|---|---|---|---|---|---|
| 1 | 爆炸性物质或物品 | (符号为黑色，底色为橙红色) | 1.1<br>1.2<br>1.3 | 5 | 氧化性物质 | (符号为黑色，底色为柠檬黄色) | 5.1 |
| | | 1.4<br>(符号为黑色，底色为橙红色) | 1.4 | | | (符号为黑色，底色为红色和柠檬黄色) | 5.2 |
| | | 1.5<br>(符号为黑色，底色为橙红色) | 1.5 | | 有机过氧化物 | (符号为白色，底色为红色和柠檬黄色) | 5.2 |
| | | 1.6<br>(符号为黑色，底色为橙红色) | 1.6 | 6 | 毒性物质 | (符号为黑色，底色为白色) | 6.1 |

续表

| 序号 | 标签名称 | 标签图形 | 对应项号 | 序号 | 标签名称 | 标签图形 | 对应项号 |
|---|---|---|---|---|---|---|---|
| 2 | 非易燃无毒气体 | (符号为黑色，底色为正红色) | 2.1 | 6 | 感染性物质 | (符号为黑色，底色为白色) | 6.2 |
| | | (符号为白色，底色为正红色) | | | | | |
| | | (符号为黑色，底色为绿色) | 2.2 | 7 | 一级放射性物质 | (符号为黑色，底色为白色，附一条红竖条)，黑色文字，在标签下半部分写上：<br>"放射性"<br>"内装物_____"<br>"放射性强度为_____"<br>在"放射性"字样之后应有一条红竖条 | 7A |
| | | (符号为白色，底色为绿色) | | | | | |
| | 毒性气体 | (符号为黑色，底色为白色) | 2.3 | | 二级放射性物质 | (符号为黑色，底色为上黄下白，附两条红竖条)，黑色文字，在标签下半部分写上：<br>"放射性"<br>"内装物_____"<br>"放射性强度为_____"<br>在一个黑框内写上："运输指数"<br>在"放射性"字样之后应有两条红竖条 | 7B |
| 3 | 易燃液体 | (符号为黑色，底色为正红色) | 3 | | 三级放射性物质 | (符号为黑色，底色为上黄下白，附三条红竖条)，黑色文字，在标签下半部分写上：<br>"放射性"<br>"内装物_____"<br>"放射性强度为_____"<br>在一个黑框内写上："运输指数"<br>在"放射性"字样之后应有两条红竖条 | 7C |
| | | (符号为白色，底色为正红色) | | | | | |

续表

| 序号 | 标签名称 | 标签图形 | 对应项号 | 序号 | 标签名称 | 标签图形 | 对应项号 |
|---|---|---|---|---|---|---|---|
| 4 | 易燃固体 | (符号为黑色，底色为白色红条) | 4.1 | 7 | 裂变性物质 | (符号为黑色，底色为白色) 黑色文字，在标签上半部分写上：FISSILE(裂变性)字样 在标签下半部分的一个黑框内标出：Criticality Safety index(临界安全指数) | 7E |
| | 易于自燃的物质 | (符号为黑色，底色为上白下红) | 4.2 | 8 | 腐蚀性物质 | (符号为黑色，底色为上白下黑) | 8 |
| | 遇水放出易燃气体的物质 | (符号为黑色，底色为蓝色) (符号为白色，底色为蓝色) | 4.3 | 9 | 杂项危险物质和物品 | (符号为黑色，底色为白色) | 9 |

危险品标志的尺寸一般有四种：1号，50mm×50mm；2号，100mm×100mm；3号，150mm×150mm；4号，250mm×250mm。如遇特大或特小的运输包装件，标志的尺寸可按规定适当扩大或缩小。标志颜色分为符号颜色和底色，按表5-2和表5-3的相应规定执行。

## 任务二 商品储运

### 任务提出

公司进了一批钢材，小A正好在接手库房管理的工作，他想钢材不怕虫咬、霉变，也不怕磕碰，又不会像铁一样生锈，随便往哪一堆就行。拿了进货单也没有验货，心想那么大一家企业还能有什么问题。可是过了几个月，经理把他找到办公室，脸色非常难看。原来一个钢材买家提货，发现很多钢材发暗还有了锈迹，要求退货并赔偿。小A说，那咱们肯定也是受害者，一定是这批钢材质量不过关，要追溯生产厂家。厂家来人调查后，给的结论是：你们的商品储存管理有质量问题，我们手里有那批货的第三方质检证明、运输途中的质保清单以及交货时你们出具的合格验收单，钢材从出厂到你们库房都是没问题的。而从库房现场来看，钢材堆放混乱、布满灰尘，旁边还放置了水果箱、洗涤剂等物品，根本不适合钢材存放。小A想不通：钢材在库房放着怎么还能放坏了呢？我们来帮小A理顺思路，怎样做好储运管理工作。

> 背景知识

# 一、商品储运概述

### 1. 商品储运的概念

商品储运是商品储存和商品运输的总称。商品储存是指商品在生产和流通领域中的暂时停留和存放过程，它是以保证商品流通和再生产过程的需要为限度。商品运输是指运用适当的工具使商品产生位移的活动过程，商品运输是短时储存，即将运输工具作为暂时的储存场所。商品储存和运输是商品流通中的两个重要环节，是商品采购和销售的根本保证。

### 2. 商品储运的作用

商品储运的作用主要是协调产销时间矛盾、产销地域矛盾和市场供求矛盾。具体内容如下所述。

(1) 协调产销时间矛盾。商品有的是常年生产、季节性消费的商品，有的是季节性生产、常年消费的商品，有的是季节性生产、季节性消费的商品，有的是常年生产、常年消费的商品等。这些都存在着一个产销之间的时间差，需要进行商品储运。

(2) 协调产销地域的矛盾。商品的生产和消费往往是在异地进行的。这些异地产销的商品，必须经过相应的运输、储存环节，才能实现商品的位移，以满足广大消费者对各地名、特、优商品的需求。

(3) 协调市场供求矛盾。在商品流通过程中，通过储存，保证了商品货源充足，保持必要的商品数量和花色品种，并对商品进行分类、编配、加工挑选、分装等工作，才有可能源源不断地以完好的商品保证市场供应，满足消费需求。而这些都需要一定时间的准备工作，需要储运进行中间的协调。

### 3. 储运的合理化

合理储运就是要保证商品货畅其流，要以满足市场供应不间断为依据，以此确定恰当的储运定额和商品品种结构，实现储运的合理化。如果储运过多，会造成商品的积压，增加资金占用，使储存保管费用增加，造成商品在库损失；如果储运过少，又会造成市场脱销，影响社会消费，最终也会影响国民经济的发展。因此，合理的储运具有重要的现实意义。

(1) 选址合理。商品储运离不开仓库，仓库建设要求布局合理，仓库位置的设置对流通速度的快慢和流通费用的大小有着直接的影响。在仓库选址布局时，应掌握物流距离最短原则，尽可能避免商品运输的迂回倒流；仓库的选址要与工农业生产的布局相适应，尽可能与供货单位相靠近，避免造成工厂远距离送货的矛盾；选择建设大型仓库的地理位置时，要考虑邻近的运输条件，力求靠近车站码头以利于商品发运，或者能具备铺设铁路专用线或兴建水运码头的条件；考虑到集装箱运输的发展，还应具备大型集装箱运输车进出的条件，附近的道路和桥梁要有相应的通过能力。

(2) 储运量合理。在新产品运到之前，要有一个正常的能保证供应的库存量，影响这个库存量大小的合理性因素很多。首先取决于社会需求量大小，社会需求量大，库存储备量就多；其次是运输条件，运输条件好，运输时间短，则库存数量可以相应减少；再次是物流管理水平和技术装备条件，如进货渠道、中间环节、仓库技术作业等，都直接或间接地影响商品库存量的水平。

(3) 储运结构合理。储运结构合理是指对不同品种、规格和型号的商品，根据消费的要求，在库存数量上确定彼此之间的合理比例关系。它反映了库存商品的齐备性、配套性、全面性和供应的保证。储运结构主要根据消费的需求和市场的变化等因素来确定。

(4) 储运时间合理。储运时间合理是指每类商品要有恰当的储备保管天数。要求储备天数不能过长也不能太短，储备天数过长会延长资金的占用，还有保质期限和销售或使用周期的约束。储备天数过短，有可能不能保证供应，出现断货现象。储运时间主要根据流通销售速度来确定，此外还应考虑运输时间等因素。运输时间短，有利于运输工具的加速周转，充分发挥运力，减少库存断流的可能性。

(5) 运输合理化。运输合理化对储运合理化十分重要，起决定性作用的因素主要有运输距离、运输环节、运输工具、运输时间以及运输费用。按经济区域组织商品流通，发挥中心城市的作用，充分利用各种运输方式，选择合理的运输路线和运输工具，在法定范围内提高车船的载重量，以最短的距离、最少的环节、最快的速度和最小的消耗，安全优质地完成商品运输任务。其中，运输费用降低，也是各种合理化措施是否行之有效的判断依据之一。

## 二、商品储运期间的质量变化

维护商品在流通过程中的质量，以保证商品流通的顺利进行，就必须认真研究和解决商品在储存运输过程中的质量变化规律及相应的养护措施。引起商品质量变化的原因有内因和外因两个方面。内因是指商品自身的自然属性，包括商品的化学成分、结构和性质等，这些属性使商品具有某种变化的可能；外因是指商品所处的环境，包括日光、空气中的氧、温湿度、微生物、仓库害虫、卫生条件等。商品储运期间的质量变化主要是商品内部运动或生理活动的结果，但与储运的外界因素也密不可分。

商品在储运过程中可能发生的质量变化类型，可概括为两类：物理变化和化学变化。物理变化是指仅改变商品本身的外部形态，不改变商品性质的变化；化学变化则是商品变质过程，严重时会使商品失去使用价值，主要有一般化学变化、生理生化变化和生物学变化。商品储运中发生的物理变化造成的是商品损耗，而化学变化则会造成商品质量劣变。

1. 商品储运的物理变化

1) 挥发

挥发是某些液体商品(如松节油、香水、花露水、白酒等)或经液化的气体商品(如液氮、液态二氧化碳等)在空气中能迅速蒸发的现象。它们的挥发速度取决于气温高低、空气流速、商品中易挥发成分的沸点以及与它们接触的空气表面积。气温高,空气流通快,易挥发成分沸点低,与空气接触表面积大,挥发速度就快。挥发不仅使商品数量减少,质量下降,而且有的挥发蒸气(如乙醚、丙酮等蒸气)会影响人体健康,甚至引发爆炸和火灾事故。这类商品应采用密闭性好的包装容器,并置于温度较低的环境中。

2) 溶化

溶化是某些具有较强吸湿性的水溶性晶体、粉末或膏状商品(如化工商品中的明矾、氯化钙,化肥中的氮肥等),吸收潮湿空气中的水分至一定程度后溶解的现象。影响溶化的因素,主要是商品吸湿性和水溶性、与空气接触的面积、空气的温度和相对湿度等。气温和相对湿度越高,这类商品越容易溶化。这类商品在储运中应避免其防潮包装受损以及与含水量高的商品混放,保持干燥凉爽的环境,防止日光照射,同时堆码不宜过高以防止压力过大而加速溶化流失。

3) 熔化

熔化是某些固体商品在温度较高时,发软变形甚至熔融为液体的现象。熔化不仅会造成商品流失,而且会与包装粘连或沾污其他商品。商品成分熔点较低或含某些杂质是熔化的内在因素,而日光直射、气温较高则是导致熔化的外界因素。易熔化的商品有化妆品、蜡烛、食糖、食盐,化工商品中的松香、石蜡、硝酸锌,医药商品中的油膏类等。这类商品在储运中应放置在较低的温度中,注意密封、隔热、防止日晒。

4) 脆裂、干缩

在干燥空气中,某些吸湿性商品(如纸张、皮革及其制品、木制品、乐器、肥皂、糕点、水果和蔬菜等)若严重失水,就会发生脆裂、干缩现象。这类商品,在储运过程中应注意防止日晒风吹,并控制环境的相对湿度,使其含水量保持在合理的范围内。

5) 渗漏、黏结

渗漏是液体商品因包装容器不严、包装质量不合格、包装内液体受热、结冰膨胀等原因,而使包装破裂所发生的外漏现象,会造成液体商品的流失。因此,液体商品在储运过程中,除了应加强交接验收、定期检查外,还应加强环境温湿度的控制和管理。黏结是黏稠状流体商品(如桶装黄油、水玻璃、软沥青等)黏着于包装容器表面上很难或不能取出的现象,会造成商品减量。商品发生的这种损耗,尚难避免。

6) 破碎、散落

破碎和散落是商品在储运中由于外力作用而发生的损耗现象。例如,玻璃、陶瓷制品等在搬运、运输中受到碰撞、挤压或抛掷而破碎;粉装商品因包装物强度低或包装不严而造成的脱落散开。上述商品在储运过程中应避免撞击、重压,要注意轻拿轻放,妥善包装。

7) 串味

串味是指吸附性较强的商品在吸附其他物品的特异气味后,改变本来气味的变化现象。

具有吸附性易串味的商品主要是因为它的成分中含有胶体物质以及具有疏松多孔的组织结构。串味与其表面状况、与异味物质的接触面积的大小、接触时间的长短以及环境中的异味浓度有关。易串味的商品有大米、面粉、食糖、饼干、茶叶、香料、药材等；易引起串味的商品有汽油、煤油、油漆、肥皂、咸鱼、腊肉、皮革、樟脑等。预防商品串味，应对易被串味的商品尽量采取密封包装，在储存和运输过程中不得与有强烈气味的商品同车、同船装运或同库储藏，同时还要注意运输工具和仓储环境的清洁卫生。

8) 沾污

沾污是指商品外表沾有其他脏物、染有其他污秽的现象。商品沾污主要是生产、储运过程中卫生条件差以及包装不严所致。对一些外观质量要求较高的商品，如针织品、服装、精密仪器、仪表等，要注意预防沾污。

9) 沉淀

沉淀是指含有胶质和易挥发成分的商品，在低温或高温条件下，部分物质凝固，进而发生下沉或膏体分离的现象。常见的易沉淀商品有墨汁、牙膏、雪花膏、蜂蜜等。预防商品沉淀应根据不同商品的特性，防止阳光照射，做好商品的冬季保温和夏季降温工作。

**2. 商品储运的化学变化**

1) 一般化学变化

(1) 分解、水解。分解是指某些化学物质不稳定的商品在光、热、酸、碱以及潮湿空气的影响下，会由一种物质生成两种以上的新物质的反应现象。例如，溴化银在光的作用下生成银和溴气的曝光现象就是一种分解反应。分解不仅使商品的质量变劣，还会使其完全失效，有时产生的新物质还有危害性。

水解是指某些商品在一定条件下(如酸性或碱性条件)与水作用而发生分解反应的现象。例如，棉纤维在酸性溶液中，特别是强酸溶液中易于水解，使纤维大分子链断裂，相对分子质量降低，从而大大降低了纤维的强度。商品在储运过程中应尽量避免导致其发生变化所需的外部条件，尤其不能与酸碱性商品混存。

(2) 氧化。氧化是指商品与空气中的氧或其他氧化性物质接触而发生与氧结合的反应现象。例如，棉、麻、丝等纤维织品若长期与日光接触，使商品变色变质；桐油制品中桐油被氧化会放热，使温度升高，引起自燃。因此，此类商品在储运中应选择低温避光条件，避免与氧接触，同时注意通风散热，如有条件可在商品或包装内放入脱氧剂。

(3) 锈蚀。锈蚀是指金属制品在潮湿的空气及酸、碱、盐等作用下被腐蚀的现象。例如，钢铁在潮湿的空气中温度越高，锈蚀越快越严重。由于金属制品所处的环境不同，所引起的化学反应也不同，主要有化学锈蚀和电化学锈蚀两种。

化学锈蚀是指在干燥的环境中或无电解质存在的条件下，金属制品遇到空气中的氧而引起的氧化反应。化学锈蚀的结果是在其表面形成一层薄薄的氧化膜，它可使金属表面变暗，失去光泽。有些金属氧化膜，对金属还能起保护作用，使锈蚀降低或停止，如铝制品表面的氧化膜、不锈钢防锈蚀原理等。化学锈蚀约占锈蚀总量的10%～20%。

电化学锈蚀是指在潮湿的环境中，水蒸气可在金属制品表面形成水膜，水膜溶解金属制品表面的水溶性黏附物或沉淀物(多为盐类)与空气中的二氧化碳、二氧化硫等形成电解液，从而引起电化学反应，反应中金属以离子形式不断进入电解液而被溶解的现象。电化学锈蚀的结果是使金属制品表面出现凹陷、斑点等，进而成片脱落。锈蚀严重的会使商品内部结构松弛，机械强度降低，甚至完全失去使用价值，所以电化学锈蚀是破坏金属制品的主要形式。电化学锈蚀取决于金属电位的高低，电位越低的金属，越容易发生锈蚀。另外，环境因素中最主要的是湿度、温度和氧，同时还与金属表面附着的尘埃、污物和空气中的二氧化碳、二氧化硫等气体有关。

(4) 老化。老化是指橡胶、塑料、化纤制品等高分子化合物，在光、热、氧的作用下失去原有的优良性能，以致最后丧失其使用价值的化学变化。易老化是高分子材料存在的一个严重缺陷，老化的原因主要是高分子物质在光、热等因素作用下，引起大分子链断裂，高聚物分子量下降；或者引起分子链相互连接，形成网状或梯形结构。前者称为降解反应，使高分子材料变软、发黏，机械强度降低；后者称为交联反应，使高分子材料变硬、发脆、丧失弹性。在储运这类商品时，要注意防止日光照射和高温，尤其是暴晒，同时堆码不宜过高，以免底层商品受压变形。

(5) 燃烧、爆炸。燃烧是指发光发热的剧烈的化学变化过程，其形式按其特征可分为内燃、自燃、外热自燃和本身自燃四种。爆炸是指物质由一种状态迅速地转变成另一种状态，并瞬间放出大量能量的现象。爆炸分为物理爆炸、化学爆炸、核爆炸等。燃烧和爆炸是在不同条件下发生的氧化-还原反应，放出热量，产生气体，只是反应速度前者较慢，后者迅速。仓库商品中磷类、汽油、油漆、赛璐珞等为易燃品，黑火药、爆竹等为易爆品。此类商品需要专仓专库储存，不与普通商品混存，并且库内绝对禁止吸烟和明火，禁止带入火种，禁止使用易因机械作用产生火花的工具，禁止穿铁钉鞋入库，禁止聚集的日光照射等。

2) 生理生化变化

(1) 呼吸。呼吸是指生物体中的能源物质在氧化还原酶的作用下逐步降解为简单物质并释放出能量的过程。呼吸是生物有机体最普遍的生理现象，也是鲜活食品最基本的生理活动。

呼吸作用有两种类型：有氧呼吸和缺氧呼吸。在有氧条件下，有机体进行有氧呼吸时，基本的成分变化是淀粉分解为葡萄糖，葡萄糖被氧化为二氧化碳和水，并产生热量。有机体处于缺氧条件下，进行缺氧呼吸，商品中葡萄糖分解为酒精、二氧化碳，并产生热量，这个化学反应过程与发酵酒一样，因此又把它看成发酵作用。

无论是有氧呼吸还是缺氧呼吸，都要消耗有机体内的营养成分并产生热量，降低有机体的质量。有氧呼吸产生的热量部分成为鲜活食品生理活动的能量，部分释放到外界环境中，被释放出去的部分可使储存环境的温度升高，加速鲜活食品的腐烂变质，同时还会促使霉腐微生物生长繁衍，这对保证储运的鲜活食品(如粮、水果、蔬菜等)的质量是十分不利的。缺氧呼吸的最终产物是酒精和中间产物乙醛等，会破坏鲜活食品的组织，使其腐烂，如积累过多，还会引起鲜活食品中毒，其后果比有氧呼吸更为严重。但正常的有氧呼吸，不仅可使鲜活食品获得必要的能量，维持生命活动，而且也是一种自卫手段，有利于抵抗微生物的侵害，防止生理病害的发生。若呼吸过于旺盛，也会很快消耗食品的营养成分。

总体来说，旺盛的有氧呼吸和缺氧呼吸均不利于鲜活食品品质，故采取适宜措施，抑制鲜活食品的呼吸作用，使鲜活食品的呼吸作用处于微弱状态，既可防止鲜活食品品质劣变，又能保持鲜活食品的天然耐储性。

鲜活食品的呼吸强度与其种类、品种、成熟度、组织器官以及不同的发育时期等生物学特性有关。例如，蔬菜的呼吸强度以叶菜最高，果实次之，块根菜和块茎菜最低；果实呼吸强度顺序为浆果(如葡萄、草莓、猕猴桃、无花果等)＞核果(如桃、李、杏、樱桃、杜果等)＞柑果(如橘子、橙子、柚子、柠檬等)＞仁果(也称为梨果，如苹果、梨、山楂等)＞坚果(如核桃、松子、榛子等)。影响鲜活食品呼吸强度的外界因素，主要由温度和空气中的气体组成。一般而言，环境温度升高时呼吸强度也随之加强，当环境温度低于0℃时，酶的活性受到抑制，呼吸强度急剧下降。鲜活食品进行呼吸作用的最适宜温度为25～35℃，因此，降低环境温度是储存鲜活食品的重要措施。空气中的氧含量降低和二氧化碳含量升高，也会明显抑制呼吸作用。目前采用的气调储存法，就是通过改变空气成分，达到抑制鲜活食品呼吸强度的一种较适宜的储存方法。

(2) 后熟。后熟是植物性鲜活食品采收以后继续成熟过程的现象，主要发生在果品、瓜类及果菜类商品的储运中。后熟对这类食品在色泽、香气、口味及口感等方面有明显的提高，食用质量也得以改进。例如，香蕉、柿子、西瓜和甜瓜等，只有达到后熟时，才具有良好的食用价值。后熟过程也是有机体生理衰老的阶段，当菜果完成后熟时已处于生理衰老的阶段，因而失去耐储性，进而腐坏变质。因此，作为储藏的菜果应控制储藏条件来延缓其后熟与衰老过程的进行。促进食品后熟的因素主要是高温、氧气和某些刺激性气体，如乙烯、酒精等。例如，苹果组织中产生的乙烯，虽然数量极微，却能大大加快苹果后熟和衰老的进程，所以苹果在储运中，为延长或推迟后熟和衰老过程，除采用适宜的低温和适量的通风外，还可采取放置活性炭、焦炭分子筛等吸收剂排除苹果库房中的乙烯成分。有时为了及早上市，对某些菜果(如番茄、香蕉、柿子)等，可利用人工催熟的方法加速其后熟过程，以适应市场消费需要。

(3) 萌发、抽薹。萌发(亦称为发芽)和抽薹是二年生或多年生蔬菜打破休眠状态，由营养生长期进入生殖生长期时出现的一种生物学现象。萌发是蔬菜休眠芽开始发芽生长，而抽薹则是花茎生长的结果，主要发生在那些变化的根、茎、叶等作为食用的蔬菜上，如马铃薯、洋葱、大蒜、萝卜、大白菜等。萌发与抽薹的蔬菜，其养分被大量消耗，组织变得粗老，食用品质大为降低。高温、高湿、充分的氧气及日光照射等条件，均能促进蔬菜的萌发和抽薹。在储藏中延长蔬菜的休眠状态，是防止萌发与抽薹的有效措施。

除了低温可以延长蔬菜的休眠状态外，还可以采用植物生长素来延长休眠状态。例如，大蒜发芽。大蒜食用部分是地下肥大的鳞茎，大蒜富含大蒜素，具有抑菌和杀毒作用，大蒜一般休眠期为2～3个月，采收后的大蒜在休眠期内不发芽，一旦脱离休眠期，遇到5℃以上环境，就会发芽，并且会逐渐消耗营养，变得干瘪，失去商品和食用价值。

(4) 僵直、成熟与软化。僵直是畜、禽、鱼死后一段时间内发生的生化变化，其特点是肌肉纤维收缩，肉体变得僵硬。例如，手握鱼头，其尾部挺直而不下弯就是僵直的表现。畜、禽、鱼类的僵直与肌肉中的肌糖原酵解产生乳酸、磷酸肌酸的分解等有密切关系，这些成分的分解都会增加肌肉中酸性成分的积累，降低肌肉的pH，使原来呈松弛状态的肌肉因肌纤蛋白质和肌球蛋白质结合形成无伸展性的肌凝蛋白质，丧失肌肉的弹性变为僵直状态，因动物种类、致死原因和温度等不同各有不同。畜、禽、鱼类死后都会僵直，一般鱼类的僵直先于畜、禽类，带血死的先于放血致死的，温度高的又先于温度低的。处于僵直期的鱼是新鲜度高的鲜鱼，食用价值大；而僵直期的畜、禽肉因弹性差、难煮烂，缺乏香味，难消化，不适于食用。从储藏角度而论，僵直期的肌肉pH低，腐败微生物难以生长；肌肉组织致密，主要成分尚未分解变化，基本上保持了肉类和鱼类原有的营养价值，所以适合于冷冻储藏。

成熟，是指僵直阶段之后，肉中的水解酶开始活化，肌肉组织变得柔软嫩化，具有弹性，食用性质得到改善的变化过程，也称为肉的后熟。处于成熟期的肌肉，pH逐渐回升，适宜的酸碱度使组织蛋白酶开始发挥作用，缓慢地分解肌肉中的蛋白质为小分子肽或氨基酸、核苷酸，这不仅使蛋白质结构松弛，同时赋予肉一种特殊香味和鲜味，容易煮烂和咀嚼。此时肉的特征是：肉表面形成一层干膜，这层膜既可防止其下层肉质干燥，又可防止外界微生物的侵入；肉的切面有肉汁流出；肉汤具有特殊的芳香气味；肉富有弹性；肉呈酸性反应。

软化是肉的成熟作用后进一步的变化，是肌肉中所含的自溶酶使蛋白质分解的结果，也叫蛋白质自溶现象。其特点是肌肉弹性消失变软，是肉腐坏作用的前奏。出于自溶软化阶段的肉，虽尚可食用，但气味已大为逊色。随着软化的进行，肉的酸碱度逐渐向中性发展，这为各种细菌的繁衍创造了适宜的条件，很快就会腐败变质，因此，应防止畜、禽、鱼类死后发生软化。软化一般受温度的影响较大，高温能加速软化，低温能延迟软化，当降温至0℃时则可停止软化，因此生鲜肉禽类产品需要低温储藏。

**思考：** 挑选冷藏鱼时，硬的好还是软的好？哪个阶段的鱼营养价值最高？

提示：冷藏鱼已经死去但未冷冻，同肉类一样有僵直、成熟和软化的阶段。僵直是畜、禽、鱼死后一段时间内发生的生化变化，其特点是肌肉纤维收缩，肉体变得僵硬。这时候的鱼摸起来有弹性，肉体比较硬，此阶段的鱼是新鲜度高的鲜鱼，基本上保持了鱼类原有的营养价值，是冷藏鱼中营养价值最高的阶段。到了成熟期，鱼肉有些变软，此阶段的蛋白质逐渐被分解，营养价值在逐渐流失。但由于蛋白质结构的松弛，鱼肉有了一种特殊香味和鲜味，味道不错，但营养价值减少了。到了软化阶段，出现了蛋白质自溶现象，鱼肉弹性消失变软，快要腐败了，虽可食用，但是味道较差。所以冷藏鱼选硬的好些，僵直期的鱼肉营养价值最高。

3) 生物学变化

(1) 霉变。霉变是霉菌在有机物商品中繁殖，改变商品原有的外观、强度、气味以及食用品质等性质的现象。霉菌主要靠孢子进行无性繁殖，危害性较大的霉菌有青霉属的白边青霉、扩张青霉；毛霉属的总状毛霉；根霉属的黑根霉；曲霉属的灰绿曲霉、烟曲霉、棒曲霉和黑曲霉等。霉菌生长和繁殖过程中所需的营养物质有水分、碳源(如糖类、有机酸、纤维素、醇类和酯类等)、氮源(如蛋白质、氨基酸、硝酸等)和无机盐(如硫、磷、钾、镁、钙、铁等)等。它以有机物商品作为基质，附于其上生长繁殖，直接破坏商品的质量，不仅营养成分损失、外观颜色变化、"长毛"并带有霉味，如果被含毒素的黄曲霉菌株污染，还会产生致癌的黄曲霉毒素。霉菌需一定条件才能生存、繁殖，除与商品上营养物质有关外，还与温湿度、日照、酸碱度等有关。多数霉菌是中湿性的，最适合生长的温度是20~30℃，是好氧性微生物，适宜在酸性、无光照的环境中生长。在不适宜的条件下，它的生命活动会被抑制，甚至被杀灭，故创造不适宜霉菌生存的条件是保证有机性商品品质安全的重要措施。

(2) 发酵。发酵是指多糖类的商品在无氧状态下受酵母菌、细菌等微生物作用而分解，生成其他物质的现象。含糖类的商品，特别是食品，具有酵解性，在酵母菌和酶的作用下易发生发酵分解。发酵既能造成食品变质，也是食品加工过程中的一个重要的方法，称为"发酵工程"，在食品发酵工业中被广泛应用。食品储存中常见的发酵有酒精发酵、醋酸发酵、乳酸发酵和酪酸发酵等。

① 酒精发酵：含糖分的食品(如水果、蔬菜、果汁、果酱、果蔬罐头等)在储存中发生酒精发酵后会产生不正常的酒味，水果、蔬菜在严重缺氧的条件下由于缺氧呼吸，也会产生酒味，这都表明它们的质量已发生变化。

② 醋酸发酵：某些食品因醋酸发酵可以完全失去食用价值，如果酒、啤酒、黄酒、果汁、果酱和果蔬罐头等。

③ 乳酸发酵：食品在储存中发生乳酸发酵不仅会使风味变劣，乳酸还会改变食品的pH，造成蛋白质凝固、沉淀等变化，如奶的凝固。

④ 酪酸发酵：酪酸发酵是食品中的糖在酪酸菌的作用下产生酪酸的过程。食品储存中因酪酸发酵产生的酪酸，会使食品带有令人讨厌的气味，如鲜奶、奶酪、豌豆等食品变质时就有这种酪酸气味。

引起微生物发酵的因素有水分、温度、pH、氧和光线等，其中水分和温度是微生物繁殖最重要的因素。防止食品在储运中发酵的方法是，注意卫生、密封及控制在较低温度下。

(3) 腐败、酸败。腐败主要是腐败细菌作用于富含蛋白质的食物而发生的分解反应，尤其是对含水量大和含蛋白质多的生鲜食品，最容易出现腐败。易发生腐败的动物性食物主要有肉类、禽类、鱼类、蛋品等，植物性食物中的豆制品也容易发生腐败。引起食品腐败的主要微生物是细菌，特别是那些能分泌体外蛋白质分解酶的腐败细菌。它们引起肉类等腐败变质，会随着环境条件、物理、化学等因素的不同而不同。肉的任何腐败阶段对人都是危险的，无论是参与腐败的某些细菌及其毒素，还是腐败形成的有毒分解物，都会引起人的中毒和疾病。对于易腐败的生鲜食品应控制在低温条件下，若长期储存则应采取冷藏。

酸败是指含有脂肪的商品在酸、碱、酶的作用下水解生成新的物质的现象。脂肪产生水解反应，甘油酯分解为甘油和脂肪酸，分解出的脂肪酸越多，越容易酸败。易于酸败的食品除食用油外，还有方便面、其他油炸类食品、花生等干果类。脂肪氧化酸败给食品在感官上造成的明显特点是产生一种难闻的哈喇气味，直接影响食品的味道，而且酸败所产生的醛、酮化合物会危害人体健康。如果食用酸败脂肪过多，轻者引起腹泻，重者还可能造成肝脏疾病。促使脂肪氧化酸败的因素有温度、光线、氧、水分、金属离子(铁、铜)以及食品中的酶等，因此，在储藏上采取低温、避光、隔绝空气、降低水分、减少与铁、铜等金属的接触可以起到延缓脂肪氧化酸败的作用。另外，食品中添加维生素 E 等天然抗氧化剂，也可以延缓脂肪氧化酸败。

(4) 虫蛀、鼠咬。仓库中害虫和鼠类对于商品的储存具有很大危害性，它们不仅是某些商品损耗的直接原因，还可能污染商品，甚至传播病菌。经常危害商品的仓虫有 40 多种，主要有甲虫类、蛾类、螳螂类、螨类等。仓虫与其他动物不同，一般具有较强的适应性，在恶劣环境下仍能生存，并且繁殖性强，繁殖期长，对温度、光线、化学药剂等外界环境的刺激有一定的趋向性，因此对商品储存造成了极大的危害。鼠类属于啮齿动物，在库房中常见的是小家鼠、黄胸鼠和褐家鼠三种。鼠类繁殖力强，一年可繁殖五六次，每次产八九只，一般寿命为 1~3 年。鼠类食性杂且具有咬啮特性，记忆力强，视觉、嗅觉和听觉都很灵敏，一般在夜间活动。对容易遭受虫蛀、鼠咬的商品，要根据商品性能和虫鼠生活习性及危害途径，及时采取有效的防治措施。

## 【案例分析 5-3】

### 水果、蔬菜保鲜方法

**1. 可食用的保鲜膜**

美国一家公司研究出一种能使切开的水果和蔬菜保持新鲜的新方法。研究人员利用干酪和从植物油中提取的乙酰单酸甘油酯制成了一种特殊的覆盖物，将这种透明、可食用、没有薄膜气味的薄片粘贴在切开的瓜果、蔬菜表面，可以防止脱水，防止水果变黑以及阻止微生物的侵入。

**2. 果蔬保鲜膜**

日本专家研制了一种一次性使用的果蔬保鲜膜，它是由两层透水性极强的尼龙半透明膜组成，两层之间装有渗透压高的沙糖浆。利用这种保鲜膜来包装瓜果、蔬菜，能缓慢地吸收从果蔬表面渗出的水分，从而达到保鲜目的。

**3. 可食用的水果保鲜剂**

英国一家公司研制出一种可食用的水果保鲜剂，它是由蔗糖、淀粉、脂肪酸和聚酯物调配成的半透明乳液，可采用喷雾、涂刷或浸渍的方法覆盖于苹果、柑橘、西瓜、香蕉和番茄等水果的表面，保鲜期可达 200 天以上。由于这种保鲜剂在水果表面形成了一层密封薄膜，故能阻止氧气进入水果内部，从而延长了水果熟化过程，起到保鲜作用。这种保鲜剂可以同水果一起食用。

**4. 水果保鲜包装箱**

日本一家造纸公司生产了一种水果保鲜包装箱。它是在瓦楞纸箱的瓦楞纸衬纸上加一层聚乙烯膜，然后再涂上一层含有微量水果消毒剂的防水蜡涂层，防止水果水分蒸发并抑制呼吸，以达到保鲜的目的。用这种包装箱包装水果可在一个月内使水果保持新鲜。

### 5. 电子保鲜机

法国制成了一种电子保鲜机，将这种机器放在果蔬储藏室，可使里面存放的水果和蔬菜在75天内鲜嫩如初摘。这种保鲜机利用高压负静电场产生的负氧离子和臭氧来达到保鲜目的。负氧离子可使果蔬进行代谢过程的酶纯化，从而降低果蔬的呼吸过程，减少果实催熟剂乙烯的生成；臭氧既是一种强氧化剂，又是一种良好的消毒剂和杀菌剂，能杀灭和消除果蔬上的微生物及其分泌的毒物，抑制并延缓有机物的分解，从而延长果蔬储存期。

### 6. 高温处理保鲜法

英国发明了一种鳞茎类蔬菜高温储藏技术，该技术利用高温对鳞茎类蔬菜发芽的抑制作用，将储藏室温度控制在23℃，相对湿度维持在75%。这样就可达到长期储藏保鲜的目的。据说，洋葱在这样的条件下可储藏8个月。

### 7. 减压处理保鲜法

日本研究出一种减压储存的果蔬保鲜技术，这种保鲜法主要是应用降低气压，配合低温和高温，并利用低压空气进行循环等措施，为果蔬创造一个有利的储存环境。储存室的低气压是靠真空泵抽去室内空气而产生的，低气压控制在100mm汞柱以下，最低为8mm汞柱。空气中的相对湿度是通过设在室内的增湿器来控制的，一般在90%以上。这种方法在抽气时减少了室内氧气含量，使果蔬的呼吸维持在最低程度，同时还排除了室内一部分二氧化碳和乙烯等气体，因而有利于果蔬长期储存。

### 8. 空运果蔬保鲜法

为了能使水果和蔬菜在空运过程中保持新鲜，美国一家公司发明了一种在包装箱里减少氧、增加氮含量，以使果蔬保鲜的新方法。该方法在空运中使用具有空调性能的新型包装箱，这种包装有一层特制的薄膜，薄膜纤维能够吸收氧分子，而让氮气通过。这样在空气通过薄膜进入包装箱后，箱内的氮气含量可高达98%以上，从而使果蔬的呼吸作用减慢，达到较长时间保鲜的目的。

### 9. 新型果蔬保鲜袋

美国一家公司推出了一种新型的果蔬保鲜塑料袋，它可延长水果、蔬菜的保鲜期，减少果蔬因熟化程度过快而造成的损失。这种包装袋用天然活性陶土和聚乙烯混合制成，犹如一个极细微的过滤筛。果蔬在熟化过程中产生的气体和水分可以透过包装袋，袋内不容易滋生真菌，从而可使果蔬的保鲜期延长一倍以上。

(资料来源：中国食品机械设备网，有改动)

问题：这些保鲜技术是怎样达到保鲜目的的？

# 任务三 商品养护

**任务提出**

小 A 终于知道即便是钢材这种商品，在储运期间也会发生质量变化，更不要说生鲜食品了。做好商品养护就是要让产品质量不受损，这样才能使公司获得更好的盈利。新任务又提出了：如何根据商品特性采取适宜的养护措施？

**背景知识**

商品在储运过程中，由于自身的物理、化学、生理、生化和微生物等性质的变化以及受各种外界因素的影响，就会产生这样或那样的变质和损耗，使商品在质量和数量上受到损失，这就需要在储运过程中对商品进行养护，以维护其质量，保证商品流通的顺利进行。可以说，商品储运是商品养护的必要条件，商品养护是商品储运的必然产物，有商品的储运就必然有商品养护。

商品养护是对储运商品实施的保养和维护的技术管理工作，是商品储运期间各种管理的中心环节。研究各类商品在不同储运环境条件下的质量变化规律，采取有效的技术措施和科学管理方法，控制不利因素，创造良好的储运环境条件，减少商品损耗，是商品养护工作的基本任务。

## 一、防霉腐的方法

商品在某些霉腐微生物的作用下，易引起商品生霉、腐烂或腐败的现象。因此，商品的防霉腐工作需根据微生物的生理特性，采取适宜的措施进行防治。

### 1. 药剂防霉腐

药剂防霉腐是利用化学药剂使霉腐微生物的细胞和新陈代谢活动受到破坏或抑制，进而达到杀菌或抑菌、防止商品霉腐的目的。防霉腐药剂的选用，应考虑低毒、高效、无副作用、价廉等原则，而且在使用时还必须考虑对人体健康有无影响及对环境有无污染等。工业品防霉腐药剂有三氯酚钠、水杨酸苯胺、多菌灵、洁尔灭、福尔马林等，常用于纺织品、鞋帽、皮革、纸张、竹木制品等；食品防霉腐药剂有苯甲酸及其钠盐、山梨酸及其钾盐等，常用于汽酒、汽水、面酱、蜜饯、果味露等食品的防霉腐。防霉腐剂的使用方法主要是，在生产过程中把防霉剂、防腐剂加入商品中，或把防霉剂、防腐剂喷洒、涂布在商品和包装物上，或喷散在仓库内，可达到防霉、防腐的目的。

【案例分析 5-4】

**苯甲酸钠和山梨酸钾**

苯甲酸钠是苯甲酸的钠盐。苯甲酸和苯甲酸钠的性状、防腐性能都差不多，在使用中多选用苯甲酸钠。苯甲酸钠大多为白色颗粒，无臭或微带安息香气味，味微甜，有收敛性；它是酸性防腐剂，在碱性介质中无杀菌、抑菌作用；其防腐最佳 pH 是 2.5～4.0，当 pH=5.0 时，5%的溶液杀菌效果并不是很好。苯甲酸钠亲油性较大，易穿透细胞膜进入细胞体内，干扰细胞膜的通透性，抑制细胞膜对氨基酸的吸收；进入细胞体内电离酸化细胞内的碱储(血浆 $NaHCO_3$ 称为碱储或碱储备)，并抑制细胞的呼吸酶系的活性，阻止乙酰辅酶 A 缩合反应，从而起到食品防腐目的。

苯甲酸及其钠盐是一种广谱抗微生物试剂，对酵母菌、霉菌、部分细菌作用效果很好。毒性试验表明，如按 0.06g/kg 添加，苯甲酸均无蓄积性、致癌、致畸、致突变和抗原等作用。但用量过多会对人体肝脏产生危害，甚至致癌。在日本，已经停止生产苯甲酸和苯甲酸钠，而且在进口食品中也有限制。苯甲酸钠与维生素 C 反应会生成苯(苯是致癌物质)，所以在果脯、果汁等富维 C 食品中使用苯甲酸钠是有害的。苯甲酸钠普遍存在于饮料中，所以我们应当在购买饮料的时候注意。

山梨酸及其钾盐是一种良好的食品防腐剂，为白色或微黄白色结晶性粉末，无臭或稍有臭味。本品在乙醇中易溶，在乙醚中溶解，在水中极微溶解。在西方发达国家的应用量很大，但在中国国内其价格高于苯甲酸及其钠盐，应用范围相对不广。目前较多地应用于食品、饮料、酱菜、烟草、医药、化妆品、农产品、饲料等行业中，从发展趋势看，其应用范围还在不断扩大。

山梨酸及其钾盐的毒性比苯甲酸盐小，其毒副作用只是苯甲酸盐的 1/4、食盐的 1/2，防腐效果比苯甲酸钠好，且更加安全。苯甲酸及其钾盐的优势是在空气中比较稳定，成本较低。但在密封状态下，山梨酸及其钾盐也很稳定。山梨酸钾的热稳定性比较好，分解温度高达 270℃。山梨酸及其钾盐也属酸性防腐剂，在接近中性(pH=6.0～6.5)的食品中仍有较好的防腐作用，而苯甲酸及其钾盐的防腐效果在 pH>4 时，效果已明显下降，且有不良味道。由于食品添加剂的添加量很小，并不会明显增加肉制品产品成本。因此，许多国家已经开始逐渐采用山梨酸及其钾盐替代苯甲酸及其钾盐。山梨酸及其钾盐在人体内的安全使用范围为每天每千克体重的使用量不超过 25 毫克。如果食品中添加的山梨酸超标严重，消费者长期服用，在一定程度上会抑制骨骼生长，危害肾、肝脏的健康。

(资料来源：根据网络资源整理)

问题：食品防腐剂该不该添加？怎样既延长储存期又能对健康无害？

### 2. 气相防霉腐

气相防霉腐是通过药剂挥发出来的气体渗透到商品中，杀死霉菌或抑制其生长和繁殖的方法。这种方法常用于工业品(如皮革制品等)的防霉腐，效果好，应用面广。常用的气相防霉腐剂有环氧乙烯、甲醛、多聚甲醛、环氧乙烷等。

注意事项：气相防霉剂应与密封仓库、大型塑料膜罩或其他密封包装配合使用，才能获得理想的效果；使用中要注意安全，严防毒气对人体的伤害。

### 3. 气调防霉腐

气调防霉腐是根据好氧性微生物需氧化代谢的特性，通过调节密封环境(如气调库、商品包装等)中气体的组成成分，降低氧气浓度，来抑制霉腐微生物的生理活动、酶的活性和鲜活食品的呼吸强度，达到防霉腐和保鲜的目的。即在密封条件下，采用缺氧(氧气浓度在5%以下)的方法，抑制霉腐微生物的生命活动，从而达到防腐的目的。气调防霉腐的主要方法有以下两种。

(1) 自发气调。自发气调是依靠鲜活食品本身的呼吸作用释放出的二氧化碳来降低塑料薄膜罩内的氧气含量，从而起到气调的作用。例如，维蔬乐纳米(果蔬)长时保鲜袋(膜)就是利用这种方法达到延长保鲜的目的。

(2) 机械气调。机械气调是真空抽气到一定程度，再充入氮气或二氧化碳气体，起到气调的作用。机械气调又可分为真空充氮防霉腐和二氧化碳防霉腐。前者是把商品的货垛或包装用厚度不少于 0.25～0.3mm 的塑料薄膜进行密封，用气泵先将货垛或包装中的空气抽到一定的真空程度，再将氮气充入；后者是从密封货垛中抽出少量空气，然后充入二氧化碳，当二氧化碳气体的浓度达到 50%时，即可对霉腐微生物产生强烈的抑制和杀灭作用。

气调防霉腐技术还需要适当低温条件的配合，广泛用于水果蔬菜的保鲜以及粮食、油料、肉及肉制品、鱼类、鲜蛋、茶叶等多种食品的保鲜。

## 【知识扩展】

### 气调储藏是一种先进的水果蔬菜保鲜方法

气调储藏，简称"CA"储藏，是一种先进的水果蔬菜保鲜方法。气调储藏实质上是在保鲜基础上增加气体成分调节，通过对储藏环境中温度、湿度、二氧化碳、氧浓度和乙烯浓度等条件的控制，抑制果蔬呼吸作用，延缓新陈代谢过程，较之普通冷藏能更好地保持果蔬的鲜度和商品性，延长储藏期和销售货架期。气调储藏能够最大限度地达到果蔬储藏最适宜的条件，其效果如下。

(1) 抑制呼吸作用，减少有机物质的消耗，保持果蔬优良风味和芳香气味。

(2) 抑制水分蒸发，保持果蔬新鲜度。

(3) 抑制病原菌的滋生繁殖，控制某些生理病害的发生，降低果实腐烂率。

(4) 抑制某些后熟酶的活性，抑制乙烯产生，延缓后熟和衰老过程，长期保持果实硬度，有较长的货架期。

(5) 果蔬在低氧环境中储藏，可抑制霉菌的生长及病虫害的产生，从而避免产生对人体有害的物质。

气调库在建筑结构及设备安装上比普通冷库有更高的要求，除要求具有良好的隔热性能外，还要求严格控制库内外气体交换，需要增设气密层和气密门，还要求配置系列的气调设备。在储藏保鲜技术方面也比普通冷藏库的要求高。

(资料来源：中国空调制冷网，有改动)

### 4. 低温防霉腐

低温防霉腐是利用低温(一般指15℃以下)抑制霉腐微生物繁殖和酶的活性,以达到防霉腐的目的。低温可以减弱鲜活食品的生理活动和生鲜食品的生物化学变化,降低水分蒸发速度和延缓食品化学成分的变化,能有效地防止微生物引起的食品质量变化。它不仅能够防霉腐,而且有利于减少食品消耗,保持食品的色、香、味,从而较好地保持食品原有的新鲜度、风味品质和营养价值。由于食品的种类、特性和储藏期限不同,采用的储藏温度也不一样。按储藏温度不同,可分为冷却储藏和冷冻储藏两种。

(1) 冷却储藏,又称冷藏法。储运温度控制在0~10℃,适用于不耐冰冻的商品,尤其是水分含量大的生鲜食品和短期储存的食品。食品的冷藏温度,要根据它们对低温的耐受程度,控制在适宜的较低温度,避免库温下降过低,导致"冷害"的发生。例如,香蕉适宜储藏的低温为12~18℃,番茄为10~12℃,若在10℃以下储藏,会使正常生理活动受到干扰,招致"冷害"。

(2) 冷冻储藏。储运温度控制在-18℃,具体做法是,先速冻,短时间内温度降至-30~-25℃,商品深层达到-10℃左右时,再移至-18℃左右的温度下存放,适用于长期存放或远距离运输的生鲜动物性食品。这种方法的特点是,冻结温度低、速度快,使冰晶生成速度大于细胞内水分向外扩散的速度;细胞内外水分几乎同时结冰,生成的冰晶细小,分布均匀,食品中的90%的水分被冻结在原来的位置。这样,速冻食品就不会像缓冻食品那样,因细胞内间隙的冰晶过大,造成细胞的机械损伤和破裂。解冻时也可减少汁液流失,容易恢复原状,更好地保持食品的原有品质。

### 5. 干燥防霉腐

干燥防霉腐是利用干燥或脱水措施降低商品的含水量,使其水分含量在安全储运水分之下,抑制霉腐微生物的生命活动,达到防霉的目的。商品经干燥后,由于水分减少,酶的活性受到抑制,细胞原来所含的糖分、盐类、蛋白质等稀溶液浓度升高,渗透压增大,导致微生物细胞脱水,繁殖受阻,甚至死亡。此法可较长时间保持商品质量,且商品成分的化学变化也较小。商品经干燥脱水后,体积和重量减小,还有利于运输。多数霉菌生长的相对湿度为70%~99%,在相对湿度低于65%的条件下,多数霉菌很难生长发育。按脱水手段不同,可分为自然干燥法和人工干燥法。

(1) 自然干燥法,是利用自然界的能量,如日晒、风吹、阴凉等,使商品干燥。该法广泛适用于原粮、干果、干菜、水产海味干制品、粉类制品等。

(2) 人工干燥法,是在人工控制环境的条件下对商品进行脱水干燥的方法,如热风干燥、喷雾干燥、真空干燥、冷冻干燥、远红外和微波干燥等。该法要使用一定设备、技术,故费用较高,耗能也较大,在应用上受到一定的限制。

### 6. 辐射防霉腐

辐射防霉腐是利用放射性同位素(钴-60、铯-137)产生的γ射线,辐射状照射商品,杀死商品上的微生物和害虫的方法。γ射线是一种波长极短的电磁波,能穿透数米厚的固体物,杀灭食品中的微生物，破坏酶的活性，抑制蔬菜、水果的发芽或后熟，对商品本身的营养价值并无明显影响。根据食品品种和储藏目的不同，辐射防霉腐使用的射线剂量有所区别，一般分为小剂量照射、中剂量照射和大剂量照射三种不同的照射剂量。

(1) 小剂量照射。平均照射剂量一般在1千戈瑞以下，主要用于抑制马铃薯、洋葱的发芽，杀死昆虫和肉类的病原寄生虫，延缓鲜活食品的后熟等。

(2) 中剂量照射。平均照射剂量范围在1～10千戈瑞，主要用于肉类、鱼类、水产、粮食、水果、蔬菜等食品的杀菌，对致病菌、害虫的杀灭力较强。

(3) 大剂量照射。平均照射剂量范围在10～50千戈瑞，主要用于冷冻肉类、鱼类、贝类的长期储藏，可彻底杀灭微生物、害虫。

目前辐射防霉腐的应用还不广泛，安全性还有待研究，特别是对食品辐射的安全还有争议，因此对辐射的剂量、时间、适宜的辐射条件要严格控制。

**7. 腌渍防霉腐**

腌渍防霉腐是利用食盐或食糖溶液产生高渗透压和低水分活度，或通过微生物的正常发酵降低环境的pH，抑制有害微生物的生长繁殖，进而达到防霉腐目的。为了获得食品更好的感官品质，保证食品卫生及营养价值，还常添加适当的调味品、香料、发色剂和抗氧化剂等物质。腌渍法主要有盐腌法、糖渍法和酸渍法。

(1) 盐腌法。盐腌法就是利用食盐的防腐作用来储藏食品的一种方法。食盐溶液具有很高的渗透压，可使微生物细胞发生强烈的脱水作用，导致质壁分离，生理代谢活动受到抑制，乃至停止生长或死亡。食盐溶液还具有较低的水分活度，不利于微生物生长，当食盐溶液饱和浓度达到26.5%时，细菌、酵母菌、霉菌都不能生长。不同的微生物对食盐的耐受力不同，多数杆菌不能在10%的盐溶液中生长，而酵母菌在10%的盐溶液、乳酸杆菌在12%～13%的盐溶液中仍可生存，霉菌必须在盐溶液浓度高达20%～25%时生长发育才会被抑制，所以盐腌制品易受酵母菌和霉菌的污染而发生变质。盐腌食品主要有腊肉、咸蛋、咸鱼、咸菜等。

(2) 糖渍法。食糖既可作为食品的甜味剂，又可作为糖渍食品(如果脯、蜜饯等)的保藏剂。食糖具有很强的吸水性，在水中溶解度很大，可使其溶液的水分活度降至0.85以下，并能达到很高的渗透压。高渗透压可导致微生物质壁分离，有效地抑制微生物的生长繁殖。糖渍食品的加糖量一般须在65%以上，才能获得比较好的储藏效果。高浓度的食糖溶液，还能降低氧在溶液中的溶解度，起到隔氧作用，因而可以防止维生素C的氧化，并且抑制嗜氧微生物的活动。

(3) 酸渍法。酸渍法主要是通过食品发酵自行产生有机酸或人为加入有机酸，降低环境pH，抑制微生物生长繁殖的一种储藏方法。细菌适宜生存在中性偏碱的环境，酵母菌和霉菌则适宜生存在微酸性的环境。因此，降低食品pH，使食品呈较强酸性，便可以抑制微生物生长繁殖，延长食品的储藏期。一般情况下，酸渍食品的pH低于4.5时，许多有害微生物便难以生长。食品酸渍可分为人工酸渍和微生物发酵酸渍两种。人工酸渍是人为地加入醋酸，降低食品的pH，主要用于蔬菜中酸黄瓜、酸蒜等食品的酸渍保藏。微生物发酵酸渍是利用乳酸正常发酵所产生的乳酸来保藏食品，常用于酸渍白菜、泡菜、酸奶等。

对于已发生霉腐的商品，为了避免进一步变化造成更大的损失，应及时采取措施救治，常用方法有晾晒、烘烤、熏蒸、机械除霉、加热灭菌等。当霉腐变质情况严重时，尤其是产生了较大的毒害物质，必须销毁，以免给他人造成人身伤害。

## 二、防治虫鼠的方法

储运中害虫的防治工作要贯彻"以防为主，防治结合"的方法。仓库一旦出现害虫，往往会迅速蔓延，造成很大损失。因此，必须采取预防措施，杜绝害虫的来源，抑制或消除适宜害虫生长繁殖的条件，防止仓库害虫的滋生。预防措施主要有：杜绝仓库害虫的来源；仓库要搞好清洁卫生与消毒工作；严格检查入库商品，防止害虫进入库内，并做好在库商品的经常性检查，发现害虫及时处理，以防蔓延。常采用化学、物理、生物等方法进行防治，具体方法如下。

### 1. 化学防治法

化学防治法是利用化学药剂直接或间接毒杀害虫的方法。优点是：彻底、快速、效率高，兼有防与治的作用。缺点：对人有害、污染环境、易损商品。因此，在粮食及其他食品中应限制使用。常用方法如下。

(1) 胃毒杀虫法。胃毒杀虫法也称为毒饵诱杀法，是指利用毒饵随食物进入虫体，通过胃肠吸收而使虫体中毒死亡的方法。可选择害虫喜爱的麦麸、米糠、油饼等做诱料，加入适量的杀虫药剂制成毒饵，用以诱杀害虫。例如，将诱料加热炒香，或加入少量的香葱共炒，再加入浓度为 0.1%的除虫菊酯或 0.5%～1%的敌百虫水溶液，使诱料吸附后晾干，将毒饵用纸摊开，放在商品堆空隙之间，过几天清除虫体一次。此法持续时间长，杀虫效果较好。

(2) 触杀杀虫法。触杀杀虫法是用杀虫剂进行空仓和实仓喷洒，直接接触虫体来毒杀害虫。常用的杀虫剂有敌杀死、敌敌畏、敌百虫等。除食品外，大多数商品都可以用来进行实仓杀虫或空仓杀虫。

(3) 熏蒸杀虫法。熏蒸杀虫法是利用液体和固体挥发出的剧毒气体杀死害虫的防治方法。常用的药剂有溴甲烷、磷化铝、二氧化硫、三氯硝基甲烷等。一般多用于毛皮库和竹木制品库的害虫防治。

(4) 驱避杀虫法。驱避杀虫法是将易挥发和刺激性的固体药物放入商品包装内或密封货垛中，以达到驱虫、杀虫目的。常用的有萘、樟脑精等。一般可用于毛、丝、棉、麻、皮革、竹木、纸张等商品的防虫，不可用于食品和塑料等商品。

### 2. 物理防治法

物理防治法是指利用各种物理因素(如热、光、射线等)破坏储运商品上的害虫的生理活动和机体结构，使其不能生存或繁殖的方法。物理防治法的主要方法有高、低温杀虫法，气调杀虫法，远红外线与微波杀虫法，射线照射杀虫法，高频介质电热杀虫法等。

(1) 高、低温杀虫法。高温杀虫法是利用高温暴晒(夏天日光直射温度可达50℃)、烘烤(一般温度为60～110℃)、蒸汽(温度为80℃左右)等产生的高温作用，使商品中的害虫致死的方法。高温下害虫体内水分大量蒸发，蛋白质发生凝固，破坏虫体细胞组织，最终导致害虫死亡。低温杀虫法是利用低温使害虫体内酶的活性受到抑制，生理活动缓慢，处于半休眠状态，时间过久会因为体内营养物质过度消耗而死亡。低温杀虫法主要有库外冷冻、库内通冷风、机械制冷、入库冷冻密封等。

(2) 气调杀虫法。通过充氮降氧的气调法，使容器内氧的浓度降到0.4%，则可杀死所有的害虫。另外也可充二氧化碳气体，同样可达到杀虫效果。

(3) 远红外线辐射杀虫法。利用远红外线辐射，不仅能使储存的商品干燥，而且还能有效地杀死其中的微生物、虫卵，达到杀虫的目的。

(4) 微波杀虫法。微波杀虫法是利用高频电磁场使虫体内水分等成分发生高频震动，分子间剧烈摩擦产生大量热能，使虫体温度达到60℃以上而死亡。此法处理时间短，杀虫效率高，无污染，但需要加强对人体微波辐射伤害的防护。

(5) 射线照射杀虫法。利用射线能有效地杀死商品中的害虫，而且商品中的有效成分基本没有变化，如药材牡丹皮、延胡索的储藏。

(6) 高频介质电热杀虫法。这是一种新的物理技术，如果将绝缘物质放在容器的金属片间，此种物质的分子会受两个金属片间交流电场变化而摩擦产生介质电热。电压越高，电场越强，摩擦频率就越高，产生的热能就越多，在温度50℃时只需50分钟、60℃时只需10分钟，就可以将害虫全部杀死。此法杀虫效率较高。

(7) 黑光灯诱杀法。利用鳞翅目仓贮害虫成虫(蛾类)的趋光习性，在库内或临近的地方，于5—9月份装置黑灯光，夜间开灯引诱害虫，使其扑灯坠水而淹死或集中处决。该法简单，成本低廉。

### 3. 生物防治法

生物防治法是指利用害虫的天敌(寄生物、捕食者、病原微生物)以及利用昆虫激素类似物来消灭害虫、诱集害虫或干扰成虫的交配繁殖等来防治害虫的方法。这种方法可避免化学杀虫的抗药性和环境污染问题，是一种有发展前景的杀虫方法。例如，人工合成的昆虫激素类似物有性信息素合成物、保幼激素合成物等。前者用于诱杀雄虫或使雌虫得不到雄虫的交配而产下不能孵化的未受精卵；后者可通过表皮或吞食进入虫体，破坏害虫的正常生长和发育，最终造成害虫的不育或死亡。

使用生物农药杀虫已成为更有效、无化学品污染的防治病虫害新理念。生物农药主要指自然界存在的、对农作物病虫害具有抑制作用的各种具有生物活性的天然物质，包括对这些物质进行开发所获得的、对环境安全友好、不易产生抗药性的生物制品以及各种抑制病虫害的真菌、细菌、病毒等病原微生物。主要特点是：以生物群治生物群；生物农药的生产成本稍高于化学农药，但减少了农药用量，又节约了成本；保护环境。

## 三、防锈蚀与防老化的方法

### 1. 防锈蚀方法

金属材料及其制品的电化学腐蚀,除金属本身的电位高低、成分结构的不均匀性外,主要取决于金属表面电解液膜的存在。因此,防止金属商品锈蚀的方法,都是围绕如何避免这层电解液膜的形成来进行的。在生产部门,常采用的方法是在金属商品表面涂覆保护层,如电镀、喷漆、搪涂等,把金属与促使金属腐蚀的外界环境因素隔离开,从而达到防腐蚀的目的。在储存过程中采用的方法,大体有涂油防锈、气相防锈和可剥性塑料封存防锈等。

(1) 涂油防锈。涂油防锈是在金属表面涂覆一层油脂薄膜,在一定程度上使大气中的氧、水分以及其他有害气体与金属表面隔离,从而达到防止或减缓金属制品生锈的方法。特点:随着时间的推移,防锈油会逐渐消耗,或由于防锈油变质,使金属商品又有重新生锈的危险,故属于短期防锈法。按防锈油形成膜的性质可分为软膜防锈油、硬膜防锈油和油膜防锈油等。常见的软膜防锈油有 201 防锈油、201 防锈脂、仪器防锈油等。常见的硬膜防锈油有 1 号溶剂稀释型防锈油、649 防锈油、干性硬膜防锈油、松香煤油防锈油等。其他防锈油脂有凡士林、黄蜡油、机油等。

(2) 气相防锈。气相防锈是利用挥发性气相防锈剂在金属制品周围挥发出缓蚀气体,来阻隔空气中的氧、水分等有害因素的腐蚀作用,以达到防锈目的的一种方法。特点:使用方便、防锈期长、使用范围广泛、不污染商品及其包装。适用于结构复杂或带有孔缝、不易被其他防锈涂层保护的金属制品以及仪表仪器。常用的气相防锈剂有亚硝酸二环己胺、碳酸环己胺、肉桂酸二环己胺、肉桂酸、乙二酸二丁醋和福尔马林(甲醛)等。

(3) 可剥性塑料封存防锈。可剥性塑料是用高分子合成树脂为基础原料,加入矿物油、增塑剂、防锈剂、稳定剂以及防腐剂等加热溶解后制成的。它有热熔型和溶剂型两种,前者加热熔化后,浸涂于金属商品表面,冷却后能形成一层膜层;后者用溶剂溶解后,浸涂于金属商品表面,待溶剂蒸发后能形成一层膜层。常用树脂有乙基纤维素、醋酸丁酸纤维素、聚氯乙烯树脂、过氧乙烯树脂、改性酚醛树脂等。防锈原理:这种塑料喷涂于金属制品的表面形成可剥落的一层特殊的塑料薄膜,可阻隔腐蚀介质对金属制品的作用,达到防锈目的。这种方法的防锈期比较长。

### 2. 防老化方法

防老化是根据高分子材料性能的变化规律,采取各种有效措施以减缓其老化的速度,达到提高材料的抗老化性能、延长其使用寿命的目的。影响高分子材料的老化有内因和外因两种。

(1) 影响高分子材料老化的内因主要是:材料内部结构存在着易引起老化的弱点,如不饱和的双键、大分子上的支链等;其他组分对老化有加速作用,如增塑剂会缓慢挥发或促使霉菌滋生,硫化剂用量增多会产生多硫交联结构从而降低橡胶制品的耐氧化能力等;杂质使耐老化性能降低，其来源是单体制造、聚合时带入，或配合剂带入；成型加工条件也会影响耐老化性能，如加工时温度等的影响，使材料结构发生变化。根据影响商品老化的内因，采取的防老化措施主要有：材料改性，通过引进几种有机物与高分子材料共聚、改进聚合工艺、减少不稳定因素或除去各种杂质以及后处理等，都可以提高高分子材料的耐老化性能；添加防老剂，可以改善高分子材料的加工性能，抑制光、热、氧、臭氧、重金属等外界因素的破坏作用，提高材料的耐老化性能；物理防护，在高分子材料的表面覆盖保护层(如漆、胶、塑料、油等)，避免直接受到外界因素的作用，以减缓材料的老化。其中，在制品中添加防老化剂是当前国内外防老化的主要途径，防老化剂主要种类有抗氧剂、紫外线吸收剂、热稳定剂等。

(2) 影响高分子材料老化的外因主要有：温度、湿度、阳光、氧气(特别是臭氧)等，此外昆虫的排泄物等也会加速老化。根据高分子材料的质量变化规律，在储存过程中主要是控制环境因素，尽量消除或减少影响高分子材料老化的不利因素，减缓高分子材料的老化时间与速度，保证高分子材料在储存期间的质量安全。根据影响商品老化的外因，通常采用的措施主要包括：加强仓库温湿度管理；根据不同类型高分子商品的特性，合理堆码；保持商品包装的清洁、完整，以减少外界因素的作用；加强商品入库验收，发现不合理的包装或有问题的商品，应及时采取相应的防治措施；库房应清洁、干燥、凉爽，门窗玻璃应刷上白色，以避免阳光直射，不与油类、腐蚀性商品、含水量大的商品同库存放等。

# 工作训练营

一、名词解释

商品包装　　运输包装　　商品包装标志　　商品储运　　商品养护

二、判断题

1. ☠ 表示该商品是"毒性气体"，属于危险品标志。　　　　　(　　)
   (符号为黑色，底色为白色)

2. 集装箱不适合装颗粒状或粉末状货物。　　　　　　　　　(　　)

3. 包装储运图示标志一般应避免采用红色、橙色或黄色，以避免同危险品标志相混淆。
   　　　　　　　　　　　　　　　　　　　　　　　　　　　(　　)

4. 精密仪器和纺织服装都适宜使用缓冲包装。　　　　　　　(　　)

5. 销售包装具有保护商品的作用。　　　　　　　　　　　　(　　)

6. 商品串味属于化学变化。　　　　　　　　　　　　　　　(　　)

7. 胃毒杀虫法是化学杀虫法的主要方法之一。　　　　　　　(　　)

8. 糖渍食品易于储藏，因此含糖类的食品，不容易发酵分解。(　　)

9. 乳酸杆菌在12%～13%的盐溶液中便不能生存。　　　　　(　　)

10. 酸败是含蛋白质的商品产生的水解反应。　　　　　　　　　　　　(　　)
11. 食品防腐剂中，苯甲酸钠的毒性大于山梨酸钾，应尽量少用。　　(　　)
12. 气相防霉腐方法可用于食品的防霉腐。　　　　　　　　　　　　(　　)
13. 塑料防老化最有效的措施是添加防老化剂。　　　　　　　　　　(　　)

### 三、选择题

1. 在包装材料的限塑时代，(　　)因其成本低、无污染、可回收而备受青睐。
   A. 纸质材料　　　　B. PE材料　　　　C. 金属材料　　　　D. 木材原料
2. 商品包装的容纳功能所起的作用主要是(　　)。
   A. 保护商品　　　　B. 形成商品　　　　C. 促销商品　　　　D. 消费商品
3. 销售包装已成为商品的无声推销员，体现了商品包装的(　　)。
   A. 保护功能　　　　B. 容纳功能　　　　C. 便利功能　　　　D. 促销功能
4. 真空包装和充气包装是商品销售包装的(　　)。
   A. 材料要素　　　　B. 造型要素　　　　C. 技法要素　　　　D. 装潢要素
5. 下列对标志"⚠"说法正确的是(　　)。
   A. 识别标志　　　　B. 指示标志　　　　C. 向上标志　　　　D. 危险标志
6. 标志图"花"属于(　　)标志。
   A. 收发货　　　　　B. 储运图示　　　　C. 危险货物　　　　D. 集合
7. 我国国家标准把危险货物分为(　　)。
   A. 三大类　　　　　B. 五大类　　　　　C. 九大类　　　　　D. 十二大类
8. 林教授定期在家中的钢琴琴箱(木质)底部放瓶水，原因是防止琴箱(　　)。
   A. 霉变　　　　　　B. 氧化　　　　　　C. 干缩裂　　　　　D. 老化
9. 仅仅改变商品本身的外部形态，不改变商品性质的变化属于(　　)。
   A. 物理变化　　　　B. 化学变化　　　　C. 生理变化　　　　D. 生物变化
10. 在储运过程中，(　　)环境最易使商品霉腐。
    A. 低温低湿　　　　B. 高温低湿　　　　C. 高温高湿　　　　D. 高温低氧
11. 以(　　)为主要成分的商品易发生老化。
    A. 单质　　　　　　B. 无机物　　　　　C. 有机物　　　　　D. 高分子化合物
12. 金属制品发生腐蚀虽使其表面变暗但其内部并未被破坏的是(　　)。
    A. 物理锈蚀　　　　B. 化学锈蚀　　　　C. 电化学锈蚀　　　D. 无此现象
13. 家畜肉在(　　)阶段具有特殊鲜香味且易消化吸收。
    A. 僵直　　　　　　B. 成熟　　　　　　C. 软化　　　　　　D. 腐败
14. 果实的呼吸强度以(　　)最大。
    A. 柑果类　　　　　B. 仁果类　　　　　C. 浆果类　　　　　D. 核果类

四、实训题

**1. 技能题**

(1) 商品包装的主要作用是什么？销售包装和运输包装的侧重点在哪里？鲜牛奶与啤酒的销售包装在选材上有何异同？

(2) 塑料等高分子材料老化的主要现象有几种？影响其老化的内因和外因主要是什么？储存过程中怎样做好防老化工作？

**2. 实践题**

(1) 去新鲜肉制品店观察所卖肉制品的新鲜程度，询问商家采用何种办法来延长鲜肉制品的储存期。总结鲜肉制品在储存过程中的质量变化有哪些？如果你是肉店的负责人，你会怎样延长鲜肉制品的储存期？

(2) 去几个果蔬店考察新鲜果蔬在贩卖过程中的质量变化和价格策略。思考果蔬在储存过程中会发生哪些质量变化？如何针对其特性延长果蔬的保存时间？举例说明。

(3) 收集一些商品包装，试分析哪些是销售包装，哪些是运输包装，并针对性地分析包装技法是什么？对商品的保护是怎样的？

# 项目六　商品识别实务

**学习要点**
- 食品的营养成分与生理功能。
- 食品安全与卫生。
- 酒类和茶叶的品种、特征及感官评价。
- 服装制品、塑料制品、洗涤用品的种类、特性、质量要求和鉴别。

**技能目标**
- 正确看待食品营养,能够初步进行合理的膳食推荐。
- 能够运用所学知识和方法对日常经营的商品进行质量评价、储藏管理。
- 能够运用所学知识进行相关商品的选购和养护。
- 初步具备相关商品的经营技能和咨询服务能力。

### 任务提出

学习商品的基础知识后,需要对一些日常使用商品有一定的具体了解,并熟悉食品营养与安全、茶叶、酒类、服装制品、塑料商品以及洗涤用品的具体特性、种类以及质量要求是怎样的,如何利用其特性进行营销拓展与应用。

### 背景知识

## 任务一　食品营养与安全

### 【营销拓展】

#### "零添加"使得酱油行业新贵崛起

酱油是一种历史悠久的调味品,也是人们日常生活中必不可少的调味品之一,在我国和东南亚都有着广阔的消费市场。近些年,随着人们生活水平的提高,食品安全问题越来越受重视,对酱油产品的要求也越来越高。2011年"化学酱油"事件引发了社会、媒体的高度关注,使得酱油行业呈现出绿色天然化、营养健康化的总体发展趋势。为迎合市民"天然食品"的需求,不少酱油企业开始推出主打"零添加"的高端酱油,即不使用味精、防腐剂、香精香料等食品添加剂成分。

调味品很多都是高度同质化的,许多企业感觉生意越做越累,酱油行业的地方中小企业都非常"害怕"海天、李锦记、厨邦等大企业。前些年低端竞争引致化学酱油一类的食品安全危机,在致癌酱油引发国人注意的同时,国内的酱油市场逐步进入了一个群雄逐鹿的时代。千禾、御豪、尧记酱道等名不见经传的酱油企业的产品悄然摆上柜台,而且一个个包装精美,价格不菲。新的诉求点多是"有机酱油""古法酿造""头道原香""不含防腐剂"……习惯了六元至八元一瓶的老百姓,一下子惊呆了,一瓶酱油动辄二三十元,甚至标价还有上千元一瓶的酱油。不禁感叹:居然酱油也要吃不起了!

看看标签,"零添加"赫然醒目,无防腐剂、无添加剂。有的厂家还把细目写上(见图6-1),让消费者看得清清楚楚。配料标示为:水、非转基因黄豆、小麦、食用盐;氨基酸态氮含量大于或等于1.1g/100mL或1.2g/100mL。配料表上很多化学名词不见了,含氮量也提高了,让人看着很放心。拿千禾来说,也有十几元一瓶(500mL)的亲民价格,头道原香180天,含氮量大于或等于1.1g/100mL,配料中还不含添加剂,这价格海天酱油中也要有一两种添加剂的,使得消费者在不认识千禾的情况下,也对其"一见钟情"。

图6-1 千禾酱油的"零添加"

据调查,全国有数十个地方乃至全国性的酱油知名品牌,市场竞争相当激烈。比较知名的酱油企业有海天、李锦记、美味鲜、味事达、加加、东古、欣和等。从市场销售来看,真正具有完善的国内销售网络的只有海天和李锦记两家企业。美味鲜、味事达、加加、东古和欣和等,目前只有局部完善的市场网络,但占尽局部市场的优势。

在宁波市场,美味鲜每年能销售两个多亿;在潮汕地区,味事达每年也是销售两个多亿;而在东北市场,东古遥遥领先;在山东和江浙等市场,欣和表现不俗,每年销售8个多亿,而且在上海占据酱油市场第二把交椅;加加酱油在广西、河南、湖南、四川和安徽等市场的销售业绩也不错,尤其在广西和河南,每年一个省能销售1个多亿。除了这些强势酱油企业外,目前国内还有一些品牌和质量都不错的酱油企业,比如广州的致美斋、湖南的龙牌、河北的珍极等。如此看来,中国的酱油市场真是繁花似锦,竞争之激烈有目共睹。

后来者因资金有限，品牌号召力不强，低端竞争又根本无法壮大，新贵们的崛起都不约而同地抓住了"零添加"的大旗，打造高端酱油品牌。

### 1. 御豪

2006年起家的御豪企业，是一家专业生产与经营各类高品质调味品、食品与饮料的现代化民营科技食品企业。御豪借鉴了先进的"古法酿黑豆酱油"概念，以健康、有机、绿色为产品的宗旨，坚守千年古法工艺陶瓷缸酿晒，不创新、不改良、不添加，全力打造御豪黑豆酱油国内知名品牌。公司实行全项目检测，不添加任何食品添加剂，严格按照国家食品生产许可和ISO9001质量管理体系进行生产管理和销售。天猫超市一瓶500mL的黑豆原酿酱油促销价是30元，配料标示的防腐剂、添加剂一个都不少(见图6-2)，可是销量依然不错。

图6-2 御豪黑豆原酿标示

公司目前提出了更高的要求，要把御豪黑豆酱油打造成中国市场上的绝佳酱油。在酿造过程中，要求酱油无盐固形物含量高，自身的防腐能力强，总酸(有机酸)成分高，pH在4.5～5.0，抑制微生物生长，食盐含量控制在17%左右。同时，严格科学管理，层层把关，环环紧扣，采用骤冷骤热灭菌工艺，确保质效。公司的广告语为："坚守千年古法，传统工艺，瓦缸生晒，日晒夜露365天，黑豆酿造，零添加，纯天然一缸酱油。"这就是了不起的黑豆酱油——"零添加"。也许天猫超市促销的30元一瓶的酱油并不在此列中，而千元酱油的配料表也无颜一见。但是，这都不影响御豪品牌的大旗竖起来。

### 2. 尧记

成立于2012年的尧记酱道，宣传、价格、配料都很"实在"。秉承千年古法工艺(该工艺获得国家发明专利)，只选用黄豆(高蛋白非转基因)、面粉(非转基因)、精盐和水4种优质原料，采用古法"零添加"纯酿工艺，不使用添加剂，呈献传统而真实的东方味道。这个出自福建的企业，甚至还"弘扬中华养生酱文化"，把酱油提到了与福建茶文化一样的高度。京东上，一瓶330mL的尧记零添加酱油卖到59元。配料标示如图6-3所示。

图 6-3 尧记零添加酱油标示

**营销思考：**
1. 酱油行业的新贵们为什么能在高端酱油的市场中获得一席之位？
2. 为什么"零添加"的诉求点能打动消费者？
3. 酱油行业的领先者该如何守住已有的市场？试从食品营养与卫生的角度阐述你的观点。

## 一、食品营养

人体为了维持正常的生命活力，需要的营养成分很多，多数不能由人体合成和制造，需要从食物中摄取。这些成分是研究食品质量、营养价值和食品储藏的重要依据，还是维持人体健康和延长人类寿命的关键因素。食品中的营养成分主要是糖类、蛋白质、脂肪、维生素、矿物质和水。

### 1. 糖类

糖类是指人体从食物中取得热量的主要来源，也是取得热量的最经济来源，同时还是构成食品甜味的主要物质。糖类的分子由 C、H、O 三种元素组成，且 H：O＝2：1，与水的组成相同，故又称为碳水化合物。

1) 糖的分类

糖类按其分子结构可分为单糖、双糖和多糖三大类。

(1) 单糖。分子结构最简单且不能水解的糖类，不经消化过程就可被人体直接吸收利用，以葡萄糖、果糖、半乳糖对人体最为重要。甜味的强弱依次是：果糖＞葡萄糖＞半乳糖。

(2) 双糖。由两个分子的单糖缩去了一个水分子后得到的化合物，水解后能生成两个分子的单糖。需经过酸和酶的作用分解成单糖后才能被人体吸收利用，常见的有蔗糖、麦芽糖、乳糖。甜味的强弱依次是：蔗糖>麦芽糖>乳糖。

(3) 多糖。由若干单糖分子脱去水缩合而成的高分子化合物，一般不溶于水，无甜味。在酸和酶的作用下水解为单糖。有能被人体消化吸收的多糖，如淀粉、糊精、糖原等；也有不能被人体吸收的多糖，如纤维素、半纤维素、果酸等。例如，在剧烈运动消耗大量血糖时，肌糖原需要分解供能，但肌糖原不能直接分解成葡萄糖，必须先分解产生乳酸，乳酸经血液循环到达肝脏，再在肝脏内转变为肝糖原或分解成葡萄糖，供人体吸收。

2) 糖类的主要营养价值与生理功能

(1) 人体最重要的能量物质。糖是人体内最主要的供能物质，人类膳食中，特别是植物性食品为主的膳食中，糖类所占的比例最大。它是最易获得，也是较为经济的热能来源。

(2) 对蛋白质的节约作用。如果膳食中糖类含量不足，无法满足人类活动所需的热能，就会动用一部分蛋白质氧化供能。如果糖类含量充足，人体所需的热能由糖类提供，就能节约蛋白质的消耗。

(3) 参与人体某些组织的构成。糖类也是构成人体某些组织的成分。例如，血液中含有一定数量的血糖(即葡萄糖)，若血糖含量不足，脑神经得不到足够的养分，容易出现昏迷和休克；肌肉和肝脏中含有糖原，它是动物的糖储存库，也可看作体内能源库；在其他大部分组织中，如心肌、肾脏、脑等，也含有少量糖原。有些糖类物质还是抗体、酶和激素的组成部分，参与机体代谢，维持正常的生命活动。此外，人体细胞核中的核糖、细胞膜中糖蛋白、脑神经细胞的糖脂，也都有糖类物质参与其组成。

(4) 抗生酮作用。当膳食中糖类严重不足，人体主要依靠脂肪氧化供热。脂肪分解的产物会产生酮类，造成中毒，引起人体疲乏、恶心、呕吐及呼吸浅而快，严重者还会导致昏迷。如果糖类充足，机体就不会过度动用脂肪，"酮症"就不会发生。

(5) 食物纤维的特殊功能。食物纤维虽然在体内不能被消化，但对肠壁的刺激能引起肠壁收缩蠕动，促进消化液分泌，帮助消化，防止便秘的发生；食物纤维能吸收较多的水分，有利于营养成分的吸收；食物纤维还能减少血液中胆固醇的含量，降低心血管病的发病率。此外，食物纤维能促使人体内代谢产生的毒质——粪便快速排出体内，减少有毒物质的积累和与肠壁接触的时间，从而防止或减少疾病的发生。

### 2. 蛋白质

蛋白质是构成生命的基础物质，它是一种高分子化合物，由 C、H、O、N、S 等元素组成。氮的比例一般为 16%，故又称为含氮物，其水解后的最终产物为氨基酸。构成蛋白质分子的氨基酸种类主要有 20 种，多数能在人体内合成。但是约 8 种(婴儿 9 种)氨基酸无法在人体内合成或转化，需要从食物中摄取，如果缺乏会影响肌体的正常发育，被称为人体必需氨基酸，主要有色氨酸、赖氨酸、苯丙氨酸、亮氨酸、异亮氨酸、苏氨酸、蛋氨酸、缬氨酸(婴儿外加组氨酸)。

1) 蛋白质的分类

(1) 按蛋白质中所含氨基酸的不同，可分为完全蛋白质、半完全蛋白质和不完全蛋白质三类。

① 完全蛋白质，含人体所需的全部必需氨基酸，且各种氨基酸的比例适当，符合人体需要的蛋白质。此类蛋白质可维持身体健康和促进生长发育，如乳、蛋、大豆、瘦肉、鱼、虾等中所含的蛋白质。

② 半完全蛋白质，含人体所需的全部必需氨基酸，但含量不均，相互比例不合适。此类蛋白质只能维持生命，不能促进人体的正常生长发育，如麦、米、马铃薯、干果等中所含的蛋白质。

③ 不完全蛋白质，所含必需氨基酸种类不全的蛋白质，若只摄入此类蛋白质，则会危及健康，如玉米、豌豆、肉皮、蹄筋、鱼翅等中的蛋白质。

(2) 按蛋白质分子组成不同，可分为单纯蛋白质和结合蛋白质两类。

① 单纯蛋白质，是指水解时只产生氨基酸的蛋白质，如清蛋白、球蛋白、谷蛋白、精蛋白、硬蛋白、醇溶谷蛋白等。

② 结合蛋白质，是指水解除了产生氨基酸外，还产生其他化合物的蛋白质，如核蛋白、磷蛋白、脂蛋白、糖蛋白、色蛋白等。

2) 蛋白质的主要营养价值与生理功能

蛋白质有丰富的营养价值，为人体提供相应的生理功能，具体情况如下。

(1) 构造人体的细胞组织。蛋白质是一切生命的物质基础，是机体细胞的重要组成部分，是人体组织更新和修补的主要原料。人体的每个组织——毛发、皮肤、肌肉、骨骼、内脏、大脑、血液、神经、内分泌等都是由蛋白质组成，所以说饮食造就人本身。蛋白质对人的生长发育非常重要，没有蛋白质就没有生命。

(2) 维持肌体正常的新陈代谢和各类物质在体内的输送。蛋白质是人体内物质运输的载体，对维持人体的正常生命活动至关重要。例如，血红蛋白能输送氧和二氧化碳，脂蛋白能输送脂肪、细胞膜上的受体，转运蛋白能运输许多小分子和离子，血浆蛋白能把服用的药物输送到体内各部分组织中，等等。

(3) 增强人体抵抗力。当病原微生物和毒素入侵人体后，会刺激肌体的免疫系统，经过一系列复杂的反应，有关细胞会分泌免疫球蛋白，称之为抗体。抗体可以存在于血清中，也可以存在于消化道或呼吸道的分泌液中，它是人体中具有重要保护作用的蛋白质，能增强人体抵抗力。此外蛋白质还参与构成各种免疫细胞，如白细胞、淋巴细胞、巨噬细胞等，与各种免疫球蛋白[如抗体、补体、干扰素(抗病毒蛋白质)等]一起形成一支免疫部队。当蛋白质充足时，这支部队就很强，在需要时，数小时内可以增加100倍。

(4) 构成人体必需的催化和调节功能的各种酶。酶是由生物活细胞产生的，是具有催化活性的特殊蛋白质。我们身体中有数千种酶，每一种只能参与一种生化反应，而人体细胞里每分钟要进行一百多次生化反应。酶有促进食物消化、吸收、利用的作用。相应的酶充足，反应就会顺利、快捷地进行，我们就会精力充沛，不易生病；否则，反应就会变慢或者被阻断。

(5) 合成激素的主要原料。激素是人体内分泌腺产生的一类生物活性物质，可以直接进入血液和淋巴液，作用于全身，对促进人体发育、调节生理活动与物质代谢等方面起决定性作用。有些激素属氨基酸类和蛋白质类，例如，胰岛素是由51个氨基酸分子合成；生长素是由 191 个氨基酸分子合成。

(6) 控制遗传信息。决定人类遗传的物质基础是染色体，染色体的主要成分是由蛋白质和核酸组成的核蛋白。传递遗传信息的物质是脱氧核糖核酸，核蛋白体根据 DNA 的指令，把各种不同的氨基酸按照一定的顺序和空间结构组合成新的蛋白质。因此，蛋白质是人类能够代代相传的物质基础。

(7) 肌肉的收缩和松弛。人体内各种脏器的活动和一切机械运动，如心脏跳动、肺脏呼吸、胃肠蠕动、血管舒张、肢体运动等，都是通过肌肉的收缩和松弛来实现的，而肌肉的收缩和松弛，取决于肌肉中肌动蛋白和肌球蛋白这两种蛋白质的结合与分离。

(8) 结缔组织的特殊功能。人体中以胶原蛋白为主体的结缔组织，占身体蛋白质的 1/3，是皮肤、肌腱、韧带、毛发、指甲、血管等的主要成分，广泛散布于细胞之间，组成各器官的胞膜及组织间隔，对于调节人体细胞外液的化学组成，维持细胞代谢的动态平衡，保持器官组织的正常形态及润滑、防御病菌和毒素的入侵，促进创伤的愈合，决定皮肤的弹性，保护大脑(在大脑脑细胞中，很大一部分是胶原细胞，并且形成血脑屏障保护大脑)等具有重要作用。

(9) 产生热量、提供营养。当糖类和脂肪这两种能源物质的摄入量不足，或者人体急需热能又不能及时得到满足时，蛋白质也能氧化产生热能供肌体需要。蛋白质的营养作用在饥饿环境下显得特别重要，此时肌体可以利用自身的蛋白质，特别是肌肉中的蛋白质，来产生能量以维持生命活动。如果在膳食中摄入的蛋白质超过人体的需要量时，多余的部分则在体内分解，提供热能或转变为糖原和脂肪储存在体内，作为肌体的能源储备物质。如果人体中蛋白质缺乏，可以导致全身浮肿、皮肤干燥病变、头发稀疏脱色、肌肉重量减轻等病症。

3) 蛋白质的"互补作用"原则

一般来说，动物性食品比植物性食品含有完全蛋白质多，但从一种食品中获得所需的全部蛋白质是不可能的，为了获得完全蛋白质，保证肌体功能所需，必须发挥蛋白质的"互补作用"，即将两种以上食物混合或先后(间隔不超过 5 小时)食用，则食物中的蛋白质可以相互补充所缺乏的或含量不足的氨基酸，从而提高混合食物中蛋白质的营养价值。

发挥蛋白质"互补作用"的原则是：食物的种类要多；食物的种属越远越好，如荤素搭配比单纯素食好；最好混合食用，先后食用时间间隔要短。

### 3．脂肪

脂肪是一种高能量的营养成分，也是人体重要的组成部分，主要是由 C、H、O 元素化合而成的高分子物质，部分还含有 N、P 等元素。脂肪在多数有机溶剂中溶解，但不溶解于水。脂肪的消化特性是：脂肪熔点低于人体体温，则易吸收，反之则难吸收；脂肪熔点越低，消化率越大。脂肪是由甘油和脂肪酸组成的三酰甘油酯，其中甘油的分子比较简单且对人体无营养价值，而脂肪酸的种类和碳链长短却不相同，对人体有用。

1) 脂肪酸分类

根据脂肪酸碳链上是否含有双键，可将脂肪酸分为饱和脂肪酸和不饱和脂肪酸。

(1) 饱和脂肪酸，其碳链上不存在不饱和双键，性能较为稳定。含饱和脂肪酸较多，常温下呈固态，称为脂，多为动物脂肪。碳链上碳原子的数目在10个以上，称为高级饱和脂肪酸；碳链上碳原子的数目在10个以下，称为低级饱和脂肪酸。

(2) 不饱和脂肪酸，其碳链上存在一个至若干个不饱和的双键，性能不稳定。含不饱和脂肪酸较多，常温下呈液态，称为油，多为植物油。不饱和脂肪酸的营养价值高于饱和脂肪酸，又分为单不饱和脂肪酸和多不饱和脂肪酸。

① 单不饱和脂肪酸含一个双键，如油酸，其含量较高的有橄榄油、菜籽油、玉米油、花生油等。玉米油、橄榄油可作为这种脂肪酸的重要来源，较稳定，耐高温。人体需要的脂肪酸中，以单不饱和脂肪酸的需要量最大。

② 多不饱和脂肪酸含有两个或两个以上双键，必须从植物中获取，如亚油酸、亚麻酸等，其含量较高的有葵花油、粟米油、大豆油等植物油和海洋鱼类中含的脂肪。多不饱和脂肪酸最不稳定，在油炸、油炒或油煎的高温下，最容易被氧化变成毒油。多不饱和脂肪酸还是人体细胞膜的重要原料之一，在细胞膜内也有机会被氧化，被氧化后，细胞膜会丧失正常机能而使人生病。

## 【案例分析6-1】

### 植物奶油和动物奶油

**1. 植物奶油**

经常吃蛋糕甜点的人都会听过"植物奶油"一词，也就是许多蛋糕房使用的植脂奶油、人造奶油。人们认为植物的就是天然的，更健康，因此很多商家喜欢使用植物奶油的名称。实际上，植物奶油是一种人工合成品，主要成分是反式脂肪酸，添加乳化剂、稳定剂、蛋白质、色素、香精等辅料。与反式脂肪酸概念相同的名称多种多样，有人造脂肪、人工黄油、人造奶油、人造植物黄油、食用氢化油、起酥油、植物脂末等。

由于植物油有不易保存的问题，1869年美国人发明了人造植物性氢化油，1910年氢化植物油商品——植物奶油上市，它能改善食品内部组织，增香脂肪，使口感细腻、润滑、厚实，人们用其抹面包、做蛋糕、曲奇饼、饼干、面包、炸薯条、炸鸡块等。咖啡伴侣"植脂末"是以植物奶油为原料生产的，具有良好的溶解性、乳化分散性，更富"奶味"，用来替代奶粉或减少奶粉的用量，添加在奶制品、冰激凌、含乳饮料和咖啡伴侣中，或用来做奶油糖、奶茶、奶昔和热巧克力等，但是植脂末本身没有一点奶制品成分。

油脂氢化的基本原理是在加热植物油时，加入金属催化剂(镍系、铜-铬系等)，通入氢气，使不饱和脂肪酸分子中的双键与氢原子结合成为饱和或半饱和脂肪酸，结果产生反式脂肪酸，使油脂的熔点升高(硬度加大)，获得的油脂与原来的性质不同，呈固态，可凝固，且不易腐坏。因加入氢气，因此叫作"氢化油"或"硬化油"，其过程叫作"氢化"。研究表明，氢化油对健康主要有四个方面的危害：①增加血液黏稠度和凝聚力，促进血栓形成；②提高低密度脂蛋白胆固醇，促进动脉硬化；③增加糖尿病的发病率；④影响婴幼儿和青少年正常的生长发育，并可能对中枢神经系统发育产生不良影响。氢化油会产生大量反式脂肪酸，一般的脂肪7天就可代谢完，而反式脂肪50天才可以代谢，这就是为什么洋快餐会导致肥胖的原因。

美国在修订食物金字塔的构成时，明确提出要重视反式脂肪酸的问题，要求厂家标明产品中的反式脂肪酸的含量。事实上，食品工业使用的氢化油已成为人类摄食反式脂肪酸的主要来源。从2005年到2009年，中国的有关专家对国内市场上52个著名食品品牌、167种加工食品中的反式脂肪酸进行了测定。抽检食品中发现，87%的样品含有反式脂肪酸，包括所有的奶酪制品、95%的洋快餐(汉堡、蛋挞、奶昔、炸薯条等)、蛋糕、面包等；约90%的冰激凌、80%的人造奶油以及71%的饼干中，均检出含有反式脂肪酸。

**2. 动物奶油**

对于动物奶油，一般是从新鲜牛奶中分离出脂肪的高浓度奶油，维生素A含量较多，还富含蛋白质、乳糖以及钙、磷等矿物质，营养价值比较高。动物奶油的主要成分是乳脂，乳脂含有超过30%的不饱和脂肪酸。也就是说，吃同样重量的奶油比大豆油、牛油对健康更好。动物奶油口味天然、清爽，入口即化，带有浓郁的奶香，同样属于动物奶油的乳脂奶油，比植物奶油贵很多，口感更甜润。而植物奶油虽然口感柔滑，但特别容易腻，吃多了容易引发身体不适。从代谢角度来看，动物奶油在身体里7天就能代谢完，可植物奶油要50天左右才可以代谢完。

虽然动物奶油口感好、有营养、又易于代谢，但是奶油中毕竟脂肪含量高，所以还是建议大家少吃！

(资料来源：中新网，有改动)

**问题：** 植物奶油和动物奶油哪个更好？各自的成分有何不同？

2) 类脂

类脂是指性质类似脂肪的物质，与脂肪统称为脂类，主要有蜡质、磷脂和固醇三种。

(1) 蜡质，是指由高级脂肪酸和高级一元醇缩合而成的酯类，多存在于昆虫、植物及果实的表皮中。未经精制的植物油常含有油料作物种子种皮表面的蜡质。

(2) 磷脂，因组成不同，可分为卵磷脂、脑磷脂、神经鞘磷脂等。各种磷脂在生物体内都具有重要的生理功能，其中以卵磷脂最为重要。在种子、卵、神经组织、脑组织中均含有卵磷脂，又以蛋黄中的卵磷脂含量最高。

(3) 固醇，是环戊烷多氢菲醇的衍生物，因常温下为固体而得名。固醇因来源不同可分为动物固醇和植物固醇，前者主要是胆固醇，它是脊椎动物细胞的重要组成成分，主要存在于脑、神经组织和脂肪组织中；后者是植物细胞的组成成分之一，主要有谷固醇、豆固醇、麦角固醇。谷固醇主要存在于谷类的胚芽中，豆固醇主要存在于大豆油及其他豆类油脂中，麦角固醇主要存在于酵母及某些植物中。

3) 人体必需脂肪酸

有三种脂肪酸是人体必需且人体内不能自行合成，需要从食物中摄取，称之为必需脂肪酸，即亚油酸、亚麻酸、花生四烯酸，这三种脂肪酸均为不饱和脂肪酸，是构成人体细胞膜和细胞内结构的必要成分。缺乏必需脂肪酸后出现的病症：可引起生长迟缓、生殖障碍、皮肤受损、动脉粥样硬化、肿胀、抵抗力减弱等；另外，还可引起肝脏、肾脏、神经和视觉等多种疾病。

(1) 亚油酸，属于ω-6族脂肪酸，是细胞的组成成分，参与线粒体及细胞膜磷质的合成，缺乏可导致线粒体肿胀，细胞膜机构、功能的改变，膜透性、脆性增加。它能有效溶解胆固醇，具有降血脂、清除血管内壁沉积物以及降血压的作用。人体只要不缺少亚油酸，在体内就可以合成其他两种必需不饱和脂肪酸，因此，亚油酸是人体内最重要的不饱和脂肪酸，是生命的基础物质。

(2) 亚麻酸，属于ω-3族脂肪酸，是构成人体组织细胞的主要成分，在体内不能合成，代谢是DHA(22碳6烯酸，俗称脑黄金)亚麻酸的前体。DHA可增加胰岛素的敏感性，对大脑和视网膜发育起重要作用。

(3) 花生四烯酸，即24碳4烯酸，简称AA，也属于ω-6族脂肪酸。AA对人的生长发育起重要作用，是大多数前列腺素的前体。前列腺素能调节细胞功能。在婴幼儿期，DHA和AA主要集中在大脑中，母乳是其最好的来源。

4) 脂类的主要营养价值与生理功能

脂类具有丰富的营养价值，为人体提供相应的生理功能，具体情况如下。

(1) 提供热能，储藏能量。脂类是一种高能量的来源，1g脂肪在体内分解成二氧化碳和水并产生9kcal能量，比1g蛋白质或1g碳水化合物高一倍多。摄入脂类过量后，能够在体内储备，会使人发胖；而长期热能不足，就会消耗储存的脂肪，人体就会消瘦。

(2) 组成生物体的重要成分。脂肪是生命的物质基础，是人体内的三大组成部分(蛋白质、脂肪、碳水化合物)之一。磷脂、糖脂和胆固醇构成细胞膜的类脂层，胆固醇又是合成胆汁酸、维生素$D_3$和类固醇激素的原料，油脂是机体代谢所需燃料的储存和运输形式。

(3) 构成体脂，具有保温、保护作用。脂类作为细胞的表面物质，与细胞识别、种属特异性和组织免疫等有密切关系。储存在皮下的脂类物质能够防止机械损伤及热量散发，维持体温恒定，并缓冲外界压力。储存在人体内脏器官表面的脂肪，具有保护内脏器官免受剧烈震动和摩擦的作用。

(4) 促进脂溶性维生素的吸收。有些食物中的维生素需要溶解在脂肪里才易吸收，如维生素A、D、E、K等。所以胡萝卜最好用油炒或与肉炖食，才能将β-胡萝卜素更好地吸收。

(5) 具有膳食功能，增加饱腹感，产生美味。在烹饪中，脂肪能增进食物的美味，除去原料中的腥臭味，增进食欲，延长食物在胃内停留的时间，起到增加饱腹感的作用。

5) 脂肪摄入过多的弊端

脂肪对人体有很多益处，但是摄入过多脂肪会对人体不利，主要弊端如下。

(1) 脂肪摄入过多会抑制胃液分泌和胃的蠕动，引起食欲不振和胃部不适。

(2) 肠内脂肪过多会刺激肠壁，妨碍吸收功能而引起腹泻。

(3) 体内脂肪过多易得肥胖病。

思考：为什么富含人体必需脂肪酸较多的豆油，不如富含单不饱和脂肪酸较多的橄榄油的营养价值高？

提示：豆油属于高亚油酸型植物油，玉米油、葵花籽油、小麦胚芽油等也属于此类，此类油脂富含人体必需脂肪酸较多，而单不饱和脂肪酸相对较低，约为 20%，大多是多不饱和脂肪酸，在煎炸等高温下或反复受热后，容易氧化聚合，对健康有害。橄榄油中则是单不饱和脂肪酸(油酸)的含量高，约83%，单不饱和脂肪酸性质稳定，不容易被氧化，有利于心脏及血管健康。不过任何一种油脂都不适合单一的长期服用，需要多种油脂换着吃，这样更健康，营养更均衡。

**4．维生素**

维生素又名维他命，通俗来讲，即维持生命的元素，是人和动物维持生命和生长发育所必需的一类营养物质，是活细胞维持正常生理功能所必需而需要量又极微的天然低分子有机物。大多数维生素存在于天然食物中，在人体内不能自行合成，需从饮食中摄取，仅某些 B 族维生素和维生素 K 能在体内合成。例如，维生素 $B_6$、K 等能由动物肠道内的细菌合成，合成量可满足动物的需要。

1) 维生素的重要性

维生素虽然不能为人体提供热量，在生理上需要量也很少，也不是构成机体组织和细胞的组成成分，但它们对体内营养成分的消化吸收，对体内能量的转变和正常的生理活动都具有十分重要的作用。当机体缺乏某种维生素时，就会导致新陈代谢某个环节的障碍，影响正常生理功能，甚至引起维生素缺乏症，发生特异性病变。维生素的摄入量既不能过少也不能过多，过多时会引起中毒，尤其是脂溶性维生素。

维生素是人体代谢中必不可少的有机化合物。人体犹如一座极为复杂的化工厂，不断地进行着各种生化反应，其反应与酶的催化作用有密切关系。酶要产生活性，必须有辅酶参加。已知许多维生素是酶或辅酶的组成分子。因此，维生素是维持和调节机体正常代谢的重要物质。可以认为，最好的维生素是以"生物活性物质"的形式存在于人体组织中。

2) 维生素的种类及主要生理功能

根据维生素的溶解性可分为脂溶性维生素和水溶性维生素两种。

(1) 脂溶性维生素，溶于脂肪和有机溶剂中，多存在于食品的脂肪组织中。它经胆汁乳化，在小肠吸收，经淋巴循环系统进入体内各器官。脂溶性维生素超过体内的需要量后，会在体内储存起来，如维生素 A 和维生素 D 主要储存于肝脏，维生素 E 主要存于体内脂肪组织，而维生素 K 储存较少。当脂溶性维生素缺乏或摄入过多时，人类都会生病，故多数脂溶性维生素既有缺乏症，又有过多症。脂溶性维生素主要包括维生素 A、维生素 D、维生素 E、维生素 K 等。

维生素 A，又称为抗干眼病维生素，亦称美容维生素。维生素 A 是眼睛中视紫质的原料，也是皮肤组织必需的材料，缺少它会得干眼病、夜盲症等。维生素 A 每天摄入量达到 3mg，就有导致骨质疏松的危险，长期每天摄入大于 3mg 的维生素 A 会致使食欲不振、皮肤干燥、头发脱落、骨骼和关节疼痛，甚至引起孕妇流产。

维生素 D，又称为骨化醇、钙化醇、抗佝偻病维生素，主要有维生素 $D_2$(麦角钙化醇)和维生素 $D_3$(胆钙化醇)。这是唯一一种人体可少量合成的维生素，多存在于鱼肝油、蛋黄、乳制品、肝脏、酵母中。维生素 D 的生理功能是帮助人体吸收磷和钙，是造骨的必需原料。人体中维生素 D 的合成跟晒太阳有关，因此，适当的光照有利健康。如果长期每天摄入超过 0.025mg，则对人体有害，可能造成的后果是：恶心、头痛、肾结石、肌肉萎缩、关节炎、动脉硬化、高血压、轻微中毒、体重减轻、多尿及夜尿等症状。

维生素 E，又名生育酚，主要有 α、β、γ、δ 四种，多存在于鸡蛋、肝脏、鱼类、植物油中，在麦胚油中含量最丰富。维生素 E 是人和动物生育所必需的维生素，缺乏维生素 E 时，雄性睾丸退化，不能形成正常的精子；雌性胚胎及胎盘萎缩而被吸收，会引起流产。缺乏时还可能发生肌肉萎缩、贫血、脑软化及其他神经退化性病变。每天摄入 200mg 的维生素 E 就会出现恶心、肌肉萎缩、头痛和乏力等症状；每天摄入的维生素 E 超过 300mg 会导致高血压、伤口愈合延缓，甲状腺功能受到限制。

维生素 K，又被称为凝血维生素，是一系列萘醌的衍生物的统称，多存在于菠菜、苜蓿、白菜、肝脏等食品中。维生素 K 具有促进凝血的功能；它溶于线粒体膜的类脂中，起着电子转移作用；可增加肠道蠕动和分泌功能。缺乏维生素 K 时，平滑肌张力及收缩减弱，还可影响一些激素的代谢。缺少时，凝血时间延长，严重者会流血不止，甚至死亡。但过大剂量维生素 K 有一定毒性，如新生儿注射 30mg/天，连用三天可能引起高胆红素血症。

(2) 水溶性维生素，溶于水而不溶于脂肪，它不需消化，直接从肠道吸收后，通过循环到达机体组织中，多余的部分大多由尿排出，在体内储存甚少。故水溶性维生素需随时提供，一般只有缺乏症，而无过多症。水溶性维生素主要包括 B 族维生素、维生素 C、维生素 P 等。

B 族维生素，包括泛酸(维生素 $B_5$)、烟酸(维生素 $B_3$)、生物素(维生素 $B_7$)、叶酸(维生素 $B_9$)、硫胺素(维生素 $B_1$)、核黄素(维生素 $B_2$)、吡哆醇(维生素 $B_6$)和氰钴胺(维生素 $B_{12}$)。有人也将胆碱(维生素 $B_4$)、肌醇(维生素 B-h)、对氨基苯酸(对氨基苯甲酸)、硫辛酸包括在维生素 B 族内。$B_1$ 是最早被人们提纯的维生素，广泛存在于米糠、蛋黄、牛奶等食物中，因其分子中含有硫及氨基，故称为硫胺素，又称抗脚气病维生素。$B_2$ 缺少时，易患口腔炎、皮炎等，大量存在于谷物、牛乳和鱼等食品中。$B_2$ 在碱性或光照条件下极易分解，熬粥不放碱就是这个道理。$B_3$(维生素 PP)，属于吡啶衍生物，维系神经系统健康和脑机能正常运作，$B_3$ 缺乏症常与脚气病、$B_2$ 缺乏症及其他营养缺乏症同时存在。

维生素 C，又称为抗坏血酸，多存在于新鲜果蔬中。维生素 C 是最不稳定的一种维生素，容易被氧化，在食物贮藏或烹调过程中能被破坏。其主要功能是帮助人体完成氧化还原反应，提高人体灭菌能力和解毒能力，如服用大剂量维生素 C 对预防感冒和抗癌有一定作用。维生素 C 缺乏时会发生坏血病，使胶原纤维的形成发生障碍，以致毛细血管脆性导致出血，牙齿松动等症状。每天摄入的维生素 C 超过 1000mg 会导致腹泻、肾结石、不育症、痛风，甚至还会引起基因缺损。

维生素 P，是由柑橘属生物类黄酮、芸香素和橙皮素构成的。在复合维生素 C 中都含有维生素 P。它能防止维生素 C 被氧化而受到破坏，增强维生素的效果；能增强毛细血管壁，防止瘀伤，降低毛细血管通透性；有助于牙龈出血的预防和治疗；有助于因内耳疾病引起的浮肿或头晕的治疗；常用于高血压病的辅助治疗及防治脑溢血的配合治疗等。每服用 500mg 维生素 C 时,应该同时服用 100mg 维生素 P,以增强协同作用。

### 5. 矿物质

矿物质又称为无机盐,食品经高温煅烧而残留的灰分中所含的各种元素,均称为矿物质。矿物质和维生素一样,是人体所必需的元素。它是调节人体生理功能和维持体内酸碱平衡的成分之一,占人体体重的 4%~5%,无法在体内自行合成,必须通过膳食进行补充。每天矿物质的摄取量是基本确定的,但随年龄、性别、身体状况、环境、工作状况等因素有所不同。在我国居民膳食中较易缺乏的矿物质主要有钙、铁、锌、碘、硒。

1) 矿物质的分类

按矿物质在人体内的含量可分为常量元素、微量元素和超微量元素。

(1) 常量元素,在人体内的含量占 0.01%以上。钙在体内的含量最高,达 1.5%左右;第二是磷,含量约为 1%;第三是硫,含量约为 0.25%;接下来是钾(0.2%)、钠(0.15%)、氯(0.15%)、镁(0.05%)。

(2) 微量元素,在人体内的含量占 0.01%以下。有些微量元素是人体必需的,称为必需元素。目前已知的必需元素有 14 种,分别是铁、锌、铜、碘、锰、钼、钴、硒、铬、镍、锡、硅、氟、钒。

(3) 超微量元素,含量极微,以微克($\mu g$)表示,如铅、汞、金、镭等。

2) 矿物质的主要营养价值与生理功能

(1) 构成人体的组织。钙、磷、镁是骨骼和牙齿的重要成分,缺乏钙、镁、磷、锰、铜,可能导致骨骼或牙齿不坚固。磷、硫是构成组织蛋白的成分,细胞中普遍含有钾,体液中普遍含有钠。

(2) 为多种酶的活化剂、辅因子或组成成分。钙是凝血酶的活化剂,锌是多种酶的组成成分。

(3) 参与某些具有特殊生理功能物质的组成。碘是甲状腺素中的成分,铁是血红蛋白和细胞色素的重要成分,锌是胰岛素的重要成分。有些无机离子还是酶的组成部分,如过氧化氢酶中含有铁,酚氧化酶中含有铜,碳酸酐酶中含有锌等。

(4) 维持机体的酸碱平衡及组织细胞渗透压。非金属元素,如氯、硫、磷等,在人体内氧化后生成带阴离子的酸根,使体液呈酸性;而金属元素,如钾、钠、镁、钙等,在体内氧化生成带阳离子的碱性氧化物,使体液呈碱性。酸性和碱性无机盐适当配合,加上重碳酸盐和蛋白质的缓冲作用,能够维持机体的酸碱平衡,防止酸中毒。无机盐(主要是 NaCl)与蛋白质一起维持组织细胞的渗透压,保持细胞的紧张状态,并对细胞内外物质的进出起着重要的调节作用。此外,缺乏铁、钠、碘、磷可能会引起疲劳等。

(5) 维持神经与肌肉的应激性。钾、钠、钙、镁是维持神经、肌肉的兴奋性和细胞膜的通透性的必要条件。

矿物质如果摄取过多,容易引起过剩症及中毒,因此,一定要注意矿物质的适量摄取。

 思考: 什么是酸性食品?什么是碱性食品?为什么要注意酸碱食品的适宜搭配?

提示：人类的食物可分为酸性食物和碱性食物。判断食物的酸碱性，并非根据人们的味觉，也不是根据食物溶于水中的化学性，而是根据食物进入人体后所生成的最终代谢物的酸碱性而定，也就是依据流行的酸性体质理论而来。酸性食物通常含有丰富的蛋白质、脂肪和糖类，含有钾、钠、钙、镁等元素，在体内代谢后生成碱性物质，能阻止血液向酸性方面变化。所以，酸味的水果，一般为碱性食物而不是酸性食物，鸡、鱼、肉、蛋、糖等味虽不酸，但却是酸性食物。健康人的体质应该呈弱碱性，pH在7.35～7.45。当人体处于正常的弱碱性时，机体免疫力强、生病机会少。我们在日常饮食中所摄入的食物的酸碱性，以及排泄系统对酸碱平衡进行的调节，是维系人体内酸碱平衡的基础。因此，从营养的角度看，酸性食物和碱性食物的合理搭配是身体健康的保障。

6．水

水是人体的重要组成部分，对人体无直接营养，但人的一切生理活动均离不开水。水分占人体重量70%，若损失了10%，人就会感到不舒服，若损失了20%，便无法维持生命。因此，水是人类的生命源泉。人体所需水量因体重、年龄、气候、劳动强度不同而各不相同，一般正常成年人日需水量为每千克体重40mL。以体重60kg为例，每天需水量为2400mL，如果一杯水为300mL，就是8杯水，这就是每天喝8杯水的原因。婴幼儿新陈代谢旺盛，日需水量按体重比成年人高2～4倍。

1) 食品中水的存在形态

(1) 结合水，也称为束缚水，其与食品中的胶体物质(蛋白质、脂肪等)以氢键相结合，受胶体物质束缚，不能自由流动。一般很少发生变化，其性质不同于普通水。特点：结合水比重大于普通水，不易结冰，冰点为-40℃；不能溶解可溶性物质；蒸汽压低，在100℃以下不能从食物中分离出来；不能被微生物利用；当结合水被强行与食物分离时，则食品的风味、质量就会改变；结合水含量越多，生物对不良环境的抗性就越强，如抗旱、抗寒等。

(2) 自由水，也称为游离水，它是食品中不与胶体物质结合的水，主要以游离状态存在于食品细胞内外，可以自由流动，加压易析出、易蒸发。特点：自由水性质同普通水一样，冰点为0℃，100℃沸腾；在干燥情况下通过毛细血管的作用可以散发而减少，在潮湿环境下可因吸水而增加；能被微生物利用，食品重量损耗即其所致；是细胞的良好溶剂，成为各种代谢反应的介质；有大量自由水的食物，在冻结后细胞结构被冰晶破坏，解冻后组织立即崩溃而放出大量自由水；自由水在细胞中含量越多，细胞代谢就越旺盛。

2) 水的主要生理功能

(1) 参与各种生理活动。人的各种生理活动都需要水，如水可溶解各种营养物质，脂肪和蛋白质等要成为悬浮于水中的胶体状态才能被吸收；水存在于血管、细胞之间，把氧气和营养物质运送到组织细胞，再把代谢废物排出体外；感冒、发热时，多喝开水能帮助发汗、退热、冲淡血液里细菌所产生的毒素，同时小便增多，有利于加速毒素的排出。

(2) 参与渗透压的调节。人体的细胞和体液都保持一定的渗透压，才能维持细胞的完整和细胞内外物质的交换。渗透压的大小与液体的浓度成正比，当液体中溶质的质点数不变时，水分增加，渗透压就变小；反之则增大。所以机体通过对水的吸收和排泄，可以调节其渗透压的高低，以保证细胞正常的生理功能。

(3) 维持人体正常的体温。水是所有物质中比热容最大的，因此人体内热量增加或减少时，不至于造成体温较大的波动。例如，炎热季节，环境温度高于体温，人体就靠出汗，使水分蒸发带走一部分热量，从而降低体温，使人免于中暑；而在天冷时，由于水储备热量的潜力很大，人体不至于因外界温度低而使体温发生明显的波动。

(4) 在体内起润滑作用。人体内关节、韧带、肌肉、膜等处的滑润液都是水溶液，由于水的黏度小，可使摩擦面润滑，转动灵活，减少损伤。眼泪、唾液、胃液等也都是相应器官的润滑剂。水还能滋润皮肤，如果皮肤缺水，就会变得干燥失去弹性，显得面容苍老。

3) 水的硬度与人体健康

水的硬度是指溶解在水中的钙离子、镁离子含量，通常水的硬度以"度"表示。1 度 =10ppmCaO，即每升水中 10 mgCaO 的钙离子含量。根据水的硬度大小，把水分为极硬水(>30度)、硬水(16～30度)、中硬水(6～16度)、软水(4～8度)和极软水(<4度)。

一般人体适宜的饮用水硬度在 10～20 度。水质过硬，会影响肠胃消化，导致消化不良、腹泻，引起所谓的水土不服。水质过硬还会给生活带来很多不便，例如，硬水会影响洗涤剂的效果；若锅炉用水硬度高，则十分危险，不仅浪费燃料，而且会使锅炉内管道局部过热，易引起管道变形或损坏；硬水加热会有较多的水垢等。加热煮沸可降低水的硬度；水质过软，长期饮用易引发血管疾病、易患龋齿病，需适当增加水的硬度，可通过"多吃钙、镁含量高的食物，同时限制盐的摄入"方式来达到。

【案例分析 6-2】

### 什么样的膳食结构更合理

膳食结构，是指居民日常消费、进用的食物种类及其数量的相对构成。

1. 四种膳食结构模式

(1) 发达国家模式。发达国家模式也称富裕型模式，主要以动物性食品为主，通常动物性食品年人均消费量达 270kg，而粮食的直接消费量不过 60～70kg。

(2) 发展中国家模式。发展中国家模式也称温饱模式，主要以植物性食品为主，一些经济不发达国家年人均消费谷类与薯类达 200kg，肉蛋鱼不过 5g，奶类也不多。

(3) 日本模式。日本模式也称营养模式，主要特点是既有以粮食为主的东方膳食的传统特点，也吸取了欧美国家膳食的长处，加上日本经济发达，人均年摄取粮食 110kg，动物性食品 135kg 左右。

(4) 地中海模式。地中海模式为居住在地中海地区的居民所特有。突出特点是饱和脂肪摄入量低，不饱和脂肪摄入量高；膳食含大量碳水化合物；蔬菜、水果摄入量较高；心脑血管疾病发生率很低。

2. 三种膳食结构类型

(1) 第一种类型：动、植物性食物消费量比较均衡，能量、蛋白质、脂肪、碳水化合物摄入量基本符合营养要求，以日本人的膳食为代表。碳水化合物、蛋白质、脂肪分别占总能量的 59.2%、12.8%、28.0%，膳食结构总体上比较合理。如今日本死因前三位的疾病为恶性肿瘤、脑卒中、心脏病(心肌梗死)，诸多日本学者呼吁防止饮食西化。

(2) 第二种类型：谷物消费量少，动物性食物消费量大。谷物消费量人均仅 160~190g/d；动物性食物中，肉类约 280g/d、奶及奶制品 300~400g/d、蛋类 40g/d 左右。能量摄入 3300~3500kcal、蛋白质 100g 左右、脂肪 130~150g，属高能量、高脂肪、高蛋白、低纤维，称之为"三高一低"膳食模式，以欧美发达国家膳食为代表。尽管膳食质量比较好，但营养过剩。大量研究显示，营养过剩是肥胖病、心血管病、糖尿病、恶性肿瘤等慢性病的共同危险因素。

(3) 第三种类型：植物性食物为主，动物性食物较少，膳食质量不高，蛋白质、脂肪摄入量都低，以发展中国家的膳食为代表。据联合国粮农组织统计，20 世纪 80 年代中期，这些国家的人均能量摄入量为 2000~2300kcal、蛋白质 50g 左右、脂肪 30~40g，能量勉强满足需要，蛋白质、脂肪摄入不足，营养缺乏病仍然是这些国家的严重社会问题。

3. 膳食平衡

膳食平衡是指膳食中所含的营养素种类齐全、数量充足、比例适当，即氨基酸平衡、热量营养素平衡、酸碱平衡以及各种营养素摄入量之间也要平衡，只有这样才利于营养素的吸收和利用。

为了帮助人们在日常生活中实践《中国居民膳食指南》的主要内容，中国营养学会对《中国居民平衡膳食宝塔》(简称膳食宝塔)不断进行修订，告诉居民每日应摄入的食物种类、合理数量及适宜的身体活动。膳食宝塔共分五层(见图 6-4，2007 版与 2016 版有些许调整)，包含我们每天应吃的主要食物种类。膳食宝塔各层位置和面积不同，这在一定程度上反映出各类食物在膳食中的地位和应占的比重。谷类食物位居底层，蔬菜和水果居第二层，鱼、禽、肉、蛋等动物性食物位于第三层，奶类和豆类食物合居第四层，第五层塔顶是烹调油和食盐。提倡清淡饮食，食盐每日摄入量不超过 6g。国务院提出健康中国行动(2019—2030 年)中将每日食盐量定为不高于 5g，向世界卫生组织的建议看齐。2016 版膳食宝塔建议食糖每天摄入量不超过 50g，最好控制在 25g 以下。饮酒的问题在《中国居民膳食指南》中已有说明，建议成年男性一天饮用酒的酒精量不超过 25g，女性不超过 15g。

从 2007 版开始，膳食宝塔图增加了水和身体活动的形象，强调足量饮水和增加身体活动的重要性。水是膳食的重要组成部分，是一切生命必需的物质，其需要量主要受年龄、环境温度、身体活动等因素的影响。在温和气候条件下生活的轻体力活动的成年人每日至少饮水 1200mL(2016 版更改为 1500~1700mL)。在高温或强体力劳动的条件下，应适当增加饮水量。饮水应少量多次，要主动，不要感到口渴时再喝水。目前我国大多数成年人身体活动不足或缺乏体育锻炼，应改变久坐少动的不良生活方式，养成天天运动的习惯。建议成年人每天进行累计相当于步行 6000 步以上的身体活动，如果身体条件允许，最好进行 30min 中等强度的运动。

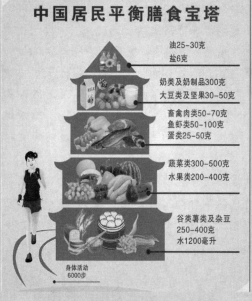 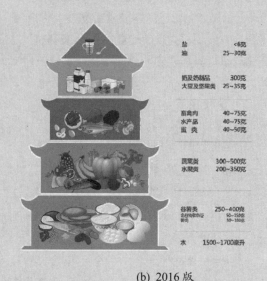

(a) 2007 版    (b) 2016 版

图 6-4　膳食宝塔

平衡膳食是合理营养的根本途径，以上五类食物长期缺乏任何一种都会影响身体健康。为保持均衡膳食，人们每天的膳食不宜吃得太精，更不应在节日中暴饮暴食，真正做到粗细搭配、有荤有素，健康才会更有保障。除了参照膳食宝塔的内容安排日常饮食外，还要进行适当的身体活动，这才是通往健康的光明之路。

(资料来源：中国营养学会，有改动)

**问题：** 什么样的膳食结构最合理？为什么？

## 二、食品安全

"民以食为天"，食品安全问题一直是人们所关注的。近年来，各大媒体先后曝光了一系列的食品安全事件：劣质奶粉"喂肥"大头婴儿、添加有毒化学肥料的粉丝、"毒罐头"流向市场、假酒中毒致多人死亡事件、三聚氰胺奶粉致婴幼儿肾结石、苏丹红与毒辣椒、剧毒农药与毒蔬菜以及瘦肉精、地沟油、吊白块……食品安全并非中国独有的现象，国外的疯牛病、肉食中的李斯特杆菌、口蹄疫、反式脂肪等也引起各国政府和人民的重视。越来越多的市民购买食品时担心出现卫生安全问题。

### 1．食品安全的概念

食品安全(Food Safety)指食品无毒、无害，符合应有的营养要求，对人体健康不造成任何急性、亚急性或者慢性危害。食品安全也是一门专门探讨在食品加工、存储、销售等过程中确保食品卫生及食用安全，降低疾病隐患，防范食物中毒的一个跨学科领域。

## 2. 食品安全标准内容

《中华人民共和国食品安全法》对食品安全标准的内容规定如下。

(1) 食品、食品添加剂、食品相关产品中的致病性微生物，农药残留、兽药残留、生物毒素、重金属等污染物质以及其他危害人体健康物质的限量规定；

(2) 食品添加剂的品种、使用范围、用量；

(3) 专供婴幼儿和其他特定人群的主辅食品的营养成分要求；

(4) 对与卫生、营养等食品安全要求有关的标签、标志、说明书的要求；

(5) 食品生产经营过程的卫生要求；

(6) 与食品安全有关的质量要求；

(7) 与食品安全有关的食品检验方法与规程；

(8) 其他需要制定为食品安全标准的内容。

## 3. 食品安全的构成要素

食品安全的构成要素如下。

(1) 建立完善的食品安全风险监测和评估机制。整合食品卫生监督、质检、工商为主的政府职能部门资源，使各有关部门的监管工作有机衔接起来，让市场监管到位。食品安全工作实行预防为主、风险管理、全程控制、社会共治，建立科学、严格的监督管理制度。

(2) 提高食品企业的质量控制意识。建立以食品安全追溯体系为标准的行业准入机制，从源头上杜绝不安全食品的入市。例如，食品的 SC 生产准入制；推行农产品合格证制度。引导进入市场销售的食品和农产品都符合基本安全要求。

(3) 初步建立食品安全宣传教育体系，对消费者进行食品科普教育。加大舆论宣传力度，提高消费者食品安全意识，使有害食品人人避之。

## 4. 食品卫生

食品卫生(Food Hygiene)是为防止食品污染和有害因素危害人体健康而采取的综合措施。世界卫生组织对食品卫生的定义是：在食品的培育、生产、制造直至被人摄食为止的各个阶段中，为保证其安全性、有益性和完好性而采取的全部措施。食品卫生研究的内容包括：有害物质的分类；食品污染源的来龙去脉；为了防止污染，保证食品的卫生质量，食品生产、消费的全过程所应采取的相应措施。

(1) 食品中可能存在的有害因素按来源分四类。

① 食品污染物，是指在生产、加工、储存、运输、销售等过程中混入食品中的物质。一般也包括生物性有害因素(如细菌、病毒等)和放射性核素。

② 食品添加剂，是指在食品制造、加工、调整、处理、包装、运输以及保管中，为达到技术目的而添加的物质。食品添加剂作为辅助成分可直接或间接成为食品成分，要求不能影响食品的特性，不得以改善食品营养为目的。我国的《食品添加剂使用卫生标准》将其分为22类，即防腐剂、抗氧化剂、发色剂、漂白剂、酸味剂、凝固剂、疏松剂、增稠剂、消泡剂、甜味剂、着色剂、乳化剂、品质改良剂、抗结剂、增味剂、酶制剂、被膜剂、发泡剂、保鲜剂、香料、营养强化剂以及其他添加剂。

③ 食品中天然存在的有害物质，如大豆中存在的蛋白酶抑制剂、毒蘑菇等。

④ 食品加工、保藏过程中产生的有害物质，如酿酒过程中产生的甲醇、杂醇油等有害成分。

(2) 食品污染是指食品中混进了对人体健康有害或有毒的物质，分为生物性污染、化学性污染及放射性污染三类。

① 生物性污染，是指食品在生产、储运、销售等环节中，受到致病微生物和寄生虫卵的污染，从而产生有害物质。

② 化学性污染，是指食品在生产、加工、储运、销售等环节中被某些化学有害物污染，包括农药污染、重金属对食品的污染、添加剂对食品的污染等。

③ 放射性污染，主要来自放射性物质的开采、冶炼、生产、应用及意外事故造成的污染。

(3) 防止食品污染，不仅要注意饮食卫生，还要从各个细节着手。食品污染的防制措施主要有：①开展卫生宣传教育；②食品生产经营单位要全面贯彻执行食品卫生法律和国家卫生标准；③食品卫生监督机构要加强食品卫生监督，把住食品生产、出厂、出售、出口、进口等卫生质量关；④加强农药管理；⑤灾区要特别加强食品运输、贮存过程中的管理，防止各种食品意外污染事故的发生。

## 【案例分析6-3】

### "一滴香"：清水变高汤

只需一滴，清水就能变高汤！"一滴香"是一种颇为神奇的食品添加剂(见图6-5)。

"一滴香"商品上注明的主要成分是：酶解肉膏、水解植物蛋白、氨基酸等，但实际上是通过化工合成或用劣质香油精做出来的。全国工业品生产许可查询机构表示，"一滴香"属化学工业制品，食用后对人体损害非常大，会损伤肝脏，严重者还能致癌。

个别小店使用"一滴香"作为调味品，制作米线、火锅、麻辣烫等食品，其标榜的"鸡汤""大骨汤"实际都是用这种"食品添加剂"调制而成的。该添加剂功效十分厉害，打开瓶盖后，甚至整个办公室都飘散着浓重的异香。

图6-5 "一滴香"商品

不仅小店使用这种东西，一些大饭店也在使用。一位在大饭店工作的大厨说，"在饭店里吃饭，只要看到肉和菜的颜色特别鲜亮，红的特别红，绿的特别翠，味道又非常鲜美，这十之八九加了添加剂。离开它，很多厨师都不会做菜了。"

(资料来源：中国食品产业网，有改动)

问题：1. 人们在追求美味和利益的同时，是否真的要以损害健康为代价呢？
2. "一滴香"属于食品添加剂吗？

### 5. 食品安全与卫生的法律法规

为保证食品安全卫生，许多国家都进行了必要的立法，并设立专职机构负责实施。例如，美国早在1906年就颁布了《纯洁食品法》，1938年颁布了《食品、药物和化妆品法》，以后不断补充修订，成为各国公认的比较完善的食品卫生法规。英国从1984年开始分别制定了《食品法》《食品安全法》《食品标准法》《食品卫生法》等，同时还出台了许多专门规定，如《甜品规定》《食品标签规定》《肉类制品规定》《饲料卫生规定》《食品添加剂规定》等。这些法律法规涵盖所有食品类别，涉及从农田到餐桌整条食品产业链的各个环节。我国1995年颁布《食品卫生法》，该卫生法适用于一切食品、食品添加剂、食品容器、包装材料和食品用工具、设备，也适用于食品的生产经营场所、设施和有关环境。2009年2月28日通过《中华人民共和国食品安全法》，自2009年6月10日起执行，同时废止《食品卫生法》，同年7月发布《中华人民共和国食品安全法实施条例》。食品安全法适用于食品生产加工、食品销售和餐饮服务，食品添加剂生产经营，食品包装材料、容器、洗涤剂、消毒剂以及用于食品生产经营的工具、设备的生产经营，食品贮存和运输等活动。供食用的源于农业的初级产品(简称食用农产品)的质量安全管理，遵守《中华人民共和国农产品质量安全法》的规定。但是，食用农产品的市场销售、有关质量安全标准的制定、有关安全信息的公布和对农业投入品作出规定的，应当遵守《食品安全法》的规定。2010年9月15日又正式公布《关于依法严惩危害食品安全犯罪活动的通知》(简称《通知》)。《通知》要求依法严惩危害食品安全犯罪活动，切实保障广大人民群众生命健康安全，维护社会主义市场经济秩序，促进社会和谐稳定。2016年对《食品安全法》进行修正，2019年3月通过《中华人民共和国食品安全法实施条例》修订，12月1日起执行。

法院对危害食品安全的罪犯量刑加重，主要体现在以下两方面。

(1) 罪当判死刑要坚决判处死刑。对危害食品安全的犯罪分子的定罪量刑，不仅要考虑犯罪数额、人身伤亡情况，还要充分考虑犯罪分子的主观恶性、犯罪手段、犯罪行为对市场秩序的破坏程度、恶劣影响等。对于危害食品安全犯罪的累犯、惯犯、共同犯罪中的主犯、对人体健康造成严重危害以及销售金额巨大的犯罪分子，要坚决依法严惩，罪当判处死刑的，要坚决依法判处死刑；要加大财产刑的适用，彻底剥夺犯罪分子非法获利和再次犯罪的资本；要从严控制对危害食品安全的犯罪分子适用缓刑和免予刑事处罚。例如，"三鹿"刑事犯罪案犯张玉军、耿金平已被执行死刑。

(2) 对于职务犯罪，贪腐渎职者涉案不得用免刑。依法遏制和从严打击危害食品安全犯罪活动，必须依法严惩相关的职务犯罪行为。对于包庇、纵容危害食品安全违法犯罪活动的腐败分子，以及在食品安全监管和查处危害食品安全违法犯罪活动中收受贿赂、玩忽职守、滥用职权、徇私枉法、不履行法定职责的国家工作人员，要排除一切阻力和干扰，加大查处力度，依法从重处罚。对于危害食品安全相关的职务犯罪分子，一般不得适用缓刑或者判处免予刑事处罚。

【知识拓展】

### 《食品安全法》法律责任(部分)

第 122 条　违反本法规定，未取得食品生产经营许可从事食品生产经营活动，或者未取得食品添加剂生产许可从事食品添加剂生产活动的，由县级以上人民政府食品药品监督管理部门没收违法所得和违法生产经营的食品、食品添加剂以及用于违法生产经营的工具、设备、原料等物品；违法生产经营的食品、食品添加剂货值金额不足一万元的，并处五万元以上十万元以下罚款；货值金额一万元以上的，并处货值金额十倍以上二十倍以下罚款。

明知从事前款规定的违法行为，仍为其提供生产经营场所或者其他条件的，由县级以上人民政府食品药品监督管理部门责令停止违法行为，没收违法所得，并处五万元以上十万元以下罚款；使消费者的合法权益受到损害的，应当与食品、食品添加剂生产经营者承担连带责任。

第 123 条　违反本法规定，有下列情形之一，尚不构成犯罪的，由县级以上人民政府食品药品监督管理部门没收违法所得和违法生产经营的食品，并可以没收用于违法生产经营的工具、设备、原料等物品；违法生产经营的食品货值金额不足一万元的，并处十万元以上十五万元以下罚款；货值金额一万元以上的，并处货值金额十五倍以上三十倍以下罚款；情节严重的，吊销许可证，并可以由公安机关对其直接负责的主管人员和其他直接责任人员处五日以上十五日以下拘留。

(一)用非食品原料生产食品、在食品中添加食品添加剂以外的化学物质和其他可能危害人体健康的物质，或者用回收食品作为原料生产食品，或者经营上述食品；

(二)生产经营营养成分不符合食品安全标准的专供婴幼儿和其他特定人群主辅食品；

(三)经营病死、毒死或者死因不明的禽、畜、兽、水产动物肉类；

(四)经营未按规定进行检疫或者检疫不合格的肉类，或者生产经营未经检验或者检验不合格的肉类制品；

(五)生产经营国家为防病等特殊需要明令禁止生产经营的食品；

(六)生产经营添加药品的食品。

明知从事前款规定的违法行为，仍为其提供生产经营场所或者其他条件的，由县级以上人民政府食品药品监督管理部门责令停止违法行为，没收违法所得，并处十万元以上二十万元以下罚款；使消费者的合法权益受到损害的，应当与食品生产经营者承担连带责任。

违法使用剧毒、高毒农药的，除依照有关法律、法规规定给予处罚外，可以由公安机关依照第一款规定给予拘留。

第124条　违反本法规定，有下列情形之一，尚不构成犯罪的，由县级以上人民政府食品药品监督管理部门没收违法所得和违法生产经营的食品、食品添加剂，并可以没收用于违法生产经营的工具、设备、原料等物品；违法生产经营的食品、食品添加剂货值金额不足一万元的，并处五万元以上十万元以下罚款；货值金额一万元以上的，并处货值金额十倍以上二十倍以下罚款；情节严重的，吊销许可证。

(一)生产经营致病性微生物，农药残留、兽药残留、生物毒素、重金属等污染物质以及其他危害人体健康的物质含量超过食品安全标准限量的食品、食品添加剂；

(二)用超过保质期的食品原料、食品添加剂生产食品、食品添加剂，或者经营上述食品、食品添加剂；

(三)生产经营超范围、超限量使用食品添加剂的食品；

(四)生产经营腐败变质、油脂酸败、霉变生虫、污秽不洁、混有异物、掺假掺杂或者感官性状异常的食品、食品添加剂；

(五)生产经营标注虚假生产日期、保质期或者超过保质期的食品、食品添加剂；

(六)生产经营未按规定注册的保健食品、特殊医学用途配方食品、婴幼儿配方乳粉，或者未按注册的产品配方、生产工艺等技术要求组织生产；

(七)以分装方式生产婴幼儿配方乳粉，或者同一企业以同一配方生产不同品牌的婴幼儿配方乳粉；

(八)利用新的食品原料生产食品，或者生产食品添加剂新品种，未通过安全性评估；

(九)食品生产经营者在食品药品监督管理部门责令其召回或者停止经营后，仍拒不召回或者停止经营。

除前款和本法第123条、第125条规定的情形外，生产经营不符合法律、法规或者食品安全标准的食品、食品添加剂的，依照前款规定给予处罚。

生产食品相关产品新品种，未通过安全性评估，或者生产不符合食品安全标准的食品相关产品的，由县级以上人民政府质量监督部门依照第一款规定给予处罚。

第125条　违反本法规定，有下列情形之一的，由县级以上人民政府食品药品监督管理部门没收违法所得和违法生产经营的食品、食品添加剂，并可以没收用于违法生产经营的工具、设备、原料等物品；违法生产经营的食品、食品添加剂货值金额不足一万元的，并处五千元以上五万元以下罚款；货值金额一万元以上的，并处货值金额五倍以上十倍以下罚款；情节严重的，责令停产停业，直至吊销许可证。

(一)生产经营被包装材料、容器、运输工具等污染的食品、食品添加剂；

(二)生产经营无标签的预包装食品、食品添加剂或者标签、说明书不符合本法规定的食品、食品添加剂；

(三)生产经营转基因食品未按规定进行标示；

(四)食品生产经营者采购或者使用不符合食品安全标准的食品原料、食品添加剂、食品相关产品。

生产经营的食品、食品添加剂的标签、说明书存在瑕疵但不影响食品安全且不会对消费者造成误导的，由县级以上人民政府食品药品监督管理部门责令改正；拒不改正的，处两千元以下罚款。

(资料来源：《中华人民共和国食品安全法》2015 版节选)

# 任务二 酒类商品

【营销拓展】

预调鸡尾酒的火爆与泡沫

当我们逛便利店或超市的时候，总能发现货架上堆满各种五彩缤纷的小瓶子。或许懂酒的人知道它们是预调酒，但大多数普通消费者还只是觉得它们是带有酒精的果汁饮品。预调鸡尾酒到底是什么？

**1. 预调酒**

预调酒，全称预调鸡尾酒，就是预先调配好，包装销售的鸡尾酒。市场上的锐澳(Rio)、冰锐(Breezer)、和乐怡(Horoyoi)、魅夜(Mixxtail)、动力火车(Power Station)等都是预调酒的品牌。市面上流行的预调酒属于 alcopop 饮料，就是指使用基酒，加入果汁，预先调配好的，酒精含量为 3%～7% 的酒精果汁混合饮料，酒精质感只比啤酒稍强劲。通常以朗姆、伏特加、威士忌、白兰地等做基酒，各种风味的水果调和不同口味的酒，将健康、口感、爽快的感觉融为一体，既有水果的清香和健康，又有酒精的刺激和酷爽，既有顺滑的口感，又有悠长的回味。

世界上第一瓶真正意义上的预调酒诞生于 1995 年，是一个澳大利亚人在英国以独特的配方调制而成，令他没想到的是预调酒迅速风靡英国，而且漫延至北美、日本及其他世界时尚中心。这种既柔和又刺激的混合酒，像极了年轻人矛盾、暧昧的心情，因而一推出即为广大年轻的时尚族群所推崇，以至于成为一种新的酒吧、聚会文化。到今天，预调酒已不再是一种酒类名称，而成为风靡欧美乃至世界的时尚文化，在酒吧、在 KTV、在聚会中，越来越多的女人不再和男人分享"啤酒肚"，而是钟情于和她们的衣服相搭配的预调酒。

**2. 预调酒和鸡尾酒的区别**

预调酒首先是鸡尾酒，鸡尾酒是以基酒佐以果汁、汽水、糖浆等辅料调制的个性化酒精饮品。伏特加和朗姆酒是全球用量最大的基酒。鸡尾酒通常以杯为容器销售和饮用，饮用场合通常是酒吧或者家中。鸡尾酒偶然还会加进其他材料(如奶油、鸡蛋等)，变相地将烈酒的酒精度大幅度降低，因此更能在女性群体中流行。

鸡尾酒有一个特点，就是要现调现喝。因为：①温度的改变会影响鸡尾酒的口感；②鸡尾酒中酒精、其他化学成分的挥发会影响鸡尾酒的口感；③某些配料时间过长而氧化，也会影响鸡尾酒的口感。而预调酒则突破了鸡尾酒的这一缺陷，使其能长久保存，并使其颜色和口感均保有最佳状态，这跟新鲜牛奶保质期很短，而利乐装牛奶却可以长时间保存是一个道理，就是通过工业化手段，防止变质。因此，预调酒被形象地称为"预先调好的鸡尾酒"或"装在瓶子里的鸡尾酒"。

**3. 预调鸡尾酒的火爆**

预调鸡尾酒行业在中国起步较晚，从20世纪90年代起，国内预调鸡尾酒开始生产销售，市场由欧美品牌占据，预调鸡尾酒主要出现在沿海发达城市的KTV、酒吧和休闲会所，属于高档消费。1997年百加得在上海建厂，进行冰锐等品牌的生产和销售。2002年锐澳等品牌也开始探索性生产和销售。2005—2010年，百加得、锐澳、红广场等逐步显示出一定的市场规模，渠道拓展仍以夜场为主。

预调鸡尾酒在各种富有创意和强势的宣传攻势下，销售规模增长很快，由2009年的600万箱增至2013年的1700万箱，但预调鸡尾酒行业销售收入较啤酒、白酒仍然极小。以2013年为例，国内预调鸡尾酒行业销售收入合计约为15亿元，而啤酒为1814亿元，白酒为5018亿元。预调鸡尾酒的"疯狂"，是在2014年。当时百润股份通过增发，将国内鸡尾酒龙头锐澳(Rio)揽入怀中，锐澳财务数据的曝光，让当时一直处于低谷的酒水行业犹如抓住了一根"救命稻草"，仅2014年，锐澳销售收入就同比增长了216%，净利润增长超过300%。百润股份曾预计，预调鸡尾酒市场会持续高速增长，至2020年销售量将达到1.5亿箱以上，销售金额将达到百亿元级别。

百亿元的诱惑在市场上弥漫开来，不仅吸引了包括五粮液、古井贡酒等多家酒企的争食，还惹来食品公司的跨界。一直做植物蛋白饮料的黑牛食品便是其中之一。2014年年底，黑牛食品高调宣布介入预调鸡尾酒行业。

**4. 预调鸡尾酒百亿市场泡沫告破**

然而不到一年，砸钱投入的黑牛食品实际控制人易主，预调酒生产线被卖。国内预调酒龙头品牌锐澳的母公司百润股份也倍感寒意，2015年下半年该公司净利润由盈转亏。急转直下的市场行情，让人不禁为预调鸡尾酒的未来担忧，曾经预期的百亿市场泡沫告破。"预调酒说到底不过是个小单品，就像昙花一现"，一位曾经介入这个行业的商家坦言，当时介入预调酒市场，确实受到铺天盖地的广告和被吹捧的百亿市场所影响。七彩缤纷的颜色、富有设计感的玻璃瓶、洋气时尚的代言人以及轰炸式的广告宣传，预调酒曾经被认为是攻占年轻人市场的重要品类。

抱着对行业过于乐观的期许，预调酒产品还没上市，黑牛食品就一口气与当时红极一时的电视剧《来自星星的你》的男主角金秀贤签订了两年的代言人合约，同时还在吴江工厂设置了每月20万～30万箱的预调酒生产线。上线半年，预调酒项目就招了200个代理商、127个夜场代理商。一名熟悉黑牛食品的人士回想起当时的情况说，"当时构建团队，多是在啤酒业内挖人，而且都是高薪挖的，动静很大。2014年下半年，酒类整体销售都处于低谷，啤酒也不例外，这样的金主十分少见，也是很疯狂的。"这种大动作的背后，是大规模砸钱投入。品牌创立之初，黑牛食品就透露，新产品的研发投入以及代言费就达到了4000万～5000万元，同时营销上锁定浙江、湖南卫视等年轻人喜欢的媒体，广告投入预算几千万元。

疯狂的，不只黑牛食品一家。在2014年到2015年期间，饮料巨头汇源集团也随着这股潮流推出了"真炫"预调酒，古井贡酒成立了百味露酒有限公司，此外，多家白酒上市公司对外表示正在调研预调鸡尾酒行业。

"白酒行业，一直在寻找能与年轻消费者沟通的产品，当时的预调鸡尾酒无疑让人眼前一亮"，国内一家白酒上市公司的负责人表示，当时看到锐澳的业绩都非常心动，特别是很多分析引用了鸡尾酒在日本风靡的例子，认为中国也有可能出现那种疯狂。他说的日本例子，百润股份也引述过，指一款在日本市场上占比达八成的预调鸡尾酒产品秋海，销售量在1993年到2006年间累计增加近5倍。2013年，日本预调鸡尾酒销售收入为1962亿日元(约合人民币118亿元)，相当于日本年度人均可消费一箱鸡尾酒。

**5. 寒潮不期而至，销售形势急转直下**

不过，预调鸡尾酒并未如预期变成百亿单品以及成为下一个王老吉、营养快线或者红牛。相反，仅仅一年，预调鸡尾酒竟然变成了压垮黑牛食品的最后一根稻草。推出预调鸡尾酒一年，黑牛食品在2015年11月开始公开拍卖数家工厂，其中包括了火热上线的预调鸡尾酒生产线。同时，公司董事长林秀浩转让股份并辞去职务。一同辞职的还有董秘、财务总监、证券事务代表等多名高管。

"黑牛太激进了，在严格意义上，他们也是被市场误导了"。曾经参与过黑牛食品达奇项目的观峰咨询智业集团董事长杨永华坦言，回忆一年前，"这个市场的火热就是被炒出来的，现在回过头来看，所有产品都有成长周期，现在预调酒还属于引导期，但大家都忽视了这个客观的周期。黑牛食品当时对这个产品给予了很高的期望值，采取了全渠道的覆盖，但可以看到，在KA渠道(商超等)很多预调酒生产日期是在半年前的。"

从2014年年底到2015年年底，随着黑牛食品公司内部的一系列变更，运营了一年的鸡尾酒业务终于露出了真面目。鹏元资信评估出具的2016年不定期跟踪信用评级报告显示，曾经备受黑牛食品推崇的预调酒业务，在2015年1—9月仅销售1090.10吨，实现销售收入2291.94万元。黑牛食品拥有的预调酒的年产能可以达到2.4万吨，但产能利用率却只有5.78%。

这场疯狂，让锐澳也感受到寒意。百润股份调低了净利润增长区间，从原预计的同比增长150%～200%调整为60%～90%，净利润在4.59亿～5.45亿元。2015年上半年，百润股份的净利润是6.13亿元，按预测的净利润区间，下半年业绩实际亏损0.68亿～1.54亿元。

2015年3月跟着这股大潮进入预调鸡尾酒行列的经销商王先生，看着库存就发愁，"去年3月进的货，至今还没有卖完，即使在春节旺季，也是搭配一些白酒一起促销着卖。再过一段时间，产品保质期还有一半的时候，就只能甩卖了。"他表示，本来一箱锐澳预调酒的进货价210元，但进货的第2个月，价格就跌到了170元，到去年5—6月，价格降至160元。另一位已进入预调鸡尾酒行业数年的经销商表示，预调鸡尾酒纷纷进入KA渠道是拖垮业绩的关键，半年卖不出去都是常态。市场上的货量太多，产品都是有保质期的，时间一长，大家就会开始争相甩货，这样，行业就会进入一个恶性循环。

2016年冰锐被传闻"停产""去库存"，其他涉足预调鸡尾酒的企业，如泸州老窖、汾酒、黑牛、古井贡酒等预调鸡尾酒也已暂停或者收缩生产。

**6. 预调鸡尾酒何去何从**

2014—2015 年由于密集的广告宣传投入，渠道转型、带动需求快速爆发，RIO 为代表的预调酒成为"网红"。由于没有形成固定的消费场景，加上渠道拓展过于激进，2015 下半年开始迅速回落，行业也陷入三年调整期。美国 provi 的数据显示，预调酒的消费份额在 2018 年第一季度翻了四倍。2019 年年底，预调酒行业在中国又迎来一轮新的繁荣。以 RIO 为主要产品的百润股份 1—9 月公司实现营业收入 10.16 亿元，同比增长 19.1%，净利润 2.29 亿元，同比增长 75.2%，净利润率 22.49%，同比上升 7.21 个百分点。

不少业内专家认为，经历过一轮泡沫洗礼后，以 RIO 为代表的鸡尾酒会稳定到一定数字，这个品类仍然会保持 10%～15% 的良性增长势态。酒类专家蔡学飞分析，预调鸡尾酒正处于战国时代，市场相对比较混乱，作为新品类，需要一定时期的消费培育期，少则 2～3 年，多则 10 余年，急功近利很可能毁于一旦。在漫长的调整期过后，其前景还是不错的。随着全球单身群体占比提升，个性化、轻松化的独饮场景备受欢迎。作为酒类和软饮料的过渡产品，预调酒度数低，价格适中，是日常饮酒的入门级产品；而且口味、包装多变，很容易受追求时尚的年轻消费者欢迎。不过，有支持就有反对，中国食品行业的专家朱丹蓬则认为，整个预调酒市场没有太大的核心竞争力，预调鸡尾酒就是昙花一现。随着年轻消费者逐渐注重健康，预调鸡尾酒丰富的色彩给消费者留下了色素、香精含量大的印象，成为劣势。

(参考来源：谷秀燕. 炒作过度 供求失衡 预调鸡尾酒百亿市场泡沫告破. 中国食品报, 2016; 调酒师们，为什么需要关心预调鸡尾酒？调酒师画报, 有改动)

**营销思考：**

(1) 预调鸡尾酒为何异常火爆后急转直下？酒类特点、消费者习惯以及宏观环境如何？

(2) 预调鸡尾酒真的会从市场上消失吗？

# 一、酒类商品概述

## 1. 酿酒的基本原理

酿酒是用含糖的原料加水分解后，逐步地转化为单糖，然后在不同的酵母分泌的酶的作用下，引起酒精发酵，从而得到具有色香味形的产品。酿酒的原理可分为以下两个步骤。

(1) 淀粉的糖化作用。糖化是利用曲霉菌或谷物的芽所分泌的淀粉酶，将淀粉水解为糊精、麦芽糖、葡萄糖的过程。酿酒生产中除果酒、葡萄酒等少数酒品是使用含有大量葡萄糖的原料直接发酵酿酒外，大多数酒品是以淀粉为原料酿造的。因此，要进行工艺处理，使淀粉转化为葡萄糖。淀粉糖化过程一般需要 4～6 小时，糖化后的原料可以进行酒精发酵。糖化过程可表示为

$$(C_6H_{10}O_5) + nH_2O \xrightarrow{\text{淀粉酶}} nC_{12}H_{22}O_{11}$$

$$C_{12}H_{22}O_{11} + H_2O \xrightarrow{\text{麦芽糖酶}} 2C_6H_{10}O_5$$

(2) 酒精的发酵作用。发酵是利用酵母菌所分泌的酒化酶系统，将葡萄糖转化为酒精的过程。所有酒品的酿造都需要经过酒精发酵过程。酒精发酵原理都是一样的，但方法很多，如白酒入池发酵、黄酒入缸发酵等。发酵过程可表示为

$$C_6H_{10}O_5 \xrightarrow{\text{酒化酶}} 2C_2H_5OH + 2CO_2 + \text{热量(24千卡)}$$

### 2．酒的分类

1) 按制作工艺分类

按制作工艺，可将酒分为蒸馏酒、发酵原酒和配制酒。

(1) 蒸馏酒，酒度一般在 40°以上，刺激性强，耐储藏，如白酒、白兰地、伏特加、威士忌、朗姆酒、金酒等各种高度酒。

(2) 发酵原酒，又称压榨酒或酿造酒，多数为低度酒，如啤酒、葡萄酒、果酒、黄酒等。它们大多保有原料本身固有的自然芳香味，营养丰富，酒体醇厚。这类酒不如蒸馏酒耐储藏，除黄酒和部分酒精度较高的葡萄酒外，不宜久储。

(3) 配制酒，一般中度酒为多。以芳香原料或直接加水果配制、浸泡而成的酒称为露酒，如青梅酒、玫瑰酒等；以中草药配制、浸泡而成的酒一般称为药酒，如竹叶青、五加皮等。

2) 按酒精含量分类

按酒精含量，可将酒分为高度酒、中度酒和低度酒。酒的度数，简称酒度，指的是在 20℃时酒精与酒体的容积百分比。例如，1mL 的酒，含酒精量为 0.5mL，此酒的度数即为 50°。

(1) 高度酒。酒度在 40°以上，多为蒸馏酒，如白酒、白兰地。

(2) 中度酒。酒度在 20°～40°，如露酒、药酒等配制酒。

(3) 低度酒。酒度在 20°以下，如黄酒、葡萄酒、啤酒。

3) 按商业习惯分类

按商业习惯，可将酒分为白酒、啤酒、黄酒和色酒。

(1) 白酒，以含糖或含淀粉的物质为原料，经糖化、发酵、蒸馏等工艺而制成的一种蒸馏酒，是我国的传统饮用酒。

(2) 啤酒，以大麦芽为主要原料，经糖化、发酵而酿造成的含有低度酒精和二氧化碳的发酵原酒。营养丰富，含人体必需的全部氨基酸及维生素，发热量大，易消化吸收，俗称"液体面包"，是对人体有益的低度酒。

(3) 黄酒，又称老酒、料酒，是以大米、糯米或黍米等谷物为原料，经蒸煮、糖化、发酵、压榨等工艺而酿造成的低酒度的发酵原酒。黄酒含丰富营养成分，除饮用外，还可用于烹饪、中药药引。

(4) 色酒，包括果酒、露酒和药酒。果酒，以葡萄或其他果实为原料，经发酵而酿造成的含有低度酒精的发酵原酒，是一种富含营养的饮料酒。露酒，是以白酒、食用酒精、葡萄酒或黄酒为酒基，加入一定比例的香料、糖料和食用色素等配制而成的具有水果风味的

饮料酒。露酒分人工香料配制和天然香料配制，前者用量过多对身体无益。药酒，是以白酒、葡萄酒或黄酒为酒基，再配合中草药、糖分等制成的，分为滋补性药酒和治疗性药酒。

## 二、白酒

### 1. 白酒的原料

白酒的主要原料是含糖和淀粉的原料、辅料、酒曲、酒母和水等。

(1) 含糖和淀粉的原料，主要是谷物和薯类等，如高粱、玉米、大米、白薯、马铃薯等；还有糖质原料，如甘蔗、甜菜。

(2) 辅料，用以调整酒醅的淀粉度、酸度、水分，并使酒醅疏松而有利于白酒蒸馏。要求辅料具备良好的吸水性，含杂质少、新鲜不霉烂，一般可不含或少含营养物质，主要是一些农副产品，如稻壳、麸皮、玉米芯。

(3) 酒曲，是淀粉原料的糖化剂，酒曲中存在的酒化菌，能把淀粉水解为单糖，同时有一定的发酵作用。不同的酒曲，不仅关系到原料的出酒率，同时对酒的风味也影响很大。常用酒曲主要有大曲、小曲、麸曲等。大曲酿造的酒浓郁多香，但成本较高；小曲酒一般香味淡薄；而麸曲酒成本最低，但不如大曲酒风味好。

(4) 酒母，是酒的发酵剂，包括将糖类发酵成酒精的人工酵母培养液，以及固态的人工酵母培养物。

(5) 水，在白酒的组成中占40%左右，水质的好坏直接影响到糖化、发酵及成品风味。酿造用水必须符合生活用水的卫生标准，适合人们饮用。

### 2. 白酒的主要成分

白酒的主要成分是乙醇和水，二者约占总量的98%以上，其余成分为高级醇、有机酸、酯类、多元醇及其他微量成分。这些成分含量虽少，却与白酒的品级质量关系密切。白酒中也含有一些对人体健康有害的成分，这些成分在食品卫生标准中有限制性指标。

(1) 酒精，即乙醇，是白酒及其他各类酒中的基本成分，其含量高低决定了白酒刺激性的强弱。过高的酒度口感辛辣，过低则滋味淡薄，酒度适中则口感醇和。白酒的酒精含量虽偏高，但也因酒类品种的不同有所区别。国内市场上酒度在30°～40°的白酒品种在逐渐增多。

(2) 酸，各种脂肪酸的总量，是发酵过程中产生的有机酸，是白酒中的重要呈味物质，与其他香味物质共同构成白酒特有的芳香。有机酸的含量少则口味淡、后味短；含量过多则掩盖甜味，口感粗糙，风味变劣；含量适中则酒味醇厚。在白酒储存过程中，有机酸还能与醇类发生酯化反应，形成芳香的酯类物质，提高白酒香气。

(3) 醛，主要是乙醛，微量的醛类能使白酒气味芬芳，但具有较强的刺激性和辛辣味，饮后易头晕，有害身体健康。新酒含醛较多，经过储存后会减少。

(4) 酯，是具有芳香的化合物，是白酒中重要的呈味物质。优质白酒酯类物质含量较丰，品种也较复杂。白酒的香型划分，取决于酯的成分。白酒储存中由于酯化反应，酯的含量会提高，这也是优质酒必定要经过陈酿的原因。

(5) 高级醇，又称为杂醇油，指碳原子多于酒精的醇类，产生于酿酒原料中的蛋白质成分，是酒的芳香组成之一，又是酯的前驱物质，但若含量过多，会使酒有刺鼻味和苦涩味，饮后头晕，为恶醉之本，有害健康。

(6) 甲醇，无色液体，在人体氧化成甲醛，是有毒的成分，过度饮用甲醇含量高的白酒会头晕、耳鸣、视力模糊，中毒严重会导致失明、呼吸困难、昏迷，甚至危及生命。100mL甲醛就会使人失明。按我国食品卫生标准规定，粮食白酒每百毫升中甲醇含量不得超过0.04g，薯类代用原料酒不能超过0.12g。

(7) 铅，主要来自酿造设备、盛酒容器等，对人体有害，一般不超过1ppm(1ppm=1mg/L)。

### 3. 白酒的香型

(1) 酱香型：酱香型白酒的特点是酱香突出，幽雅细致，酒体醇厚，回味悠长。酱香型白酒有一种类似豆类发酵时的酱香味，略有焦香，但不过头。主体香为挥发性的酚类化合物，饮酒之后空杯的香气经久不散，且空杯比实杯还香，令人回味无穷。酱香型白酒在我国品种并不多，但很有名，如贵州茅台酒、四川郎酒和湖南常德武陵酒。

(2) 浓香型：浓香型白酒的共性是窖香浓郁，清冽甘爽，绵柔醇厚，香味协调，尾净余长。民间称之为"香浓郁，入门绵，落口甜"。主体香为乙酸乙酯和适量的丁酸乙酯，浓香型白酒品种很多，如泸州老窖特曲、五粮液、洋河大曲、古井贡酒、山东孔府家酒等。

(3) 清香型：清香型白酒的风味特点是清香纯正、口味协调、微甜绵长、余味爽净。主体香为乙酸乙酯和乳酸乙酯，清香型白酒的典型代表有山西杏花村汾酒、河南宝丰酒、山西祁县六曲香和北京二锅头。

(4) 米香型：米香型白酒的风味特点是米香清雅，曲酒本属米香型。主体香以乳酸乙酯为主，乙酸乙酯稍低，米香型酒的代表有桂林三花酒、广东五华县的长乐烧和湖南浏阳河小曲等。

(5) 其他香型：有凤香型，以陕西西凤酒为代表。豉香型，以广东佛山玉冰烧酒为代表。老白干香型，以衡水老白干为代表。芝麻香型，以山东一品景芝系列酒为代表。兼香型，具有一酒多香的风格。酱中带浓型，如湖北白云边酒；浓中带酱型，如黑龙江玉泉酒。董香型，以贵州董酒为代表，也称为药香型。特香型，以四特酒为代表。

### 4. 白酒的感官指标

(1) 色泽：白酒一般应无色透明、清亮、无悬浮物、无浑浊和沉淀物。发酵期较长、储藏期较长的优质白酒略带微黄是允许的。

(2) 香气：优质白酒应芳香扑鼻。白酒的香气可分为溢香、喷香和留香三类香气。品酒时当鼻腔靠近杯口，顿觉芳香物质溢散于杯口附近，用嗅觉可直接辨别香气高低及特点，这叫溢香(也叫闻香)；酒液进入口腔，香气立即充满口腔就叫喷香；酒咽下后，口中留有余香，此即留香。一般白酒都应有一定的溢香，名优白酒要兼有溢香、喷香和留香，而且香气典雅纯正，不带异味。喷香白酒最为突出的是五粮液，而留香突出的是茅台。

(3) 滋味：白酒滋味要求纯正、无异味、无强烈的刺激性。白酒的滋味与其香气是协调一致的，香气较好的滋味也较好。优质名酒要求滋味醇厚、味长，甘有回甜，入口各味协调，有愉快舒适的感觉。

## 三、啤酒

### 1．啤酒的原料

啤酒的原料主要有大麦、酒花、辅助原料、啤酒酵母和水。

(1) 大麦。啤酒以大麦为原料，取其淀粉和蛋白质成分。用来酿造啤酒的优质大麦的特征应为：籽粒饱满，皮薄，色浅，发芽率高，无病虫害和霉变。

(2) 酒花。酒花又称蛇麻花，是大麻科律草属多年生草本植物，可生存 20～30 年，酒花为雌雄异株。酒花给啤酒以特殊的香气和爽口的苦味，促进麦汁的澄清，提高啤酒的稳定性，增加啤酒的泡沫持久性。选择酒花应以色泽黄绿、有清香味为好。

(3) 辅助原料。在酿造啤酒时，为降低成本、提高啤酒的质量，选择一些含淀粉较多的谷物和糖类为辅助原料。在不降低质量的前提下，尽量使用辅助原料，常用的有大米、糖和去胚玉米。

(4) 啤酒酵母。酿造啤酒的酵母必须是纯种培养的耐低温酵母，其作用是使大麦芽发酵。啤酒酵母是一种非常安全、营养丰富、均衡的食用微生物，啤酒酵母中几乎不含脂肪、淀粉和糖，而含有绝佳的蛋白质、完整的 B 族维生素、多种生物态矿物质及优质膳食纤维。

(5) 水。酿造啤酒的用水应符合饮用水标准，水质的选择对成品啤酒风味和质量影响很大。要求用深井水，硬度不宜太高。

### 2．啤酒的成分

啤酒的酒精含量较少，一般为 2%～5%；90%都是水；含有较多的浸出物，主要是一些营养物质，如糖类、蛋白质、矿物质、维生素等。啤酒营养丰富，含人体必需的全部氨基酸及维生素，发热量大，易消化吸收，在世界营养食品会议上被列入营养食品行列，有"液体面包"之称，是一种对人体有益的低度酒。啤酒的主要成分如下。

(1) 酒精。酒精含量是表示啤酒强度的一种方法，含量由麦汁浓度和发酵度决定。酒精度的计量单位目前改用体积分数(%vol)表示。啤酒浓度是指原麦汁浓度，即啤酒的麦芽辅料糖化后液体中含糖的浓度，它与白酒的酒度不同。例如，12°的啤酒是麦芽汁浓度为 12%，酒精含量 3.5%左右，发酵度应在 60%以上。

(2) 碳水化合物。啤酒中的碳水化合物主要是不能被酵母发酵的糊精，这部分糊精对啤酒的口味较重要，它能增加啤酒的醇厚感——也是啤酒产生热量的主要来源。

(3) 含氮物。麦汁中低分子含氮物质含量较多，经发酵，低分子含氮物多数被酵母繁殖所利用，但酵母在代谢中也分泌一些含氮物(低分子含氮物占啤酒总量 25%)，这些含氮物对啤酒的营养和风味有较好的影响。

(4) 二氧化碳。啤酒中的二氧化碳是啤酒质量的重要特征。溶于啤酒中的二氧化碳可降低啤酒的 pH 值，使口味柔和，清凉爽口，饮后能帮助体内热量散发，且使啤酒产生泡沫。

二氧化碳还可防止杂菌污染。

### 3. 啤酒的种类

1) 根据啤酒的色泽分类

根据啤酒的色泽不同可分为：①浅色啤酒，色度在 0.4mL 碘液(N/10 碘液)以下，酒液淡黄，口味清爽，酒花香气突出，酒液透亮，属于淡爽型；②金黄色啤酒，色度为 0.4～0.7mL 碘液，酒液金黄，口味清爽醇和，酒花香味突出；③棕黄色啤酒，色为在 0.7mL 碘液以上，酒液褐黄、棕黄，香气有焦味，口味稍苦醇爽；④浓色啤酒，色液在 1～3.5mL 碘液，酒色棕红，麦芽香气突出，口味醇厚；⑤黑色啤酒，色度为 5～15mL 碘液，酒色深红褐色或黑褐色，麦芽香味突出，口味醇厚，泡沫细腻。

我国的啤酒国家标准 GB/T 4927—2008 中按色泽将啤酒分为：①淡色啤酒，色度为 2～14 EBC 的啤酒；②浓色啤酒，色度为 15～40 EBC 的啤酒；③黑色啤酒，色度≥41 EBC 的啤酒。EBC 色标是一种经欧洲酿酒协会认可的色度标准，用于测量啤酒、麦芽糖和糖类溶液等色度。EBC 色标的范围为 2～27，浅黄色的植物和啤酒在色标的最小值，而深色的植物、啤酒和糖浆在色标的最高值。如果样品颜色不在测量范围之内(如浓缩果汁)，可以采用稀释样品和使用不同光程比色皿来解决。

2) 按麦汁浓度分类

啤酒按麦汁浓度不同，可分为以下几类。

(1) 高浓度啤酒。原麦汁浓度为 14°～20°，酒精含量为 4.9%～5.6%vol。例如，浓色啤酒或黑啤酒，这类啤酒稳定性好，口味醇厚，耐储存。

(2) 中浓度啤酒。原麦汁浓度 11°～12°，酒精含量为 3.1%～3.8%vol，我国大多数啤酒属于此种。

(3) 低浓度啤酒。原麦汁浓度为 7°～8°，酒精含量为 2%vol 左右，属于营养型啤酒。成本低，稳定性差，多作为夏天清爽饮料。

3) 按工艺中是否杀菌分类

啤酒按工艺中是否杀菌，可分为以下几类。

(1) 鲜啤酒，又称生啤酒。在生产中未经杀菌，达到一定生物稳定性的啤酒。味鲜美，营养价值高，但稳定性差，多为夏季桶装啤酒。国家标准 GB/T 4927—2008 中将鲜啤酒和生啤酒划分开，鲜啤酒(Fresh beer)是不经巴氏灭菌或瞬时高温灭菌，成品中允许含有一定量活酵母菌，达到一定生物稳定性的啤酒；生啤酒(Draft beer)是不经巴氏灭菌或瞬时高温灭菌，而采用其他物理方法除菌，达到一定生物稳定性的啤酒。

(2) 熟啤酒(Pasteurized beer)，是指装瓶后经过巴氏灭菌或瞬时高温灭菌的啤酒。熟啤酒可防止酵母发酵和微生物引起的质量变化，稳定性好，不易发生混浊，易保管。熟啤酒多用于瓶装和罐装。

4) 按酒精含量分类

啤酒按酒精含量不同，可分为以下几类。

(1) 低醇啤酒(Low-alcohol beer)，酒精度为 0.6%～2.5%vol 的啤酒。除特征性外，其他

要求应符合相应类型啤酒的规定。

(2) 无醇啤酒(Non-alcohol beer)，也称为脱醇啤酒，酒精度≤0.5%vol，原麦汁浓度≥3.0°P 的啤酒。除各特性外，其他要求应符合相应类型啤酒的规定。

**4．啤酒的质量要求**

1) 感官检验

(1) 透明度。酒液应澄清透明、有光泽、无杂质、无明显悬浮物和沉淀物。

(2) 色泽。啤酒的色泽取决于麦芽的颜色。不同种类的啤酒颜色有不同的要求，一般的要求是颜色应鲜明、协调，色度应在标准规定范围之内。鉴定色泽的方法采用比色法。

(3) 气味与滋味。应有明显的酒花香味，口味纯正，无其他异味。浅色啤酒要求酒花香气突出，深色啤酒要求麦芽香气突出。

(4) 泡沫。酒类中唯有啤酒将泡沫作为一项质量指标，要求啤酒倒入杯中，即时有泡沫升起。泡沫以洁白细腻为好，起初时要盖满酒面，并应缓慢消失，持久地挂杯。国家标准 GB/T 4927—2008 中淡色啤酒感官要求见表 6-1。

表 6-1 淡色啤酒感官要求

| 项 目 | | | 优 级 | 一 级 |
| --- | --- | --- | --- | --- |
| 外观[a] | 透明度 | | 清亮，允许有肉眼可见的微细悬浮物和沉淀物(非外来异物) | |
| | 浊度/EBC | | ≤0.9 | ≤1.2 |
| 泡沫 | 形态 | | 泡沫洁白细腻，持久挂杯 | 泡沫较洁白细腻，较持久挂杯 |
| | 泡持性[b]/s | 瓶装 | ≥180 | ≥130 |
| | | 听装 | ≥150 | ≥110 |
| 香气和口味 | | | 有明显的酒花香气，口味纯正，爽口，酒体协调，柔和，无异香、异味 | 有较明显的酒花香气，口味纯正，较爽口，协调，无异香、异味 |

[a] 对非瓶装的"鲜啤酒"无要求。
[b] 对桶装(鲜、生、熟)啤酒无要求。

2) 理化检验

(1) 酒精含量。啤酒中酒精含量与麦汁浓度和发酵度有关，含量较低，一般来说 12°啤酒，酒精含量应不低于 3.5%。

(2) 原麦汁浓度。为标签上标注的原麦汁浓度，通常 12°啤酒原麦汁浓度应不小于 12%。

(3) 总酸。酒中酸对啤酒的风味影响较大，适量的酸可改进啤酒的风味，但酸含量过多会使啤酒风味变坏。啤酒中总酸在 1.8%～3.0%为佳(中和 100mL 啤酒需 0.1N 氢氧化钠 1mL)。

(4) 二氧化碳。二氧化碳是啤酒的重要成分，含量在 3%略高一点，其含量可用气压计测定。此外，还有双乙酰、蔗糖转化酶活性等理化指标。国家标准 GB/T4927—2008 中淡色啤酒理化要求见表 6-2。

表6-2 淡色啤酒理化要求

| 项　目 | | 优　级 | 一　级 |
|---|---|---|---|
| 酒精度 a /%vol ≥ | ≥14.1 °P | | 5.2 |
| | 12.1°P～14.0 °P | | 4.5 |
| | 11.1°P～12.0 °P | | 4.1 |
| | 10.1°P～11.0 °P | | 3.7 |
| | 8.1°P～10.0 °P | | 3.3 |
| | ≤8.0 °P | | 2.5 |
| 原麦汁浓度 b /°P | | | X |
| 总酸/(mL/100mL) ≤ | ≥14.1 °P | | 3.0 |
| | 10.1°P～14.0 °P | | 2.6 |
| | ≤10.0 °P | | 2.2 |
| 二氧化碳 c /%(质量分数) | | 0.35～0.65 | |
| 双乙酰/(mg/L) ≤ | | 0.10 | 0.15 |
| 蔗糖转化酶活性 d | | 呈阳性 | |

a 不包括低醇啤酒、无醇啤酒。
b "X"为标签上标注的原麦汁浓度；≥10.0 °P 允许的负偏差为-0.3；＜10.0 °P 允许的负偏差为-0.2。
c 桶装(鲜、生、熟)啤酒二氧化碳不得小于 0.25%(质量分数)。
d 仅对"生啤酒"和"鲜啤酒"有要求。

#### 5．啤酒的储藏

啤酒是一种含酒精较低的饮料酒，且酒中含有较多的营养物质，故不易储存，易受杂菌感染或由于理化作用而发生质量变化，轻者失色，重者会出现混浊和沉淀现象，严重时不能饮用。啤酒应遮光低温储藏，生啤酒适宜温度为5～10℃，不超过15℃；熟啤酒为5～20℃，不超过25℃。环境温度越高，储存期越短。啤酒的储存期限一般为：生啤酒为5～7天，熟啤酒为3～9个月。

## 四、黄酒

#### 1．黄酒的原料与成分

黄酒是我国最古老的一种饮料酒，黄酒的甜醇不亚于许多名品洋酒。黄酒酒度不高，营养价值高，是具有发展前途的"健康饮料"。黄酒的主要原料是米，如粳米、糯米、黍米等，还有酒曲、酒母或酒药、水等。黄酒的主要成分包括酒精、糖分、有机酸、氨基酸、矿物质、维生素等。酒精含量高低与黄酒的风味有关，也与其保存期限有关，普通黄酒中含酒精11%～18%。糖的含量高低与酒的甜味及酒体的黏稠度有关，不同的黄酒，糖分要求有很大差别。酸与黄酒的滋味、香气均有关系，含酸量在 0.4%左右为好。黄酒中的蛋白质含量为酒中之最，含有 21 种氨基酸，并具备 8 种人体必需氨基酸，故被誉为"液体蛋糕"。

例如，每升加饭酒中的必需氨基酸达 3400mg，而啤酒和葡萄酒中的必需氨基酸仅为 440mg 或更少。黄酒中已检出的无机盐达 18 种，包括钙、镁、钾、磷、铁、锌等。黄酒中的维生素 B、维生素 E 的含量也很丰富，主要来自原料和酵母自溶物。此外，黄酒还含有多酚、类黑精、谷胱甘肽等生理活性成分，具有清除自由基、预防心血管病、抗癌、抗衰老等生理功能。黄酒除了饮用外，还可以制成药酒。在烹调时，黄酒是烹制荤腥类食品的重要佐料。

**2. 黄酒的种类**

1) 按地区分类

黄酒按地区分类，可分为绍兴黄酒、福建黄酒、山东黄酒和吉林黄酒。

(1) 绍兴黄酒，以糯米、麸曲、酒药等为原料酿造而成，是南方糯米黄酒的突出代表，主要有元红酒、加饭酒、善酿酒和香雪酒等。元红酒和加饭酒含糖少，属于干型黄酒，酒度 15°～16.5°；善酿酒为半甜型黄酒，酒度 14°；香雪酒为浓甜型黄酒，酒度 20°左右。

(2) 福建黄酒，以糯米或粳米、红曲等为原料酿造而成，也称福建红曲酒，以福建老酒和龙岩沉缸酒最著名，享誉东南沿海地区。福建老酒呈褐黄色，口味醇和，甜度爽适，属半甜型黄酒，酒度 14°～37°。沉缸酒酒度 20°，糖分高达 22%，入口稍黏稠，似蜂蜜，其甜味与酒的辛辣、酸的爽口与红曲的苦香配合和谐，使人饮之难忘。

(3) 山东黄酒，以黍米或大米、麸曲等为原料酿造而成，即墨老酒最为著名。属半甜或甜黄酒，酒色黑褐明亮，酒香浓郁，酒度 12°左右，含糖量 8%左右，入口醇香，甘爽清口。

(4) 吉林清酒，以大米为原料，米曲霉和清酒酵母为糖化发酵剂。酿造技艺系从日本，是一种改良的黄酒，属干黄酒，酒度 16°～17°，酒色淡黄，清澈透明，香气清雅，滋味纯正。

2) 按含糖量分类

黄酒按含糖量分类，可分为干黄酒、半干黄酒、半甜黄酒和甜黄酒。

(1) 干黄酒。"干"表示酒中的含糖量少，总糖含量低于或等于 15g/L。口味醇和、鲜爽、无异味，如吉林清酒、绍兴元红酒。

(2) 半干黄酒。"半干"表示酒中的糖分未全部发酵成酒精，还保留了一些糖分。在生产上，这种酒的加水量较低，相当于在配料时增加了饭量，总糖含量在 15.1～40g/L，故又称为"加饭酒"。口味醇厚、柔和、鲜爽、无异味。我国大多数高档黄酒，均属此种类型。

(3) 半甜黄酒。半甜黄酒采用独特的工艺，用成品黄酒代水，加入发酵醪中，使糖化发酵在开始时，发酵醪中的酒精浓度就达到较高的水平，在一定程度上抑制了酵母菌的生长速度。由于酵母菌数量较少，使发酵醪中产生的糖分不能转化成酒精，故成品酒中的糖分较高。总糖含量在 40.1～100g/L，口味醇厚、鲜甜爽口，酒体协调，无异味，如山东黄酒、福建老酒、绍兴善酿酒。

(4) 甜黄酒。甜黄酒一般是采用淋饭操作法，拌入酒药，搭窝先酿成甜酒酿，当糖化至一定程度时，加入 40%～50%浓度的米白酒或糟烧酒，以抑制微生物的糖化发酵作用，总糖含量高于 100g/L。口味鲜甜、醇厚，酒体协调，无异味，如山东黄酒、福建沉缸酒、绍兴香雪酒。

3) 按产品风格分类

黄酒按产品风格分类，可分为传统型黄酒、清爽型黄酒和特型黄酒。

(1) 传统型黄酒，是指以稻米、黍米、玉米、小米、小麦、水等为主要原料，经蒸煮、加酒曲、糖化、发酵、压榨、过滤、煎酒(除菌)、贮存、勾调而成的黄酒。沿用几千年来古人酿制的传统工艺，糯米为"酒之肉"，麦曲为"酒之骨"，水为"酒之血"，窖藏多年开坛装瓶，每瓶都是原汁原味的发酵酒，无任何添加与勾兑过程，产品价值和营养价值以传统型黄酒为尊。

(2) 清爽型黄酒，是指以稻米、黍米、玉米、小米、小麦、水等为主要原料，经蒸煮、加入酒曲和/或部分酶制剂、酵母为糖化发酵剂，经糖化、发酵、压榨、过滤、煎酒(除菌)、贮存、勾调而成的、口味清爽的黄酒。酒体设计降低了主要骨架成分(糯米发酵)含量，相应地增加复杂成分的含量和种类；技术采用新工艺方法控制原酒生产的工艺条件(包括原料、糖化发酵剂、发酵工艺、添加芳香植物料、合理贮存、酒基组合勾兑等)。

(3) 特型黄酒，是指由于原辅料和/或工艺有所改变，具有特殊风味且不改变黄酒风格的酒。在现代黄酒生产过程中可添加一些符合国家规定的添加剂、即可食用又可药用等物质的新型黄酒。

### 3. 黄酒的质量要求

1) 感官指标

感官指标主要指色泽、香气和口味。

(1) 色泽：大多数黄酒具有黄中带红的颜色，从浅黄至红褐色不等，清澈透明，有光泽，不混浊，无沉淀。

(2) 香气：黄酒的香气十分复杂，具有药香、酒香和曲香的综合香，形成黄酒特有的香气。以香气浓郁、爽冽为优，不带任何外来的气味。

(3) 滋味：黄酒的口味应是甜、酸、鲜、苦、辣五味协调，有醇厚感，无酸涩味。

根据黄酒的国家标准 GB/T 13662—2018，传统型黄酒感官要求见表 6-3。

2) 理化指标

理化指标主要指酒精度、酸度、糖分和非糖固形物。

(1) 酒精度：一般在温度 20℃时，含酒精为 8%～16%。

(2) 酸度：总酸量一般在 3.0～8.0g/L(以乳酸计)。

(3) 糖分：总糖量(以葡萄糖计)干黄酒小于 15g/L，半干黄酒在 15.1～40g/L，半甜黄酒在 40.1～100g/L，甜黄酒大于 100g/L。

(4) 非糖固形物：传统型黄酒的非糖固形物要大于 9.5g/L，清爽型黄酒大于 5g/L。

此外，还有氨基酸态氮、pH、氧化钙、苯甲酸等理化指标。根据黄酒的国家标准 GB/T 13662—2018，传统型干黄酒理化要求见表 6-4。

表 6-3　传统型黄酒感官要求

| 项　目 | 类　型 | 优级 | 一级 | 二级 |
|---|---|---|---|---|
| 外观 | 干黄酒、半干黄酒、半甜黄酒、甜黄酒 | 淡黄色至深褐色,清亮透明,有光泽,允许瓶(坛)底有微量聚集物 | 淡黄色至深褐色,清亮透明,允许瓶(坛)底有少量聚集物 | |
| 香气 | 干黄酒、半干黄酒、半甜黄酒、甜黄酒 | 具有黄酒特有的浓郁醇香,无异香 | 黄酒特有的醇香较浓郁,无异香 | 具有黄酒特有的醇香,无异味 |
| 口味 | 干黄酒 | 醇和,爽口,无异味 | 醇和,较爽口,无异味 | 尚醇和,爽口,无异味 |
| | 半干黄酒 | 醇厚,柔和鲜爽,无异味 | 醇厚,较柔和鲜爽,无异味 | 尚醇厚鲜爽,无异味 |
| | 半甜黄酒 | 醇厚,鲜甜爽口,无异味 | 醇厚,较鲜甜爽口,无异味 | 醇厚,尚鲜甜爽口,无异味 |
| | 甜黄酒 | 鲜甜,醇厚,无异味 | 鲜甜,较醇厚,无异味 | 鲜甜,尚醇厚,无异味 |
| 风格 | 干黄酒、半干黄酒、半甜黄酒、甜黄酒 | 酒体协调,具有黄酒品种的典型风格 | 酒体较协调,具有黄酒品种的典型风格 | 酒体尚协调,具有黄酒品种的典型风格 |

表 6-4　传统型干黄酒理化要求

| 项　目 | | 稻米黄酒 | | | 非稻米黄酒 | |
|---|---|---|---|---|---|---|
| | | 优级 | 一级 | 二级 | 优级 | 一级 |
| 总糖(以葡萄糖计)/(g/L) | ≤ | 15.0 | | | | |
| 非糖固形物/(g/L) | ≥ | 14.0 | 11.5 | 9.5 | 14.0 | 11.5 |
| 酒精度(20℃)/(%vol) | ≥ | $8.0^a$ | | | $8.0^b$ | |
| 总酸(以乳酸计)/(g/L) | | 3.0~7.0 | | | 3.0~10.0 | |
| 氨基酸态氮/(g/L) | ≥ | 0.35 | 0.25 | 0.20 | 0.16 | |
| pH 值 | | 3.5~4.6 | | | | |
| 氧化钙/(g/L) | ≤ | 1.0 | | | | |
| 苯甲酸$^c$/(g/kg) | ≤ | 0.05 | | | — | |

注:a 酒精度低于 14%vol 时,非糖固形物和氨基酸态氮的值按 14%vol 折算,酒精度标签所示值与实测值之间差为±1.0%vol。

b 酒精度低于 11%vol 时,非糖固形物和氨基酸态氮的值按 11%vol 折算,酒精度标签所示值与实测值之间差为±1.0%vol。

c 指黄酒发酵及贮存过程中自然产生的苯甲酸。

### 4．黄酒的储藏

黄酒的储藏需要一个适宜的环境,既阻隔强光照射和杂菌侵袭,又利于黄酒品性的形成,改进风味和提高质量。传统的方法是将黄酒密封在陶制酒坛内置于地下窖藏,现在多选择温度变化较平稳的地下库房或酒窖。黄酒宜贮存于阴凉、干燥、通风的库房中,不得露天堆放、日晒、雨淋或靠近热源。接触地面的包装箱底部应垫有100mm以上的间隔材料。不得与有毒、有害、有腐蚀性、易挥发或有异味的物品同库贮存。贮存温度在5～35℃，相对湿度在60%～70%。不能储存低于-5℃的环境中，否则会受冻变质，冻裂酒坛。由于黄酒中含有较多的营养成分，故储存后有时会出现少量沉淀，属于正常现象，并非变质。

【案例分析6-4】

黄酒的时尚饮法

**1. 温饮黄酒**

黄酒最传统的饮法是温饮。温饮的显著特点是酒香浓郁，酒味柔和。温酒的方法一般有两种：一种是将盛酒器放入热水中烫热，另一种是隔火加温。但黄酒加热时间不宜过久，否则酒精都挥发掉了，反而淡而无味。一般来说，冬天盛行温饮。

黄酒的最佳品评温度是在38℃左右。在黄酒烫热的过程中，黄酒中含有的极微量对人体健康无益的甲醇、醛、醚类等有机化合物，会随着温度升高而挥发掉，同时，脂类芳香物则会随着温度的升高而蒸腾，从而使酒味更加甘爽醇厚，芬芳浓郁。因此，黄酒烫热喝是有利于健康的。

**2. 冰镇黄酒**

目前，在年轻人中盛行一种冰镇黄酒的喝法，尤其在我国香港及日本，流行黄酒加冰后饮用。自制冰镇黄酒，可以从超市买来黄酒后，放入冰箱冷藏室，温度控制在3℃左右为宜。饮时再在杯中放几块冰，口感更好。也可根据个人口味，在酒中放入话梅、柠檬等，或兑些雪碧、可乐、果汁，有消暑、促进食欲的功效。

**3. 佐餐黄酒**

黄酒的配餐也十分讲究，以不同的菜配不同的酒，则更可领略黄酒的特有风味。以绍兴酒为例：干型的元红酒，宜配蔬菜类、海蜇皮等冷盘；半干型的加饭酒，宜配肉类、大闸蟹；半甜型的善酿酒，宜配鸡鸭类；甜型的香雪酒，宜配甜菜类。

(资料来源：北方网，有改动)

问题：常饮黄酒对身体好吗？为什么？

## 五、葡萄酒

**1. 葡萄酒的原料与成分**

按照国际葡萄酒组织的规定，葡萄酒只能是破碎或未破碎的新鲜葡萄果实或汁完全或部分发酵后获得的饮料，其酒精度数不能低于8.5°。按照我国葡萄酒标准GB/T 15037—2006规定，葡萄酒是以鲜葡萄或葡萄汁为原料，经全部或部分发酵酿制而成的、含有一定酒精度的发酵酒。葡萄酒较多地保留着果品中原有的营养成分，并带有特产名果的独特香味。

葡萄酒的酿制在工艺上要经过主发酵和后发酵阶段，后发酵就是在主发酵阶段酿成后还要贮藏 1 年以上继续发酵的过程。葡萄酒原料主要有：鲜葡萄或葡萄汁；糖，绵白糖或白砂糖；白兰地或食用酒精；酵母和水。

葡萄酒的成分相当复杂，它是经自然发酵酿造出来的果酒，含有最多的是葡萄果汁，占 80%以上，其次是经葡萄里面的糖分自然发酵而成的酒精，一般在 10%～15%，剩余的物质超过千种，比较重要的有 300 多种。其他重要的成分包括酸、单宁、色素、糖、氨基酸、蛋白质和维生素、芳香物质等，虽然这些物质所占的比例不高，却是酒质优劣的决定性因素。

(1) 酸：有些来自葡萄，如酒石酸、苹果酸和柠檬酸；有些是酒精发酵和乳酸发酵生成的，如乳酸和醋酸。这些主要的酸，在酒的酸性风味和均衡味道上起着重要的作用。

(2) 酚类化合物：含量 1～5g/L，主要是自然红色素以及单宁，这些物质决定红酒的颜色和结构。

(3) 糖分：含量 0.2～5g/L，不同类型的酒含糖量不同。

(4) 氨基酸、蛋白质和维生素（C、$B_1$、$B_2$、$B_{12}$、PP）：影响着葡萄酒的营养价值。

(5) 芳香物质：主要是酯类、醛类、酮类等，每公升含数百毫克，它们是挥发性的，种类很多，是构成酒香的重要物质。

【案例分析6-5】

### 喝葡萄酒的好处

饮用葡萄酒，对人体有以下好处。

第一是延缓衰老。人体跟金属一样，在大自然中会逐渐"氧化"。人体氧化的罪魁祸首不是氧气，而是氧自由基，是一种细胞核外含不成对电子的活性基团。这种不成对的电子很容易引起化学反应，损害 DNA（脱氧核糖核酸）、蛋白质和脂质等重要生物分子，进而影响细胞膜转运过程，使各组织、器官的功能受损。红葡萄酒中含有较多的抗氧化剂，如多酚物质（如单宁）、鞣酸、黄酮类物质、维生素 C、维生素 E、微量元素硒、微量元素锌、微量元素锰等，能消除或对抗氧自由基，所以具有抗老防病的作用。

第二是预防心脑血管病。红葡萄酒能使血中的高密度脂蛋白（HDL）升高，而 HDL 的作用是将胆固醇从肝外组织转运到肝脏进行代谢，所以能有效地降低血胆固醇，防治动脉粥样硬化。不仅如此，红葡萄酒中的多酚物质，还能抑制血小板的凝集，防止血栓形成。虽然白酒也有抗血小板凝集作用，但几个小时之后会出现"反跳"，使血小板凝集比饮酒前更加亢进，而红葡萄酒则无此"反跳"现象，饮用 18 个小时后仍能持续地抑制血小板凝集。

第三是预防癌症。葡萄皮中含有白藜芦醇，可以防止正常细胞癌变，并能抑制癌细胞的扩散。在各种葡萄酒中，红葡萄酒中白藜芦醇的含量最高。由于白藜芦醇可使癌细胞丧失活动能力，所以红葡萄酒是预防癌症的佳品。

第四是美容养颜。红葡萄酒作为美容养颜的佳品，备受人们喜爱。有人说，法国女子皮肤细腻、润泽而富于弹性，与经常饮用红葡萄酒有关。红葡萄酒能防衰抗老，使皮肤少生皱纹。除饮用外,还有不少人喜欢将红葡萄酒外搽于面部及体表,因为低浓度的果酸有抗皱洁肤的作用。

虽然,饮用红葡萄酒的好处非常多,然而也有量的限制。专家认为,饮用红葡萄酒,按酒精含量12%计算,每天不宜超过250ml,否则会危害健康。

(资料来源:百度百科,有改动)

**问题:** 市面上有一种较为便宜的"葡萄酒",喝着有一种浓郁的香精味,常喝这种"葡萄酒"会起到上述葡萄酒的功效吗?

#### 2. 葡萄酒的分类

葡萄酒主要按色泽、含糖量和二氧化碳含量分类,具体如下。

1) 按色泽分类

(1) 红葡萄酒:选用红色或紫黑色葡萄为原料,采用带皮浸渍发酵酿制而成。红葡萄酒又可细分为干红葡萄酒、半干红葡萄酒、半甜红葡萄酒和甜红葡萄酒。

(2) 白葡萄酒:选用黄绿色葡萄或红葡萄的果汁发酵酿制而成。酒色呈浅黄色或金黄色。口味鲜爽,澄清透明,柔和,清香。白葡萄酒可细分为干白葡萄酒、半干白葡萄酒、半甜白葡萄酒和甜白葡萄酒。

(3) 桃红葡萄酒:也叫粉红葡萄酒、玫瑰红酒,用带色的红葡萄带皮发酵或分离发酵制成。颜色是从很浅的粉红到深深的桃红,有无数种色彩的可能,气味清淡、新香,可与大部分美食互相协调。

2) 按含糖量分类

(1) 干葡萄酒:"干"即不添加任何水、香料、酒精等添加剂,直接用纯葡萄或汁酿造的酒。葡萄中糖分经发酵后,大部分成为酒精。100mL 酒含糖量在 0.4g 以下,口味比较酸涩,有明显的葡萄果香,多为佐餐饮品。我国干葡萄酒中含糖(以葡萄糖计)≤4.0g/L;或者当总糖与总酸(以酒石酸计)的差值≤2.0g/L 时,含糖最高为 9.0g/L。

(2) 半干葡萄酒:100mL 酒中含糖分在 0.4~1.2g,酒香浓郁,微酸、爽口。我国半干葡萄酒中含糖大于干葡萄酒,最高为 12.0g/L;或者当总糖与总酸(以酒石酸计)的差值≤2.0g/L 时,含糖最高为 18.0g/L。

(3) 半甜葡萄酒:100mL 酒中含糖分在 1.2~5.0g,口味微甜,醇厚。我国半甜葡萄酒中含糖大于半干葡萄酒,最高为 45.0g/L。

(4) 甜葡萄酒:酒中糖分含量高,100mL 酒含糖分在 5g 以上,口味甜爽。我国甜葡萄酒中糖分含量一般大于 45.0g/L。

3) 按二氧化碳含量分类

(1) 平静葡萄酒:又称为静酒或静态葡萄酒,是不含有自身发酵或人工添加二氧化碳的葡萄酒,或者在20℃时,二氧化碳压力小于 0.05MPa 的葡萄酒。

(2) 起泡葡萄酒:酒中含有大量二氧化碳,开瓶时产生大量泡沫的葡萄酒。在法国香槟地区生产的起泡酒叫香槟酒,其他地区生产的同类型产品按国际惯例不得叫香槟酒,一般叫起泡酒。如果所含二氧化碳是用葡萄酒加糖再发酵产生的，就是一般意义上的起泡酒。如果用人工方法将二氧化碳添加到葡萄酒中，则叫汽酒。我国国家标准 GB/T 15037—2006 中将起泡酒定义为：在 20℃时，二氧化碳压力≥0.05MPa 的葡萄酒。二氧化碳的作用会使酒更具有清新、愉快、爽怡的味感。

根据二氧化碳压力的大小又分为高泡葡萄酒和低泡葡萄酒。高泡葡萄酒是指在 20℃时二氧化碳(全部自然发酵产生)压力≥0.35MPa(对于容量小于 250mL 的瓶子，二氧化碳压力≥0.3MPa)的起泡葡萄酒。低泡葡萄酒是指在 20℃时二氧化碳(全部自然发酵产生)压力在 0.05MPa～0.34MPa 的起泡葡萄酒。

【案例分析 6-6】

### 干红的饮用

葡萄酒一般倒至酒杯的一半处，不可过满；酒温一般调至 12～20℃为宜；喝红葡萄酒时应在饮用前半小时打开瓶塞，让酒"呼吸"一下，会使酒香、果香表现得更完美。但开启后不能长时间存放，专家建议，开瓶后常温保存一天，装瓶密封放冰箱内(12℃左右，温度不可过低)可存放一周。

在光线充足的情况下将酒杯横置在白纸上，观看杯中红酒的边缘就能判断出酒的年龄。层次分明者多是新酒；颜色均匀的是有些年份的；如果微微呈棕色，那有可能碰到了一瓶陈年佳酿。

饮用干红的正确方法，是不添加其他饮料，可以加冰块(也有人认为加冰对胃肠不好，还有人认为冰镇后单宁特性更显著，味道较涩，最好室温12～20℃为宜)。干红是正餐用酒，并不适合在节庆或聚会的时候喝，香槟才是最好的选择。在吃烤牛肉和牛排的时候，以干红佐餐，会觉得牛肉滋味更好，能够促进食欲、帮助消化。类似于青稞酒配牛羊肉。

(资料来源：根据人民网和中国酒博会相关资料整理)

问题：干红会有些酸涩感，不如甜葡萄酒好喝，中国人喜欢加雪碧等饮料，而国外强调其为佐餐酒，配红肉食用滋味更好，为什么？

### 3．葡萄酒的质量要求

1) 感官要求

(1) 色泽：葡萄酒因种类不同而色泽也不同，应具有与天然果实相近的色泽。红葡萄酒的酒色呈自然深宝石红、宝石红、紫红或石榴红，凡黄褐、棕褐或土褐颜色，均不符合红葡萄酒的色泽要求；白葡萄酒的酒色微黄带绿，近似无色或浅黄、禾秆黄、金黄，凡深黄、土黄、棕黄或褐黄等色，均不符合白葡萄酒的色泽要求；桃红葡萄酒的酒色为淡红、桃红、橘红或玫瑰色，凡色泽过深或过浅均不符合桃红葡萄酒的要求。

(2) 透明度：透明度是反映酒质是否正常的一项指标。优质葡萄酒应澄清透明，有光泽、不混浊、无沉淀。

(3) 香气：葡萄酒中香气主要是果香和酒香，构成了葡萄酒的典型性，即风格。果香是形成各种酒风味的重要因素，酒香是在酿造中产生的香气。溶解在酒中的香味成分，构成了挥发物和固型物。酒香越丰满持久，酒质越佳。例如，甜葡萄酒的风格应是爽、酸、甜、馥感，各味和谐统一；干白葡萄酒应具有清新、爽、利、愉、雅等独特风格。

(4) 滋味：滋味是决定葡萄酒质量的重要指标。优质葡萄酒酒味香甜爽口、醇厚、软润，不得过酸、过苦、过涩。干型酒滋味应爽口，舒适洁净，滋味丰满和谐。甜型酒应醇厚爽口、酸、甜、涩味和谐，醇而不冽，甜而不腻。

感官要求可参见国家标准，见表6-5。

表6-5 葡萄酒的感官要求

| 项目 | | | 要求 |
|---|---|---|---|
| 外观 | 色泽 | 白葡萄酒 | 近似无色、微黄带绿、浅黄、禾秆黄、金黄色 |
| | | 红葡萄酒 | 紫红、深红、宝石红、红微带棕色、棕红色 |
| | | 桃红葡萄酒 | 桃红、淡玫瑰红、浅红色 |
| | 澄清程度 | | 澄清，有光泽，无明显悬浮物(使用软木塞封口的酒允许有少量软木渣，装瓶超过1年的葡萄酒允许有少量沉淀) |
| | 起泡程度 | | 起泡葡萄酒注入杯中时，应有细微的串珠状气泡升起，并有一定的持续性 |
| 香气与滋味 | 香气 | | 具有纯正、优雅、怡悦、和谐的果香与酒香，陈酿型的葡萄酒还应具有陈酿香或橡木香 |
| | 滋味 | 干、半干葡萄酒 | 具有纯正、优雅、爽怡的口味和悦人的果香味，酒体完整 |
| | | 半甜、甜葡萄酒 | 具有甘甜醇厚的口味和陈酿的酒香味，酸甜协调，酒体丰满 |
| | | 起泡葡萄酒 | 具有优美醇正、和谐悦人的口味和发酵起泡酒的特有香味 |
| 典型性 | | | 具有标示的葡萄品种及产品类型应有的特征和风格 |

感官评价可参考 GB/T 15037—2006 的附录 A 进行，见表6-6。

表6-6 GB/T 15037—2006 的附录 A 葡萄酒感观分类评价描述

| 等级 | 描述 |
|---|---|
| 优级品 | 具有该产品应有的色泽，自然、悦目、澄清(透明)、有光泽；具有纯正、浓郁、优雅和谐的果香(酒香)，诸香协调，口感细腻、舒顺，酒体丰满、完整、回味绵长，具有该产品应有的怡人风格 |
| 优良品 | 具有该产品的色泽；澄清透明，无明显悬浮物，具有纯正和谐的果香(酒香)，口感纯正，较舒顺，较完整，优雅，回味较长，具有良好的风格 |
| 合格品 | 与该产品应有的色泽略有不同，缺少自然感，允许有少量沉淀，具有该产品应有的气味，无异味，口感尚平衡，欠协调、完整，无明显缺陷 |
| 不合格品 | 与该产品应有的色泽明显不符，严重失光或混浊，有明显异香、异味，酒体寡淡、不协调，或有其他明显的缺陷(除色泽外，只要有其中一条，则判为不合格品) |
| 劣质品 | 不具备应有的特征 |

## 2) 理化要求

葡萄酒的理化指标主要有：酒精度，一般含量为12%～18%，我国规定20℃时大于7.0%。酸度，酒中含有挥发酸和不挥发酸，两者之和为总酸。葡萄酒的一般总酸为0.4%～0.6%(以酒石酸计)。我国规定挥发酸(以乙酸计)小于1.2g/L；柠檬酸在干、半干、半甜葡萄酒里小于1.0g/L，在甜葡萄酒里小于2.0g/L。糖分，以葡萄糖计，一般为9%～18%，最高达20%，不同类型的葡萄酒含糖量不同。此外，还有浸出物、二氧化碳、铁、铜等指标。

理化要求可参见国家标准，见表6-7。

表6-7 葡萄酒的理化要求

| 项 目 | | | 要 求 |
|---|---|---|---|
| 酒精度[a](20)(体积分数)/% | | | ≥7.0 |
| 总糖[d](以葡萄糖计)/(g/L) | 平静葡萄酒 | 干葡萄酒[b] | ≤4.0 |
| | | 半干葡萄酒[c] | 4.1～12.0 |
| | | 半甜葡萄酒 | 12.1～45.0 |
| | | 甜葡萄酒 | ≥45.1 |
| | 高泡葡萄酒 | 天然型高泡葡萄酒 | ≤12.0(允许差为3.0) |
| | | 绝干型高泡葡萄酒 | 12.1～17.0(允许差为3.0) |
| | | 干型高泡葡萄酒 | 17.1～32.0(允许差为3.0) |
| | | 半干型高泡葡萄酒 | 32.1～50.0 |
| | | 甜型高泡葡萄酒 | ≥50.1 |
| 干浸出物/(g/L) | 白葡萄酒 | | ≥16.0 |
| | 桃红葡萄酒 | | ≥17.0 |
| | 红葡萄酒 | | ≥18.0 |
| 挥发酸(以乙酸计)/(g/L) | | | ≤1.2 |
| 柠檬酸/(g/L) | 干、半干、半甜葡萄酒 | | ≤1.0 |
| | 甜葡萄酒 | | ≤2.0 |
| 二氧化碳(20℃)/MPa | 低泡葡萄酒 | <250mL/瓶 | 0.05～0.29 |
| | | ≥250mL/瓶 | 0.05～0.34 |
| | 高泡葡萄酒 | <250mL/瓶 | ≥0.30 |
| | | ≥250mL/瓶 | ≥0.35 |
| 铁/(mg/L) | | | ≤8.0 |
| 铜/(mg/L) | | | ≤1.0 |
| 苯甲酸或苯甲酸钠(以苯甲酸计)/(mg/L) | | | ≤50 |
| 山梨酸或山梨酸钾(以山梨酸计)/(mg/L) | | | ≤200 |

注：总酸不作要求，以实测值表示(以酒石酸计，g/L)。
 a 酒精度标签标示值与实测值不得超过±1.0%(体积分数)。
 b 当总糖与总酸(以酒石酸计)的差值小于或等于2.0g/L时，含糖最高为9.0g/L。
 c 当总糖与总酸(以酒石酸计)的差值小于或等于2.0g/L时，含糖最高为18g/L。
 d 低泡葡萄酒总糖的要求同平静葡萄酒。

### 4. 葡萄酒的储藏

葡萄酒应储藏于清洁通风之处，避免光线照射，温度在 5~25℃。温度过高会加速酒中胶粒碰撞，易形成混浊；温度过低，酒中大分子聚集产生沉淀；温度低于零度，酒精含量低的酒会出现结冰现象，破坏酒液的稳定性，易出现混浊和沉淀。相对湿度 70%~75%，不得与有毒、有害、有异味、有腐蚀性物品同贮同运。

# 任务三 茶 叶

【营销拓展】

立顿红茶，袋装茶的办公室文化

#### 1. 立顿红茶的历史

红茶是由明朝时期福建武夷山茶区的茶农发明的，名为"正山小种"。正山小种红茶于 1610 年流入欧洲。由于长途跋涉，绿茶已变成了陈茶，口味差很多，而全发酵的红茶却影响不大，因此，红茶在欧洲更受欢迎。1662 年，红茶被带入英国宫廷，喝红茶迅速成为英国皇室生活不可缺少的一部分，并且价格异常昂贵。随着红茶的推广，世界上红茶品种越来越多。目前世界四大红茶为中国的祁门红茶、印度的大吉岭红茶和阿萨姆红茶，以及斯里兰卡的锡兰红茶(注：锡兰是斯里兰卡共和国的旧称)。

"立顿"是全球最大的茶叶品牌，1890 年由苏格兰的汤姆斯·立顿创建，广告词是"从茶园直接进入茶壶的好茶"。红茶在当时的英国极为特殊，只在药店、五金行和咖啡屋才买得到。汤姆斯是第一个让红茶成为便于大众购买的人，他将"立顿"红茶与店里的火腿、培根、油等日常食品一起陈列出售，还直接向茶叶进口商购买，同时自行开发独特的品牌技术。汤姆斯卖茶的方式与众不同，改变秤重售卖的方式为小包装出卖。由于价格便宜，质量又好，立顿极大地促进了喝茶在英国中下阶层的普及。1972 年，联合利华收购了立顿的全线品牌，开始了更为强势的扩张之路。

#### 2. 袋装茶的东西方思维的差异

懂行的人都知道，茶叶的香味和口味会随着土壤、气候的变化有所不同。即使是同一地方的同一种红茶，每年味道都会有细微差别。为了保证所有的精选红茶的味道都能标准化，立顿雇用大批品茶师，进行全球红茶的采购，然后把采购的各种品质茶叶粉碎，将其颗粒"拼配"起来，从而把茶叶的产地、品质上的天然差别消灭，制作出标准化的茶叶。这样茶叶的"树叶"形状不见了，红茶成了具有各种等级的粉末。于是各种各样参差不齐的茶统一到"立顿"的品牌下。

这种西方标准化的思维造就了袋装茶，与东方思维完全不同。在东方，只有碎茶末才会装袋，好茶是有品相的，磨碎了就掉了身价，更无法品味每道茶独具特色的风味。然而西方人对茶的品味不及东方人细腻，所以立顿的拼配茶更易获得他们的青睐。立顿优质拼配的红茶，选自手工采摘的幼芽尖，确保稳定的品质和口味，含有丰富茶氨酸及其他有益成分，令人身心振奋，活力焕发。还保证了卫生，冲泡起来也非常方便，可用于清饮或调制奶茶、柠檬茶与各种果味茶。随着工业化的快节奏发展，立顿袋装红茶即冲即饮的形式让饮茶跟上了时代发展的节奏，越来越受都市中年轻时尚的白领阶层的青睐。

### 3. 办公室下午茶文化

英式下午茶的优雅与自在对全球来说都是一种让人向往的舒缓惬意的精致生活，在大都市的快节奏中能每天获得片刻的悠闲时光，是都市白领的梦想。在高楼之上或是隔着玻璃幕墙，一边就着西式糕点品茶，一边看着午后街头的匆匆脚步，悠然自得。

随着下午茶在白领间的流行，简单方便的立顿茶包已成为办公室白领的首选。红茶所特有的包容性让它能够很好地与各种辅料完美搭配，形成独特的味蕾体验。加糖、加奶、加柠檬、加姜、加蜜、加水果……只需要一些小小的创意，一杯专属于你的创意红茶即可呈现。作为拥有百年历史的经典红茶品牌，立顿以其专业态度为白领们倾情打造出一个"完全红茶"的下午茶世界。在进入中国之后，各种宣传推广活动让目标消费人群更易于钟情立顿袋装红茶带来的英式下午茶文化。办公室茶水间里的糖、蜂蜜、牛奶、果酱，都可以和红茶完美搭配，加多加少都可以根据自己的口味调制。绝对的"红茶味道，随你创造"，给办公室下午茶时光增添了一份乐趣。

2008年，立顿红茶首位代言人徐静蕾更是将这种立顿袋装茶的办公室文化推向极致。身兼导演、演员、作家多重身份的徐静蕾，平时虽然生活极为忙碌，但下午茶早已成为她日常生活中不可或缺的一部分，甚至创造出了自己的四季下午茶谱。徐静蕾说，"工作之余，一个茶包加上两分钟时间，一杯醇香甘甜的红茶即刻便能完美呈现。红茶能舒缓解压，让我在小憩后拥有更好的工作状态。红茶在不同季节也有不同的搭配秘诀，干冷的冬天我会加些姜糖驱寒保暖；秋天则适合甜甜的蜂蜜，温暖惬意；夏天的时候加上点苹果酱，俏皮而健康；春天则加柚子酱，清爽美味。配合四季的心情创造多姿的红茶，给生活一点创意，给生活一点乐趣！"

立顿公司在八大城市力推"立顿传情下午茶"活动：上网点击，轻松三步即可为好友送上一份免费下午茶点。传情下午茶活动吸引了八大城市数十万白领参与，并迅速在写字楼中掀起一股下午茶热潮。

立顿表示，下午茶带给忙碌的都市人的，除了可口的茶点和美味的红茶外，更多的是生活方式的启示。现代都市生活节奏快、压力大，立顿希望通过寻味•下午茶活动，为都市白领传递下午茶文化概念，传授舒缓解压的方法，学习如何享受生活，感受创意茶饮，并把红茶的健康概念通过不同的角度呈现，让白领在午后拥有片刻惬意休闲时光，让下午茶真正融入白领生活中。

(资料来源：根据搜狗百科资料整理)

**营销思考：**
(1) 英式下午茶为何能接受简单的袋装茶，并风靡全球？
(2) 立顿红茶20世纪90年代进入中国，对袋装茶有鄙视情怀的中国为何也能掀起热潮？
(3) 从立顿红茶的案例中，你有何感悟？试从营销、商品特性、消费习惯改变等角度来分析。

## 一、茶叶的主要成分

茶叶有很多成分，主要包括茶多酚、生物碱、芳香物、氨基酸、维生素和矿物质等。

### 1. 茶多酚

茶多酚又称茶单宁、茶鞣质，是一种酚类化合物，主要包括儿茶素、黄酮类物质、花色素等，略呈碱性，具有收敛性涩味，决定了茶的苦涩味，还是茶汤特别是红茶汤呈色的主要物质。茶多酚易氧化，有酶时氧化成棕色树胶物质；无酶时缓慢氧化成棕黄色；遇铁会生成墨绿色沉淀，使茶汤呈淡黑色。含分子量小的茶多酚茶味纯，质量好，故嫩茶质量好。功效：杀菌消炎；与脂肪代谢有密切关系，强心、降血脂、降血压，抑制血管老化(绿茶主要是儿茶素，红茶是茶红素)；促进维生素积累；对尼古丁和吗啡等对人体有害的生物碱有解毒作用；抗辐射损伤、抗氧化、抗癌。

### 2. 生物碱

生物碱即嘌呤衍生物。茶叶中的生物碱包括咖啡碱、可可碱、茶碱等几十种，其中咖啡碱的含量最多。咖啡碱苦味，溶于热水，难溶于冷水，水温低时出现冷混浊。它能兴奋中枢神经，解除大脑疲劳；强心利尿，增强人体肌肉伸缩功能和心肾功能，减轻酒精、烟碱等有害物质对人体的伤害；帮助消化，增强分解脂肪的能力，促进新陈代谢；由于其具有刺激性，喝茶易使人上瘾。饮茶的愉悦、奇妙感觉主要产生于咖啡碱。咖啡碱在茶叶中的含量一般为2%~4%，弱光条件生长的茶叶含量较多，叶片越幼嫩，其含量越多。

### 3. 芳香物

芳香物又名茶香精。茶叶中的芳香物质多达数百种，但绝对量并不大，为柠檬黄色的油状体，是醇类、醛类、酮类、酸类、脂类等有机物的混合物，是茶叶香气的主要来源之一。鲜叶中芳香物质含量高低受茶树品种、茶叶老嫩、季节以及气候等条件影响，一般是嫩叶高于老叶，绿茶高于红茶，高山茶高于低势茶，新茶高于陈茶。芳香物易挥发，温度越高挥发越快，故泡茶需加盖，防止芳香物挥发。

### 4. 氨基酸

茶中的氨基酸含量在2%~5%，因品种不同而异，一般高级茶中氨基酸多于低级茶，绿茶多于红茶。氨基酸是茶叶中的重要呈味物质，与茶叶香气关系很大，能使茶汤更鲜爽，滋味更丰满。有的氨基酸经热水冲泡后会与糖类物质发生化学作用，发出诱人的香气，比如丙氨酸就有类似玫瑰的香味。氨基酸还具有强心、利尿、扩张血管、松弛支气管和平滑肌的作用。

### 5. 维生素和矿物质

茶叶中含有多种维生素，其中维生素C的含量最高，每100g绿茶约含维生素C 150~

200mg，其次是 B 族维生素。茶叶中还含有丰富的矿物质，如氟、钾、钙、镁、锰等 11 种，其中氟含量很高，具有防止蛀牙的功效。茶汤中阳离子含量较多而阴离子较少，属于碱性食品，可帮助体液维持碱性，保持健康。

**6. 其他成分**

茶叶中还有含量高达 20%～30%的糖类物质、色素等。糖类物质的存在使茶汤具有甜醇味，色素的存在使不同类别的茶叶叶底和茶汤呈现与其品质相符的颜色。此外，还含有棕榈酸和高级萜类，能较强地吸收异味；他汀类物质，具有调节血脂作用，还能延缓动脉粥样硬化、抗炎、保护神经和抗血栓等作用，它在普洱茶中含量多，使得普洱茶较其他茶类消脂能力更强。

**思考：** (1) 为什么茶叶一般是新茶比陈茶好喝？嫩芽比粗叶好喝？冲泡时不仅要温杯，还要用热水冲泡？

(2) 常说喝茶有助于减肥，那么能够减肥的物质是什么呢？

提示：一般新茶和嫩芽中含有的茶多酚、芳香物、氨基酸较多，故相对陈茶、粗老叶好喝。温杯和热水冲泡主要是提高温度，因为氨基酸在热水冲泡后会与糖类物质发生化学作用，发出诱人的香气；咖啡碱苦味，溶于热水，难溶于冷水；芳香物在热水中易发出香气。茶叶中减肥的物质主要有茶多酚，已证实与脂肪的代谢有密切的关系，可以降低血液中的胆固醇含量；生物碱，具有帮助消化，增强分解脂肪的能力，可促进新陈代谢；他汀类物质，在普洱茶中含量多，使得普洱茶较其他茶类消脂能力更强。

## 二、茶叶的分类

**1. 根据色泽分类**

按照茶叶色泽，可将茶叶分为六类，即绿茶、白茶、黄茶、青茶、红茶、黑茶。《茶叶化学分类方法》(GB/T 35825—2018)中，利用茶叶中特征性成分因子(如咖啡碱含量、儿茶素总量、茶氨酸含量等)，采用统计学和逐步分析的方法，将茶叶判别为六大茶类。

1) 绿茶

不发酵的茶，即发酵度为零。绿茶是以鲜叶为原料，经杀青、揉捻、干燥等加工工艺制成的产品，如黄山毛峰、六安瓜片、龙井茶、碧螺春、蒙洱茶、信阳毛尖等。绿茶是我国产量最多的一类茶叶，其花色品种之多居世界首位。绿茶具有香浓、味醇、形美、耐冲泡等特点。由于加工时干燥的方法不同，绿茶又可分为炒青绿茶、烘青绿茶、蒸青绿茶和晒青绿茶。

2) 白茶

微发酵的茶，发酵度为 10%～20%。白茶是以特定茶树品种的鲜叶为原料，经萎凋、干燥等生产工艺制成的产品，如白毫银针、白牡丹。它加工时不炒不揉，只将细嫩、叶背满茸毛的茶叶晒干或用文火烘干，使白色茸毛完整地保留下来。白茶主要产于福建的福鼎、政和、松溪和建阳等县,有银针、白牡丹、贡眉、寿眉几种。有记载,白茶的儿茶素类氧化程度(即发酵程度)高达70%以上,达到高度发酵的程度,与一般认知有较大差异。有观点认为,工艺到位并检查儿茶素类氧化程度的高低,对于茶叶发酵判断更加准确。

3) 黄茶

轻度发酵的茶,发酵度为20%~30%。黄茶是以鲜叶为原料,经杀青、揉捻、闷黄、干燥等生产工艺制成的产品,如霍山黄芽、蒙洱银针。在制茶过程中,经过闷堆渥黄,形成黄叶、黄汤,分黄芽茶(包括湖南洞庭湖君山银芽、四川雅安名山县的蒙顶黄芽、安徽的霍山黄芽)、黄小茶(包括湖南宁乡的沩山毛尖、浙江平阳的平阳黄汤、湖北远安的鹿苑)和黄大茶(包括广东大叶青、安徽的霍山黄大茶)三类。

4) 青茶

青茶即乌龙茶,是半发酵的茶,发酵度为30%~80%。青茶是以特定茶树品种的鲜叶为原料,经萎凋、做青、杀青、揉捻、干燥等特定工艺制成的产品,如铁观音、冻顶乌龙茶、武夷岩茶。青茶制作时适当发酵,使叶片稍有红变,呈现"绿叶红镶边"的特殊美感。青茶是介于绿茶与红茶之间的一种茶类,它既有绿茶的鲜浓,又有红茶的甜醇。但是安溪铁观音的新贵感德、长坑、祥华铁观音的最新清香制法没有"绿叶红镶边"的特征,特别是感德下村更是该做法的典型代表。

5) 红茶

全发酵的茶,发酵度为80%~100%。红茶是以鲜叶为原料,经萎凋、揉捻(切)、发酵、干燥等加工工艺制成的产品,如祁门红茶、荔枝红茶。红茶与绿茶的区别,在于加工方法不同。红茶加工时不经杀青,而是萎凋,使鲜叶失去一部分水分,再揉捻(揉搓成条或切成颗粒),然后发酵,使所含的茶多酚大量被氧化(减少了90%以上),变成红色的氧化聚合产物——茶黄素、茶红素、茶褐素,这些色素一部分溶于水,冲泡形成红色茶汤。因此,红茶较绿茶偏温,对肠胃刺激性小,可以帮助胃肠消化、促进食欲。我国的红茶主要有小种红茶、功夫红茶和红碎茶三大类。

6) 黑茶

后发酵的茶,发酵度为100%。黑茶是以鲜叶为原料,经杀青、揉捻、渥堆、干燥等加工工艺制成的产品,如云南普洱茶、广西六堡茶、湖南黑茶、湖北老青茶、四川边茶。黑茶原来主要销往边区,是藏、蒙、维吾尔等少数民族不可缺少的日常必需品。普洱茶是黑茶的一种,因产地旧属云南普洱府(今普洱市),故得名,有散茶和紧压茶形式。普洱茶是"可入口的古董",不同于别的茶,贵在新,普洱茶贵在"陈",越陈越香,往往会随着时间推移而逐渐升值。

黑茶中的茯茶功效突出,原因在于一种金花菌,是黑茶在发酵过程中产生的一种微生物,学名叫作"冠突散囊菌",这是一种非常稀少、珍贵的微生物。"金花"使得茯茶消滞去腻,降脂降血,平衡生理。金花菌越茂盛,品质就越好,对消化、对生理的调节作用就越大。

【案例分析6-7】

### 普洱茶科学新发现

云南普洱茶是以云南勐海、普洱、临沧地区所产的云南大叶种茶晒青毛茶为原料，经过自然后发酵(或人工渥堆后发酵)形成的符合云南普洱茶云南省地方标准的散茶和紧压茶的总称。云南普洱茶的降血脂功效近年来越来越受到各界人士的关注。

例如，王旭华等对云南沱茶降低血清血脂进行动物试验，沱茶煎剂(40%)每鼠2mL灌胃，结果发现20～40h后血清血脂(胆固醇、磷脂质和甘油三酯)开始明显降低。法国一家医院临床实验证明，饮用云南普洱茶对脂肪代谢作用明显，血脂的含量可下降13%(一个月中每日喝三碗)，云南普洱茶沱茶还能加速降低血液中酒精含量。巴黎大学营养生理学试验室主任吕通教授研究发现，云南普洱茶中有一种或数种不详物质，在水中溶解后有促进新陈代谢、降低胆固醇的作用。

是什么物质在云南普洱茶中发挥如此之好的降血脂的功效呢？尽管有研究表明，红茶或绿茶提取物——茶多酚(绿茶主要为儿茶素，红茶主要为茶红素)可以使血浆LDL-C的水平发生大幅度的下降，茶及茶多酚类化合物还能通过抑制胆固醇生物合成的限速酶—鲨烯环氧酶，上调低密度脂蛋白受体以及减少载脂蛋白ApoB-100的分泌来实现降血脂作用。但是要达到可以使血浆胆固醇下降的多酚类化合物的血浆浓度，人们必须每天饮用超出生理耐受量的茶，这是不可能的。从云南普洱茶当前所发现的理化成分中的茶褐素、茶红素、儿茶素、寡糖、多糖以及茶多酚都不足以有力地说明云南普洱茶的卓越降血脂功效。

北京利康绿色医药生物技术研究所于2003年首次从云南普洱茶熟茶中检测出他汀类物质，其中洛伐他汀含量为61.8mg/kg。从存放5年以上的云南熟普洱茶浸出液分离出相同的他汀类化合物120.2mg/kg，从陈年云南普洱茶浓缩液中分离出的他汀类化合物为260.1mg/kg，命名为谢氏云南普洱茶他汀(化合物)。他汀类物质是一类组织选择性羟甲基戊二酰辅酶A(HMG2GoA)还原酶抑制剂，能竞争性地抑制胆固醇的生物合成，致细胞内胆固醇减少，促进血浆中LDL-C水平下降。这就为云南普洱茶的降脂功效找到了确切有力的证据，从而解决了多年来国内外业内人士对云南普洱茶降血脂功效的疑问。

根据推测，云南普洱茶中含量丰富的他汀类物质很可能来源于云南普洱茶后发酵过程中产生的优势菌群。云南普洱茶由生茶发酵为熟茶的过程中，主要优势菌群有黑曲霉、青霉属、根霉属、灰绿曲霉、酵母属等。这些菌属在适当的湿度、温度和气候土质等特定环境下可以产生他汀类物质。

(资料来源：根据他汀类化合物·云南普洱茶科学新发现，云南普洱茶信息网(节选)整理)

问题：普洱茶的金贵只在于陈年吗？谈谈你的看法。

## 2. 根据加工方式不同分类

根据加工方式不同，茶叶可分为五大类，即不发酵茶(绿茶)、半发酵茶(乌龙茶)、全发酵茶(红茶)、后发酵茶(黑茶)以及再制茶(花茶和紧压茶等)。发酵是指在一定温湿度条件下，鲜叶内含物发生以多酚类物质酶促氧化为主体的、形成叶红变的过程。发酵茶具有良好的养胃、护胃功效，对于降脂、降压、降血糖等方面有一定的疗效，这主要是因为发酵茶在发酵的过程中，茶叶中的内含化学物质发生了转化，茶性也渐渐变得较为温和，对肠胃没有太大的刺激性。

1) 不发酵茶

不发酵茶即发酵度为零，又称绿茶。以采摘适宜茶树新梢为原料，不经发酵，直接进行杀青、揉捻、干燥等典型工艺过程，以区别经发酵制成的其他类型茶叶。其干茶色泽和冲泡后的茶汤、叶底均以绿色为主调。不发酵茶的主要特点就是较多地保留了鲜茶叶内的天然物质，其中茶多酚、咖啡碱保留了85%以上，叶绿素保留了50%左右，维生素损失也较少，这些天然物质具有消炎、杀菌、抗衰老等功效，因此收敛性也比较强，与发酵茶相比，具有一定的刺激性，容易刺激胃部。

2) 半发酵茶

在制作过程中将茶叶中叶绿素破坏，并使之发酵，发酵程度由10%至80%不等，是为半发酵茶，如铁观音、武夷岩茶、大红袍等。半发酵茶经过日光的萎凋、室内萎凋、炒青、揉捻及干燥而成。由于该茶介于不发酵茶类和全发酵茶类之间，所以它既有不发酵茶的特性，又有全发酵茶的特性。现在大部分的乌龙茶发酵程度都在20%左右，我国台湾的包种茶的发酵程度为10%，冻顶乌龙的发酵程度为25%，铁观音的发酵程度为50%～60%，大红袍、凤凰单丛的发酵程度为70%。

3) 全发酵茶

全发酵茶是80%～100%发酵的茶叶，因冲泡后的茶色呈现鲜明的红色或深红色，极具特色，称之为红茶，如阿萨姆红茶、小叶种红茶、碎红茶等。红茶的香味会因种类的不同而产生完全不同的气味，难以形容，但饮后由喉咙深处所散发出来的香味，令人有清爽舒畅的感觉，不过茶渍较重，喝后最好刷牙。

4) 后发酵茶

后发酵茶是发酵度为100%的茶叶，也称黑茶。严格来说，普洱茶的前加工是属于不发酵茶类的做法(即生普洱)，再经渥堆后发酵而制成的普洱茶才属于后发酵茶(即熟普洱)。只有熟普洱才属于黑茶类。黑茶是利用菌发酵的方式制成的一种茶叶，由于黑茶的原料比较粗老，制造过程中往往要堆积发酵较长时间，所以叶片大多呈现暗褐色，因此被人们称为"黑茶"，主要品种有湖南安化黑茶、湖北佬扁茶、四川藏茶、广西六堡散茶、云南普洱茶等。

5) 再制茶

再制茶，也称为再加工茶，是以茶叶为原料，采用特定工艺加工的、供人们饮用或食用的茶品，主要有花茶、紧压茶等。

花茶，是以茶叶为原料，经整型、加天然香花窨制、干燥等加工工艺制成的产品。用来窨制花茶的茶叶素坯简称"茶坯"。依据茶坯的种类不同有烘青花茶、炒青花茶、红茶花茶和乌龙茶花茶等，依据香花种类的不同有茉莉花茶、珠兰花茶、桂花茶、白兰花茶、玫瑰花茶等。花茶是我国特有的茶类，有助消化和兴奋神经作用。

紧压茶，以茶叶为原料，经筛分、拼配、汽蒸、压制成型、干燥等加工工艺制成的产品。紧压茶多用黑茶、红茶末、晒青茶作茶基，经过渥堆、蒸、压等典型工艺过程加工而成的砖形或其他形状的茶叶。特点：色泽黑褐乌润，汤色橙(红)，叶底黑褐粗大，便于携带、运输、储存，主要销往边远地区，又称边销茶。品种主要有沱茶、砖茶、饼茶。

此外，现代工艺还将茶叶制成袋泡茶、粉茶(即一定粉末细度的茶)、速溶茶等形式。

【知识拓展】

**全发酵茶和后发酵茶的区别**

发酵有两种不同方式，一种是"内源性酶促发酵"，另一种便是"外来微生物发酵"。全发酵茶是前一种，后发酵茶是后一种。

黑茶属于后发酵茶，在发酵过程中，微生物能形成多酚氧化酶、蛋白酶、纤维酶、果胶酶等，不但可形成类多酚，还可水解出更多的可食纤维、茶多糖和肽类等物质，属于"外来微生物发酵"。茯砖茶在特定温湿度条件下，通过"发花"工艺长成自然益生菌体——金花，学名"冠突散囊菌"。微生物学家发现，只有黑茶里面才有金花。这个地球上新发现不到30年的微生物，过去只在千年灵芝中偶有发现，其在茯砖茶中生长极其茂密。这正是后发酵赋予黑茶所独有的益生菌种。

红茶是全发酵茶，在加工过程中发生了以茶多酚酶促氧化为中心的化学反应，鲜叶中的化学成分变化较大，茶多酚减少90%以上，产生了茶黄素、茶红素等新成分。香气物质比鲜叶时明显增加，属于"内源性酶促发酵"。

(资料来源：根据天毫茶业相关资料整理)

## 三、茶叶的感官审评

茶叶质量的优劣反映在两个方面：一是感官质量，二是理化指标。在我国，茶叶等级的划分、价值的高低主要通过感官对茶叶外形、香气、滋味、汤色、叶底等进行评定。感官审评分为外形审评和内质审评，或者干茶审评和开汤审评。外形审评主要看干茶的形状、色泽、整碎和净度，即干茶审评；内质审评主要是泡茶后品评汤色、香气、滋味以及叶底，即开汤审评。

### 1. 茶叶的外形审评

(1) 形状：指产品的造型、大小、粗细、宽窄、长短等，主要看茶叶条索的松紧、曲直、匀度、轻重及芽头的多少。

(2) 色泽：指产品的颜色与光泽度，主要看茶条颜色的深浅、枯润、明暗、有无光泽、有无杂色。

(3) 整碎：指产品的完整程度，主要看茶叶的齐整，以匀整为好，断碎为次。

(4) 净度：指茶梗、茶片及非茶叶夹杂物的含量，主要看茶叶杂质的多少(包含茶叶杂质和非茶杂质)。茶叶杂质主要指茶梗、片、末、籽等；非茶杂质指外来杂质，主要是制作过程中混入的竹屑、木片、石灰、泥沙等夹杂物。

(5) 紧压茶的外形审评：主要看产品压制的松紧度、匀整度、表面光洁度、色泽和规格。分里、面茶的紧压茶，审评是否起层脱面，包心是否外露等。茯砖加评"金花"是否茂盛、均匀及颗粒大小。

例如，好的龙井茶，外形光、扁平、直，形似碗钉；好的珠茶，颗粒圆紧、均匀；好的功夫红茶条索紧齐，红碎茶颗粒齐整、划一；好的毛峰茶芽毫多、芽锋露等。如果条索松散，颗粒松泡，叶表粗糙，身骨轻飘，就算不上是好茶。

### 2. 茶叶的内质审评

(1) 香气：指香气的类型、浓度、纯度、持久性，主要区别是香气的高低、持续时间长短、是否优雅纯正、有无异味等。绿茶有清香，上品绿茶还有兰花香、板栗香等；红茶有清香及甜香或花香；乌龙茶有熟桃香等。若香气低沉，定为劣质茶；有陈气的为陈茶；有霉气等异味的为变质茶。

(2) 汤色：指茶汤的颜色种类与色度、明暗度和清浊度等，主要看汤色的深浅、明暗、清浊、色泽。绿茶以碧绿清澈者为优，红茶以红亮清澈者为优，乌龙茶以橙黄或金黄明亮者为优，花茶以浅黄明亮者为优，黑茶以黑红亮清澈者为优。凡是汤色深暗、透析度低、欠明亮、汤色不正者为次。

(3) 滋味：指茶汤的浓淡、厚薄、醇涩、纯异和鲜纯等。它与香气密切相关。茶汤入口后用舌头在口腔内打转两三次，使之充满口腔。上等绿茶初尝有苦涩感，但回味浓醇，令口舌生津；粗老劣茶则淡而无味，甚至涩口、麻舌。上等红茶滋味浓厚、强烈、鲜爽；低级红茶则平淡无味。

(4) 叶底：指叶底的嫩度、色泽、明暗度和匀整度(包括嫩度的匀整度和色泽的匀整度)，主要看叶底是否细嫩明亮、柔软肥厚、匀齐度高，具体包括色泽和嫩度两个内容。色泽辨别其明亮、枯暗、有无花色等，嫩度评比叶张的软硬、粗嫩、芽尖多少以及匀齐程度。凡是叶底色泽鲜亮、柔软、肥厚、匀齐、有白毫者为优；叶底色泽灰暗、粗老、瘦薄、曲断条多者为次。

### 3. 茶叶的感官审评总结

各种茶类根据审评因子：外形、汤色、香气、滋味、叶底，进行加权汇总，审评名次按分数从高到低的次序排列(见表6-8)。

表6-8  各茶类审评因子评分系数

%

| 茶 类 | 外形(a) | 汤色(b) | 香气(c) | 滋味(d) | 叶底(e) |
| --- | --- | --- | --- | --- | --- |
| 绿茶 | 25 | 10 | 25 | 30 | 10 |
| (红)碎茶 | 20 | 10 | 25 | 30 | 10 |
| 乌龙茶 | 20 | 5 | 30 | 35 | 10 |
| 黑茶(散茶) | 20 | 15 | 25 | 30 | 10 |
| 紧压茶 | 20 | 10 | 30 | 35 | 5 |
| 白茶 | 25 | 10 | 25 | 30 | 10 |
| 黄茶 | 25 | 10 | 25 | 30 | 10 |
| 花茶 | 20 | 5 | 35 | 30 | 10 |

茶叶评审等级按外形和内质的综合得分来确定，如遇分数相同者，则按"滋味→外形→香气→汤色→叶底"的次序比较单一因子得分的高低，高者居前。

## 四、茶叶的储藏

茶叶的吸湿性、吸味性均较强，很容易吸附空气中的水分和异味，若储存方法不当，就会在短时期内失去风味。越是名贵的茶叶，越是难以保存。通常茶叶在储放一段时间后，香气、滋味、颜色等就会发生变化，原先新茶的滋味消失，陈味渐露，故必须针对不同茶叶的特性采取相应的措施。不同的茶叶，保质期也不一样。像云南的普洱茶、少数民族的砖茶，陈化的茶反而好一些，保质期可达10~20年。又如武夷岩茶，隔年陈茶反而香气馥郁、滋味醇厚；湖南的黑茶、湖北的茯砖茶、广西的六堡茶等，只要存放得当，不仅不会变质，甚至能提高茶叶品质。而一般的茶，还是新鲜的比较好，如绿茶，保质期在常温下一般为一年左右。影响茶叶品质的因素主要有温度、光线、湿度、氧气等。温度越高，茶叶的外观色泽越容易变褐色，低温冷藏(冻)可有效减缓茶叶变褐及陈化；潮湿、光照，都会加速茶叶中各种化学反应的进行，促使茶叶劣变。如果存放方法得当，降低或消除这些因素，则茶叶可长时间保质。

通常茶叶应储存于干燥、通风、避光、清洁之处，不能和有异味的商品同库存放；库内温度一般控制在25℃以下(绿茶和黄茶应控制在10℃以下)，相对湿度低于50%；尽量缩短其储藏期限。现代包装科技常采用抽氧充氮、真空压缩、遮光冷藏等方法。例如，预先将茶叶水分干燥至4%~5%，装入密闭的容器中，进行抽氧充氮封装，并储藏在专用的茶叶仓库(温度为-10～-5℃)。由于茶叶处在无氧、干燥、无光、低温的条件下，茶叶的陈化基本上可以遏止。用这种方法储藏茶叶，经3～5年仍可保持原来的色香味特性。如果茶叶是每泡7g的包装，采用真空压缩包装的技法，如果在20天之内喝完，一般只需放置在阴凉处，避光保存。保存铁观音茶叶，建议在速冻箱里-5℃保鲜，这样可达到最佳效果和最长时限。

判断茶叶是否过期，主要有以下几个方面：看它是不是发霉，或出现陈味；绿茶是不是变红，汤色变褐、暗；滋味的浓度、收敛性和鲜爽度是否下降。此外，看它包装上的保质期，如果是散装茶叶，最好不要超过18个月再冲饮。

【案例分析6-8】

## 小罐茶的走红

一般情况下茶叶的常规包装并不能一次喝完，打开包装的茶叶如果短时间不能用完，品质就会大打折扣。而且茶叶通常按产地品种评判好坏，如武夷大红袍、安溪铁观音、西湖龙井等，像立顿一样具有品牌效应的茶叶倒是鲜见。普通人判断茶叶品质和等级的能力都很弱，而茶叶的不同品质和等级的对应价格的差别还是蛮大的。便宜的几元钱一两，贵的可达52万元一两，堪比天价。这最贵的茶叶就是武夷山母树大红袍的拍卖价。

现代派中国茶——小罐茶，以其一罐一泡的时尚和简约，让众多脚步匆匆的上班族、城市白领们，也享受到了高品质的茶叶。创立于2014年的北京小罐茶业有限公司，以极具创造性的手法整合中国茶行业优势资源，联合六大茶类的八位制茶大师，坚持原产地原料，坚持大师工艺、大师监制，独创小罐保鲜技术，共同打造大师级的中国茶。50元4g的金罐茶，25元4g的银罐茶，换算成两是625元和312.5元，与堪比天价的茶叶相比，还算"亲民"，何况还有八位制茶大师参与。小罐茶针对的目标人群对茶叶的需求是：买的时候不会出现选择困难，自己喝的时候要好喝顺口，送礼的时候要有品位。于是，小罐茶定位的三个标准就是：好喝、方便、高颜值。

"八位大师，敬你一杯中国好茶"，这还不足以撼动习惯于好茶的中国人。"四大标准，缔造现代用茶"，是令小罐茶备受争议的地方。"原产地原料茶，传统工艺"，中国根本不缺这样的茶叶。"统一标准"则是小罐茶能否走得长远的重中之重。"充氮保鲜，一罐一泡"的高颜值，倒是打动亿万中国人的敲门砖。茶叶常温保鲜的重大创新，就融在这"一罐一泡、充氮保鲜"八个字中。不新鲜，岂能叫好茶？小罐茶独创食品级铝材小罐，充氮包装，确保小罐茶不吸味、不受潮、不氧化、不破碎、不老化。一罐一泡，美妙体验，新鲜的不仅仅是口感。隔绝水分侵害、隔绝光线分解、隔绝空气氧化、隔绝外力挤压、隔绝手指接触，这就是专利技术铝材小罐的诉求点。当今茶叶缺的就是这份品质的保障。由于茶叶的品种多样，有的茶叶并不适合这种包装，所以小罐茶适时提醒：大红袍，白茶，普洱茶除外。

小罐茶的创始人杜国楹擅长营销，之前他已经做了背背佳、好记星、E人E本、8848等备受争议但又确实赚钱的项目。小罐茶一炮走红，离不开杜国楹的优秀营销战略。然而，赚钱和做企业是两个世界，做企业和做品牌必须有更高的道德底线，否则你无法赢得消费者长时间的信赖。小罐茶意在做茶的全产业链，成为第一品牌。它已经完成从零到一，现在要从一到十。小罐茶现在面临的挑战在于：品牌化和工业化齐头并进的操盘难度逆天。愿小罐茶不是昙花一现的过往……

(资料来源：根据相关资料整理)

思考：1. 你怎么看待小罐茶的走红？
2. 赚钱和做企业到底如何不同？

## 任务四 服装制品

【营销拓展】

### 速干衣——聚酯面料的大逆转

进行户外活动时，大量的运动使衣裤被汗水浸湿后贴在身上非常难受。为了摆脱大量汗水淤积在皮肤表面难受的感觉，有些人会选择穿上"舒适透气"的纯棉服装。但纯棉质地的服装只能吸汗并不易干，户外运动时间久了不能更换衣物，潮湿的纯棉服装就会非常不适。而性能好的速干衣裤可以将汗水导入衣服表面，使汗水迅速挥发，恢复人体的舒适感。所谓速干衣，就是干得比较快的衣服。它并不是吸收汗水，而是将汗水迅速地转移到衣服的表面，通过空气流通将汗水蒸发，从而达到速干的目的。一般速干衣的干燥速度比棉织物要快50%，成为户外爱好者进行夏季户外活动的首选服装。

速干原理是个非常专业的问题，面料不同，其采用的原理也不尽相同：有利用类似形状记忆高聚物的特征原理的，也有利用微孔薄膜原理的，还有利用水滴分子直径与水分子、空气分子之间的差异性原理等。目前市场上极为常见的速干面料主要是利用微孔薄膜原理制作的。其速干原理是利用微孔孔径介于水分子、空气分子最大直径与水滴分子的最小直径之间的一层薄膜，然后将薄膜与外层织物复合，于是面料就有了防水透气的功效(这与

GORE-TEX 的原理有点相似)。采用这种原理的面料，既起到防泼水的作用，还起到透气的作用。不管利用什么原理，都是纤维不同的化纤面料罢了。最常见的是聚酯纤维，也有部分采用棉麻大豆等环保型纤维。

聚酯纤维是由有机二元酸和二元醇缩聚而成的聚酯经纺丝所得的合成纤维(在中国俗称涤纶)，是当前合成纤维的第一大品种，被广泛运用于服饰面料。曾经人们并不太接受它，主要因为聚酯的缺点：①聚酯纤维的吸湿性差，穿着有闷热感；②透气性较差，易带静电、沾污灰尘，易起球，影响美观和舒适性；③抗熔性较差，遇着烟灰、火星等易形成孔洞；④染色性能较差，须在高温下用分散性染料染色。由于聚酯的缺点客观存在，若是 100%聚酯纤维的衣服，就人体穿着感受来说，并不是最舒服的状态。

为避免这种情况发生，现代科技通过不同的织造技术改变聚酯纤维吸水后带给人的不适感。杜邦公司研制的 Coolmax 速干面料，突出特点是具有很强的吸汗、排汗功能，这归功于 Coolmax 的中空结构，选购时须看清楚 Coolmax 在面料中所含的比例。如果去户外登山或在炎热的环境中使用，应选择 Coolmax 比例高的产品，如 100%或加 5%莱卡混纺产品，其贴身性及拉伸性较好。如果只是日常使用的话，无论从舒适度还是耐用性来说，50%的 Coolmax 就足够了。ColUMBIA 公司研制出品的 MONI-DRY 速干面料，属于吸湿速干面料，主要特点是超强的挥发性和吸水性，比一般的棉布要强 2~3 倍，从而有效地保证速干衣穿着者的舒适干爽。美国 GORE 公司出品的 Activent 速干面料，是一种既防风又非常透气、还能防一点水的化学材料，比较适合自行车爱好者。汽巴公司出品的 Cibaultraphil 速干面料，最大优越性是舒适、易清洗，是汽巴公司专门为优化衣物控湿能力和提升其美观性而设计的，该面料能很好地协助排汗，让身体时刻保持干爽及很好的舒适感。总之，经过各公司的技术改良，速干衣的舒适性大大提高，彻底改变了传统聚酯面料的负面形象，突出了其快干性能。

消费者曾经对于涤纶及棉涤混纺面料非常讨厌，因为透气性差、憋闷，还易起球、起静电。但是涤纶的易洗快干性能却在运动界找到了自己的位置，经过技术革新，一跃成为高科技面料，且价格不菲。可见，只要找准定位，任何事物都有自己闪光的一面。

(资料来源：根据网络相关资料整理)

**营销思考：**
(1) 为何曾经不受欢迎的聚酯产品摇身一变成为运动界的宠儿？
(2) 只是简单的定位就能改变聚酯面料的命运吗？

# 一、纺织纤维

制作服装的原料品种很多，用量最多的是各种纺织纤维。

### 1. 纺织纤维的概念

纤维，是一类直径为几微米到几十微米、而长度比其直径大千百倍的细长柔韧的物体。纤维的种类很多，并不是所有的纤维都能用来纺纱织布，制作服装。通常把可以用来纺纱织布的纤维称为纺织纤维。它应具备的基本要求有以下几方面。

(1) 具有一定的强度、延伸性、适当的弹性和可塑性。强度是指拉断一根纤维所需的力。延伸性是指加力使纤维被拉断时，伸长的长度与原来长度的百分比，一般在10%以上。弹性是纤维变形后的回复性。可塑性指在湿热及压力下，使纤维被塑造成固定形状的性能。

(2) 具有一定的长度、摩擦力和抱合力，可纺性强。长度一般不能短于10mm，纤维过短只能用于造纸或做再生纤维原料。摩擦力是指纤维之间或纤维与其他物质表面接触发生相对运动的行为。抱合力是纤维之间卷曲形成的自然勾接力。摩擦力和抱合力直接影响纤维的织造性能，过差则不利于丝条的加工。

(3) 具有一定的化学稳定性和染色性能。在水或其他普通溶剂中不溶解或很难溶解，对酸碱、化学用剂等较为稳定。染色性能保证最终面料色彩艳丽，消费者喜欢。

(4) 具有良好的吸湿性和保暖性。吸湿性是指纺织纤维从空气中吸收水分或向空气中散发水分的能力，这是对人体舒适感的要求。保暖性是阻止人体热量向外界流失的性能。

**2. 纺织纤维的种类**

纺织纤维的种类很多，习惯上分为天然纤维和化学纤维两大类。

1) 天然纤维

天然纤维是指直接从自然界获取的纤维材料。《天然纤维 术语》(GB/T 11951—2018)中，天然纤维分为植物纤维、动物纤维和矿物纤维三类。

(1) 植物纤维，又称天然纤维素纤维，是由植物的种子、果实、茎、叶等处获得的纤维，主要有棉纤维、麻纤维和竹纤维，还有高科技的大豆纤维、玉米纤维等。

① 棉纤维。棉纤维属于种子纤维，主要成分是纤维素(94.5%)，此外还含有蜡质、果胶质、含N物、矿物质等。蜡质和果胶质等虽然对纤维具有保护作用，但这些物质的存在会影响棉纤维的润湿性和染色性，一般在染整加工开始时，要通过煮炼和漂白使其从织物中除去。棉纤维的主要性质为：吸湿性好，吸汗、透气；是热的不良导体，具有良好的保温性能；是电的不良导体，不积蓄静电；耐碱不耐酸，常温下65%浓硫酸可将棉纤维完全溶解；耐日晒性能较好，但不如亚麻和羊毛；强度在天然纤维中最低，且弹性差，服饰易起皱；耐微生物性能差，易霉变，但抗虫蛀；染色性好，且色牢度较好。

② 麻纤维。麻纤维属于韧皮纤维，应用最广的是亚麻。其主要成分也是纤维素，但含量较棉纤维低(亚麻中的纤维素含量占70%～80%)，而木质素、果胶质等共生物含量却较棉纤维高。麻纤维中纤维素含量越多，品质越好。木质素含量越多，麻纤维在日光下、受潮时越易变色。果胶质含量越多，则麻纤维粗糙发硬，易折断。麻纤维的主要性质有：强度在天然纤维中居首位，耐磨耐穿；耐热性在天然纤维中最好，具有抗紫外线辐射的功能；吸湿性比棉纤维强，散湿速度快，穿着舒适；耐碱不耐酸，较棉纤维稍差；是电的不良导体，有很好的电绝缘性；染色性不如棉纤维好，也难漂白，织品色泽不艳丽。

③ 竹纤维。竹纤维是从竹子茎部取得的纤维，是继棉、麻、毛、丝之后的第五大天然纤维。天然竹纤维主要是竹原纤维，是采用物理、化学相结合的方法制取的天然纤维，主要成分是纤维素、半纤维素和木质素，三者总量约90%以上，还有蛋白质、脂肪、果胶等

成分。竹原纤维的外观有丝一般的光泽，织物悬垂、丝质滑爽。其主要性质有：吸湿、排湿和透气性居各纤维之首，被誉为"会呼吸的生态纤维"；具有天然抗菌、抑菌、除螨、防臭的功能，对人体皮肤具有保健作用；抗紫外线能力强，是棉的417倍；竹纤维不带任何自由电荷，抗静电，止瘙痒；耐磨性较强，耐穿，不易起毛；染色性好，织物颜色鲜艳，不易褪色；耐晒性能较差，不能在日光下暴晒；耐热性差，需常温洗涤，不能高温浸泡。

## 【案例分析6-9】

### 竹纤维的分类和特性

用竹子加工成的纤维称为竹纤维，竹纤维可分成两大类：天然竹纤维和化学竹纤维。

**1. 天然竹纤维——竹原纤维**

竹原纤维是采用物理、化学相结合的方法制取的天然竹纤维。

制取过程：竹材→制竹片(首先把竹子截断去掉竹节并剖成竹片)→煮炼竹片(将竹片放入沸水中煮炼)→压碎分解(将竹片取出压碎锤成细丝)→蒸煮竹丝(将竹丝再放入压力锅中蒸煮，去除部分果胶、半纤维素、木质素)→生物酶脱胶(把上述预处理的竹丝浸入含有生物酶的溶液中处理，以获得竹子中的纤维素纤维)→梳理纤维(把酶分解后的竹纤维清洗、漂白、上油、柔软、开松、梳理即可获得纺织用的竹原纤维)→纺织用竹原纤维。

竹原纤维是一种全新的天然纤维，由于竹子里具有一种独特物质"竹琨"，使其具有天然抗菌、除螨的功能。实验表明，同样数量的细菌在显微镜下观察，细菌在棉、木纤维制品中能够大量繁衍，而竹纤维制品上的细菌不但不能长时间生存，还会在短时间内消失或减少。

**2. 化学竹纤维**

化学竹纤维包括竹浆纤维和竹炭纤维。

竹浆纤维：竹浆纤维是一种再生纤维素纤维，制作加工过程基本与粘胶纤维相似。将竹片做成浆，然后将浆做成浆粕，再用湿法纺丝制成纤维。由于在加工过程中竹子的天然特性遭到破坏，纤维的除臭、抗菌、防紫外线功能明显下降。

竹炭纤维：竹炭纤维是一种合成纤维，一般选用纳米级竹炭微粉，经过特殊工艺加入涤纶或粘胶等原浆中，再经抽丝工艺纺织出的纤维产品。

对于天然竹纤维的制取主要有两个难点：一是竹子单纤维太短，无法纺纱；二是纤维中的木质素含量很高，难以除去。常规的化学脱胶方法工艺流程长、周期长，需消耗大量的能量，且设备腐蚀较严重，对环境污染极为严重，加工出的纤维质量不够稳定。而生物脱胶法也有相当大的难度，由于竹材自身结构紧密、密度很大，而且细胞组织中又有大量空气存在，浸渍液很难浸透，势必延长脱胶时间，且竹子本身具有多种抑菌物质，菌种的选择也较困难。目前竹纤维织物更多的是来自化学竹纤维而非天然竹纤维。

(资料来源：根据华南城纺织网相关资料整理)

**问题**：化学竹纤维能够代替天然竹纤维吗？为什么？

(2) 动物纤维，又称为天然蛋白质纤维，主要有毛纤维和蚕丝纤维。还有一种海丝纤维，是软体动物海丝分泌的纤维。不过目前的海丝天然纤维较难获取，市面上的海丝纤维是用纤维素和海藻制成的新型保健和医疗专用纤维，属于再生纤维素纤维。

① 毛纤维。毛纤维是自动物毛囊中生长具有多细胞结构、由角蛋白组成的纤维。一般指绵羊毛，其他的毛纤维主要有羊驼毛、山羊绒、马海毛(即安哥拉山羊毛)、兔毛、牦牛绒、骆驼绒、水貂毛等。羊毛纤维的基本组成是：鳞片层、皮质层、髓质层以及细胞膜复合体。鳞片层包覆在纤维外部；皮质层是组成羊毛实体的主要部分；髓质层处于纤维中心，因含空气而呈不透明状，一般只存在于较粗的羊毛中；细胞膜复合体主要包括脂质、可溶性蛋白质、惰性膜等。

根据截面形态结构，羊毛的类型可分为：A.有髓毛，又称发毛或粗毛，由鳞片层、皮质层、髓质层三个圈层构成。一般较粗长，鳞片少，无卷曲，无光泽，呈不透明白色，纺织性能差，只能制作粗纺呢绒或制毡用。B.无髓毛，又叫真毛、绒毛或细毛，由鳞片层、皮质层两个圈层构成。纤维较细，外层鳞片多，卷曲多，颜色洁白，呈现银丝光，均匀、柔软，品质优良，纺织价值最高。C.两型毛，又称半细毛，羊毛中心髓质层断续出现而非整根纤维都有。纤维一端表现无髓毛形态，另一端又表现有髓毛形态，或交替出现，纤维粗细差异较大，纺织价值高于有髓毛但低于无髓毛。

羊毛纤维的主要性质有：伸长度和弹性好，密度较高，不易起皱，较其他天然纤维织物耐磨；是热的不良导体，保暖性好，但耐热性差；在各种纤维中吸湿性最高；缩绒性高，在热碱液和压力作用下，羊毛织物易收缩；耐酸不耐碱，不能用碱性洗涤剂清洗；干燥羊毛摩擦易起静电，加工时需加抗静电剂；耐霉变，不耐虫蛀；在天然纤维中耐日光性最好；染色性能较植物纤维强。

② 蚕丝纤维。蚕丝是一种化学成分复杂的天然蛋白质高分子化合物，其主要成分是丝素蛋白和丝胶蛋白，还含有少量脂蜡、碳水化合物和无机物等。蚕有桑蚕、柞蚕、蓖麻蚕、木薯蚕、柳蚕和天蚕等。由单个蚕茧抽得的丝条称茧丝，是由两根单纤维借丝胶黏合包覆而成。缫丝时，把几个蚕茧的茧丝抽出，借丝胶黏合成丝条，统称蚕丝。除去丝胶的蚕丝，称精炼丝。蚕丝中用量最大的是桑蚕丝，其次是柞蚕丝，其他蚕丝因数量有限未形成资源。桑蚕丝(俗称真丝)，大多白色，发出优雅的象牙光泽，手感柔软、滑爽而富有弹性。柞蚕丝(又称野蚕丝)，比桑蚕丝粗，没有桑蚕丝白，一般用于织造中厚织品和各种装饰。

蚕丝是与众不同的长纤维，是自然界中最轻、最柔、最细的天然纤维，被称为"纤维皇后"，丝织物的性能最接近人体皮肤。桑蚕丝富含十八种氨基酸，能促进皮肤细胞活力，防止血管硬化，长期使用可防皮肤衰老，对某些皮肤病有特殊的止痒效果。蚕丝的主要性质有：吸湿性与羊毛相近，有滑爽、舒适、凉快的感觉；弹性好，受力后可轻松恢复原状；织物光泽好，精炼后的熟丝更明亮、美观；导热差，有一定的耐热性，但熨烫温度不宜过高；耐酸不耐碱，清洗时需要使用中性或弱酸性洗涤剂；不耐盐，汗水浸湿后，会出现黄褐色的斑点，强度下降；耐日光性较差，长时间在日光照射下易褪色，晾晒时不能暴晒；是电的不良导体。

(3) 矿物纤维，也称为矿石纤维、天然无机纤维，是从纤维状结构的岩石中取得的纤维，主要由硅酸盐等组成，如石棉纤维、海泡石纤维。

① 石棉纤维。石棉纤维是指蛇纹岩及角闪石系的无机矿物纤维，基本成分是水合硅酸镁($3MgO \cdot 3SiO_2 \cdot 2H_2O$)。石棉是天然纤维状的硅质矿物的泛称，被广泛应用于建材防火板的硅酸盐类矿物纤维。石棉具有高度耐火性、电绝缘性和绝热性，在 1000℃高温下，其性状也不会改变。进入工业时代之后，它成为重要的防火、绝缘和保温材料，可用于制作特护服装，如钢铁厂里炼钢工人穿的就是石棉服。不过，石棉不仅具有致癌性，还会对环境造成污染，对其使用需要谨慎。

② 海泡石纤维。海泡石纤维是海泡石矿物的纤维状变种，称之为 α-海泡石。海泡石是一种富含镁硅酸盐纤维的矿物，具有较好的吸附、脱色、热稳定、抗腐蚀、抗辐射、隔热绝缘、抗摩擦、防渗透等性能，其结构中的 Si-OH 能与有机物直接反应生成有机矿物衍生物，广泛用于钻井、石油、医药、建材、农药、化肥、橡胶制品等方面。用海泡石纤维黏合混纺，在纺织行业是石棉首选替代品。

2) 化学纤维

化学纤维是指以天然的或人工合成的高分子化合物为原料，经过化学或物理方法加工而制得的纤维的统称。《纺织品 化学纤维 第 2 部分：产品术语》(GB/T 4146.2—2017)中，对化学纤维的定义是，除天然纤维以外的，由人工制造的纤维。化学纤维包括再生纤维、合成纤维和无机纤维三类。化学纤维的共性主要是：强度高、耐磨、密度小、弹性好、不发霉、不怕虫蛀、易洗快干、染色性较差、静电大、耐光和耐候性差、吸水性差。

(1) 再生纤维，也称为人造纤维，是指以天然产物(纤维素、蛋白质等)为原料，经纺丝过程制成的化学纤维。根据再生纤维的原料，可分为再生纤维素纤维和再生蛋白质纤维。其性能与合成纤维相比，纤维强度稍低，吸湿性好，染色比较容易。

① 再生纤维素纤维。再生纤维素纤维是指以天然纤维素为原料，经纺丝过程制成的再生纤维。天然纤维素主要来自棉、麻、竹子、灌木、芦苇等植物。再生纤维素纤维不改变这些天然纤维素的化学结构，仅改变其物理结构，是一种性能优良的环保型"绿色"纤维。再生纤维素纤维的发展总体上可以分为三个阶段，形成了三代产品。第一代是 20 世纪初为解决棉花短缺而面世的普通粘胶纤维。粘胶纤维可制成长丝和短纤。长丝可用于丝绸类织造上，俗称人造丝；短纤有棉型和毛型，被称为人造棉、人造毛。粘胶纤维像棉纤维一样柔软，像丝纤维一样光滑，吸湿性比棉纤维高，仅次于羊毛，穿着舒适；但是吸湿后缩水率大，强度是各种纤维中最差的一种，尤其是湿态强度明显下降。第二代是 20 世纪 50 年代开始实现工业化生产的高湿模量粘胶纤维，如兰精公司生产的 Modal 纤维。Modal 纤维面料吸湿性能、透气性能优于纯棉织物，其手感柔软，悬垂性好，穿着舒适，色泽光亮，是一种天然的丝光面料。第三代产品以 20 世纪 90 年代推出的短纤 Tencel、长丝 Newcell 为代表。第三代再生纤维素纤维无论在干或湿的状态下，均极具韧性，跟涤纶的强度相当，克服了传统再生纤维素湿强度差的缺点。第三代纤维素纤维的生产过程绿色环保，在泥土中能完全分解，是环保、绿色纤维。Tencel 译为"天丝"，近年来又称 Lyocell(莱赛尔)，它有棉的"舒适性"、涤纶的"强度"、毛织物的"豪华美感"和真丝的"独特触感"及"柔软垂坠"。Newcell 译为纽富纤维，圆形断面，表面平滑，让肌肤的油垢不易卡住，纤维本身能保持干净清爽，抑制细菌生长。

② 再生蛋白质纤维。再生蛋白质纤维是指以天然蛋白质为原料，经纺丝过程制成的再生纤维，主要品种有大豆蛋白纤维、牛奶蛋白纤维、花生蛋白纤维等。大豆蛋白纤维是以出油后的大豆废粕为原料，运用生物工程技术，将豆粕中的球蛋白提纯，并通过助剂、生物酶的作用，使提纯的球蛋白改变空间结构，用湿法纺丝工艺纺成的再生蛋白质纤维。大豆蛋白纤维外层基本上是蛋白质，与人体皮肤亲和性好，且含有 18 种氨基酸，具有良好的保健作用。大豆蛋白质纤维既具有天然蚕丝的优良特性，又具有合成纤维的机械性能。采用大豆蛋白质纤维生产的织物具有外观华贵、舒适性好、视觉效果优异、染色性好等优良的特点，可作为生产各种高档内衣和外衣的面料。

(2) 合成纤维，是指以有机单体等化学原料合成的聚合物制成的化学纤维。合成纤维的原料中间体主要来自石油、天然气和煤化工。20 世纪 30 年代中期合成纤维开始兴起，聚氯乙烯纤维(即氯纶)是最早的合成纤维。20 世纪 50 年代开展合成纤维的改性研究，在原有普通合成纤维的基础上，用物理或化学方法改善合成纤维的吸湿、染色、抗静电、抗燃、抗污、抗起球等性质，同时还增加了化学纤维的品种。合成纤维可分为普通合成纤维和特种合成纤维。

① 普通合成纤维，主要有涤纶、锦纶、腈纶、氯纶、氨纶等。

涤纶：涤纶学名叫聚对苯二甲酸乙二酯，简称聚酯纤维(Polyester)。涤纶由于原料易得、性能优异，产量居化学纤维之首。涤纶的强度和耐磨性较好，其纺织品牢度比其他纤维高出 3~4 倍；拉伸性和回弹性好，织物挺括、不易变形，可免烫；耐热性较强，耐晒强度比锦纶好；具有较好的化学稳定性；抗微生物，不易霉烂，耐虫蛀；吸湿性极差，其纺织品穿在身上发闷、不透气，但易洗快干；纤维之间的抱合力差，经常摩擦处易起毛、结球。

锦纶：锦纶学名叫聚酰胺纤维(Polyamide)，也称尼龙(Nylon)。锦纶是 1939 年研制成功的合成纤维，是由己二酸和己二胺缩水成盐，再经缩聚、熔纺而成的纤维。1970 年以后，由于聚酯纤维的迅速发展，其产量退居合成纤维的第二位。锦纶的强度及耐磨性居所有纤维之首；染色性在合成纤维中是较好的；穿着轻便，有良好的防水防风性能。缺点与涤纶一样，吸湿性和通透性较差；在干燥环境下，易产生静电；短纤维织物易起毛、结球；耐热、耐光性都不够好；保形性差，用其做成的衣服不如涤纶挺括，易变形。

腈纶：腈纶学名为聚丙烯腈纤维(Acrylic)。20 世纪 50 年代初问世，其外观呈白色、卷曲、蓬松、手感柔软，酷似羊毛，多用来和羊毛混纺或作为羊毛的代用品，又被称为"合成羊毛"。腈纶的吸湿性不够好，但润湿性却比羊毛、丝纤维好；耐磨性是合成纤维中较差的；耐热性较差，熨烫承受温度在 130℃以下；耐日光照射，是目前最耐气候老化的一种合成纤维。

氯纶：氯纶学名为聚氯乙烯纤维(Polyvinyl Chloride)，是最早的合成纤维。氯纶的耐化学腐蚀性强，对各种化学药品的反应很稳定，且不易霉烂；纤维的断裂强度和延伸度近似于棉，干态和湿态的强度几乎相等；导热性能比羊毛差，保温性强；电绝缘性较高；耐热性极差，在 75~80℃时易变形。氯纶的突出特点是难燃，常用作阻燃产品。将聚氯乙烯继续氯化的过氯乙烯纤维，适用于制作飞行员和消防员的防火服装。

氨纶：氨纶学名为聚氨酯纤维(Polyurethane)。氨纶的突出特点是弹性优异，回弹性最高(95%～99%)，又称弹力纤维。氨纶的强度比乳胶丝高 2～3 倍，线密度更细；耐化学降解；耐酸碱性、耐汗、耐海水性、耐干洗性、耐磨性均较好；吸湿性差。氨纶纤维一般不单独使用，而是少量地掺入织物中，与其他纤维合股或制成包芯纱。魔卡、莱卡(Lycra)是一种新型氨纶，弹性好，手感平滑，耐热耐烫，不易变形，但不吸汗。

② 特种合成纤维，简称特种纤维，是指具有独特的化学结构、性能和功能的合成纤维。特种纤维的研究和生产开始于 20 世纪 50 年代，首先投入工业化生产的是含氟纤维。随着航天和国防工业的发展，60 年代出现了各种芳杂环类的有机耐高温纤维(如聚间苯二甲酰间苯二胺纤维等)，以及有机抗燃纤维(如酚醛纤维等)。到 70 年代由于环境保护和节约能源的需要，高强度高模量纤维和各种功能纤维得到较为广泛的应用。特种纤维主要有功能纤维、高性能纤维、智能纤维等产品。

功能纤维指在纤维生产过程中赋予其具有超出常规纤维功能的纤维。其品种很多，如阻燃纤维、发光纤维、蓄热纤维、光导纤维、防电磁辐射纤维、活性炭纤维等。

高性能纤维指本身的物理机械性能、热性能突出，或具有某些特殊性能的纤维，主要有耐腐蚀纤维、耐高温纤维、抗燃纤维、高强度高模量纤维。

智能纤维指能感知环境变化或刺激并做出反应的纤维，主要有光敏变色纤维、热敏变色纤维、形状记忆纤维、调温纤维、自修复纤维。

特种纤维除作为纺织材料外，还广泛用于国防工业、航空航天、交通运输、医疗卫生、海洋水产和通信等部门。

(3) 无机纤维，是以矿物质为原料制成的化学纤维。近代工业的发展需要耐高温、高强度、电绝缘、耐腐蚀、阻燃的特种材料，为此人们试制出一系列无机物纤维，如玻璃纤维、石英纤维、硼纤维、陶瓷纤维和金属纤维等。例如，玻璃纤维用于宇航服，陶瓷纤维用于防火服，金属纤维用于带电工作服、核辐射防护服等。

**3．纺织纤维的鉴别**

1) 感官鉴别法

感官鉴别是靠人的感觉器官，主要是通过眼看、手摸来观察纤维的种类。眼看：根据纤维的外观、色泽、长度、粗细及弯曲等状态，判断纤维的种类。手摸：根据纤维的弹性或折皱、柔软、凉爽感、温暖感、粗糙及平滑等性能特点，判断纤维的种类。各类纤维的感官鉴别如下。

(1) 棉纤维：纤维细短，具有天然捻曲，弹性差，手感柔软，光泽暗淡。

(2) 麻纤维：较棉纤维长而粗，强力大，弹性差，手感粗硬，具有凉爽感，光泽暗淡。

(3) 羊毛纤维：较棉纤维长，呈卷曲状，弹性好，手感温暖，不易起皱，光泽柔和。

(4) 蚕丝纤维：纤维细长，强力较大，弹性好，手感光滑柔软、有凉意，光泽柔和悦目。

(5) 粘胶纤维：外观与棉纤维相似，比棉更柔软，表面光泽比棉纤维强，但牢度欠佳，干态强度较弱，弹性适中，沾湿后强度明显下降。

(6) 合成纤维的共性：纤维均匀，强力大，弹性好，手感滑爽柔软，光泽明亮。其中，涤纶弹性好、光滑、强度大、硬挺、有凉感；锦纶不易拉断、有弹性、光滑、质地轻、不如丝柔软；腈纶保暖性好、强度大、比棉轻、有柔软蓬松感。

2) 燃烧鉴别法

各纺织纤维的化学组成不同，对热和燃烧的反应特征也不同。燃烧法的原理是：根据纤维靠近火焰、接触火焰和离开火焰时的状态及燃烧时产生的气味和燃烧后残留物特征来辨别纤维类别。具体操作：取少许纤维，捻成小束，用镊子夹住，仔细观察。①靠近火焰：缓慢靠近火焰，观察纤维受热后的变化情况，如有无收缩、熔融现象。②燃烧时：移入火焰中，使其充分燃烧，观察纤维在火焰中的燃烧情况，如燃烧难易、燃烧的速度、火焰颜色及大小、有无烟、烟的颜色及浓度。③离开火焰：撤离火焰，观察纤维离火后的燃烧状态，如是否继续燃烧。④燃烧的气味：当试样火焰熄灭时，嗅闻其气味。⑤燃烧后的灰烬：待试样冷却后，观察残留物的状态，用手轻捻残留物。⑥重复以上步骤，直至分辨出纤维的基本类别。

各类纤维的燃烧鉴别见表 6-9(参照 FZ/T 01057.2—2007 纺织纤维鉴别试验方法：燃烧法)。

表 6-9　部分纤维的燃烧状态的描述

| 纤维种类 | 燃烧状态 | | | 燃烧时的气味 | 残留物特征 |
|---|---|---|---|---|---|
| | 靠近火焰时 | 接触火焰时 | 离开火焰时 | | |
| 棉、竹、Tencel、Modal | 不熔不缩 | 立即燃烧 | 迅速燃烧 | 纸燃味 | 呈细而软的灰黑絮状 |
| 麻 | 不熔不缩 | 立即燃烧 | 迅速燃烧 | 纸燃味 | 呈细而软的灰白絮状 |
| 粘纤 | 不熔不缩 | 立即燃烧 | 迅速燃烧 | 纸燃味 | 呈少许的灰白色灰烬 |
| 蚕丝 | 熔融卷曲 | 卷曲，熔融，燃烧 | 略带闪光燃烧，有时自灭 | 烧毛发味 | 呈松而脆的黑色颗粒 |
| 毛纤维 | 熔融卷曲 | 卷曲，熔融，燃烧 | 燃烧缓慢，有时自灭 | 烧毛发味 | 呈松而脆的黑色焦炭状 |
| 大豆蛋白纤维 | 熔缩 | 缓慢燃烧 | 继续燃烧 | 特异气味 | 呈黑色焦炭状硬块 |
| 涤纶纤维 | 熔缩 | 熔融燃烧，冒黑烟 | 继续燃烧，有时自灭 | 有甜味 | 呈硬而黑的圆珠状 |
| 锦纶纤维 | 熔缩 | 熔融燃烧 | 自灭 | 氨基味 | 呈硬淡棕色透明圆珠状 |
| 腈纶纤维 | 熔缩 | 熔融燃烧 | 继续燃烧，冒黑烟 | 辛辣味 | 呈黑色不规则小珠，易碎 |
| 氨纶纤维 | 熔缩 | 熔融燃烧 | 开始燃烧后自灭 | 特异气味 | 呈白色胶状 |
| 氯纶纤维 | 熔缩 | 熔融燃烧，冒黑烟 | 自灭 | 刺鼻气味 | 呈深棕色硬块 |
| 石棉纤维 | 不熔不缩 | 在火焰中发光，不燃烧 | 不燃烧，不变形 | 无味 | 不变形，纤维略变深 |
| 玻璃纤维 | 不熔不缩 | 变软，发红光 | 变硬，不燃烧 | 无味 | 变形，呈硬珠状 |
| 金属纤维 | 不熔不缩 | 在火焰中燃烧并发光 | 自灭 | 无味 | 呈硬块状 |

3) 显微镜鉴别法

将纺织纤维放在显微镜下进行观察，根据其纵向和横截面形态与已知的纺织纤维形态比较，来判断纤维的种类。天然纤维用显微镜观察容易鉴别，化学纤维比较困难。几种不同纤维的纵横截面形态如表6-10和图6-6所示(参照 FZ/T 01057.3—2007 纺织纤维鉴别试验方法：显微镜法)。

表 6-10　几种不同纤维的纵横截面形态

| 纤维种类 | 纵向形态特征 | 截面形态特征 |
| --- | --- | --- |
| 棉 | 呈扁平带状，稍有天然转曲 | 有中腔，呈不规则的腰圆形 |
| 亚麻 | 纤维较细，有竹状横节 | 多边形，有中腔 |
| 竹 | 纤维粗细不匀，有长形条纹及竹状横节 | 腰圆形，有空腔 |
| 羊毛 | 表面粗糙，有鳞片 | 圆形或近似圆形(或椭圆形) |
| 桑蚕丝 | 有光泽，纤维直径及形态有差异 | 三角形或多边形，角是圆的 |
| 柞蚕丝 | 扁平带状，有微细条纹 | 细长三角形 |
| 粘胶纤维 | 表面光滑，有清晰条纹 | 锯齿形 |
| Tencel 纤维 | 表面平滑，有光泽 | 圆形或近似圆形 |
| Modal 纤维 | 表面平滑，有沟槽 | 哑铃形 |
| 大豆蛋白纤维 | 扁平带状，有沟槽和疤痕 | 腰子形(或哑铃形) |
| 涤纶、锦纶 | 表面平滑，有的有小黑点 | 圆形或近似圆形及各种异形截面 |
| 氯纶 | 表面平滑 | 圆形、蚕茧形 |
| 氨纶 | 表面平滑，有些呈骨形条纹 | 圆形或近似圆形 |
| 腈纶 | 表面光滑，或有1~2根条纹 | 圆形、哑铃形或叶状 |
| 石棉纤维 | 粗细不匀 | 不均匀的灰黑糊状 |
| 玻璃纤维 | 表面平滑、透明 | 透明圆珠形 |
| 金属纤维 | 边线不直，黑色长杆状 | 不规则的长方形或圆形 |

4) 溶解鉴别法

利用纤维在不同温度下的不同化学试剂中的溶解特性来鉴别纤维。例如，区别粘胶纤维和铜氨纤维，可用次氯酸钠等溶液溶解。在煮沸的 1mol/L 的次氯酸钠溶液中，粘胶纤维会部分溶解，而铜氨纤维不溶解。溶解法较准确，适用于各种纺织材料，包括已染色的和混合成分的纤维、纱线及织物，见表6-11和表6-12(参照 FZ/T 01057.4—2007 纺织纤维鉴别试验方法：溶解法)。

此外，纤维的鉴别方法还有熔点法、含氯含氮呈色反应法、密度梯度法、红外光谱法以及双折射率法等。纺织纤维鉴别试验的一般性程序：①通常情况下，先采用显微镜法将待测纤维进行大致分类，可分为天然纤维素纤维(如棉麻)、部分再生纤维素纤维(如粘纤)、动物纤维(如羊毛、蚕丝)，这些纤维因其独特的形态特征用显微镜法即可鉴别。②合成纤维、部分人造纤维(如莫代尔、莱赛尔)及其他纤维在经显微镜初步鉴别后,再采用燃烧法、化学法等一种或几种方法进行进一步确认后,最终确定待测纤维的种类。一般来说,纯纺织品的纤维较易鉴别,选用一两种方法基本上就能得出正确的判断;但是混纺织品的纤维的鉴别难度较大,大都需要几种方法配合使用,对其结果进行综合分析和研究,最后才能得出确切的结论。

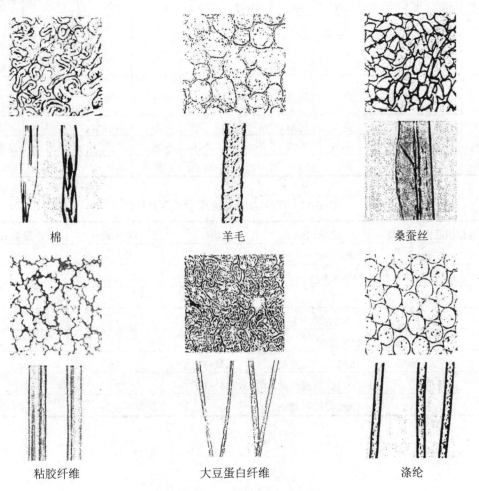

图 6-6　部分纤维横截面和纵面的形态显微照片

表 6-11　几种常见纤维的化学溶解性能

| 纤维 | 15%盐酸 | | 70%硫酸 | | 88%甲酸 | | 1mol/L<br>次氯酸钠 | | 5%氢氧化钠 | N,N-二甲基甲酰胺 |
|---|---|---|---|---|---|---|---|---|---|---|
| | 24~30℃ | 煮沸 | 24~30℃ | 煮沸 | 24~30℃ | 煮沸 | 24~30℃ | 煮沸 | 煮沸 | 煮沸 |
| 棉 | 不溶 | 部分溶解 | 溶 | 速溶 | 不溶 | 不溶 | 不溶 | 部分溶解 | 不溶 | 不溶 |
| 麻 | 不溶 | 部分溶解 | 溶 | 速溶 | 不溶 | 不溶 | 不溶 | 部分溶解 | 不溶 | 不溶 |
| 蚕丝 | 不溶 | 部分溶解 | 速溶 | 速溶 | 不溶 | 不溶 | 溶 | 速溶 | 速溶 | 不溶 |

续表

| 纤维 | 15%盐酸 | | 70%硫酸 | | 88%甲酸 | | 1mol/L 次氯酸钠 | | 5%氢氧化钠 | N,N-二甲基甲酰胺 |
|---|---|---|---|---|---|---|---|---|---|---|
| | 24~30℃ | 煮沸 | 24~30℃ | 煮沸 | 24~30℃ | 煮沸 | 24~30℃ | 煮沸 | 煮沸 | 煮沸 |
| 羊毛 | 不溶 | 不溶 | 不溶 | 速溶 | 不溶 | 不溶 | 溶 | 速溶 | 速溶 | 不溶 |
| 粘纤 | 不溶 | 部分溶解 | 溶 | 速溶 | 不溶 | 不溶 | 不溶 | 部分溶解 | 不溶 | 不溶 |
| 涤纶 | 不溶 | 不溶 | 不溶 | 部分溶解 | 不溶 | 不溶 | 不溶 | 不溶 | 不溶 | 溶或部分溶解 |
| 锦纶 | 溶 | 速溶 | 溶 | 速溶 | 速溶 | 速溶 | 不溶 | 不溶 | 不溶 | 溶或部分溶解 |
| 腈纶 | 不溶 | 不溶 | 溶 | 速溶 | 不溶 | 不溶 | 不溶 | 不溶 | 不溶 | 速溶 |
| 氯纶 | 不溶 | 不溶 | 不溶 | 不溶 | 不溶 | 不溶 | 不溶 | 不溶 | 不溶 | 速溶 |
| 氨纶 | 不溶 | 不溶 | 溶 | 溶 | 不溶 | 速溶 | 不溶 | 不溶 | 不溶 | 速溶 |

表6-12 几种混纺织品的化学试剂鉴别表

| 混纺织品纤维种类 | 化学试剂 | 温度/℃ | 时间/min | 被溶解纤维 |
|---|---|---|---|---|
| 棉/涤 | 70%硫酸 | 40~50 | 30~60 | 棉 |
| 粘/涤 | 70%硫酸 | 40~50 | 30 | 粘 |
| 锦/涤 | 90%甲酸 | 24~30 | 20 | 锦 |
| 毛/锦 | 15%盐酸 | 24~30 | 15 | 锦 |
| 粘/锦 | 15%盐酸 | 24~30 | 15 | 锦 |
| 毛/涤 | 1mol/L 次氯酸钠 | 24~30 | 35 | 羊毛 |
| 毛/腈 | 1mol/L 次氯酸钠 | 24~30 | 35 | 羊毛 |
| 毛/粘 | 1mol/L 次氯酸钠 | 24~30 | 35 | 羊毛 |

## 二、服装材料

### 1. 服装概述

远古时代，纺织技术尚未发明的时候，人类祖先就以兽皮、树叶、羽毛作为衣服面料，以石头、贝壳作为服饰配件。随着纺织科技的发展，我们不但能把棉花、蚕丝、羊毛纺织成面料，还合成了大自然中没有的化学纤维，织成了各种性能优良的面料。对于服装设计师来说，服装材料还远远不只这些。在他们眼里，凡物皆可为服装材料。只要翻看时装杂志，可发现国内外设计师们几乎把所能想象的一切都搬到了模特身上：塑料、纸、木头、钢片等。随着现代科学技术的发展，服装面料已不只是纺和织的问题，各式各样高科技材料不断涌现。

《服装术语》(GB/T 15557—2008)中，对服装、时装和服饰的定义是：服装，指穿于人体起保护和装饰作用的制品，又称衣服。时装，指在一定时间、地域内，为一大部分人所接受的新款流行服装。服饰，指装饰和保护人体的物品总称，包括服装、帽子、围巾、领带、手套等。《服装分类代码》(GB/T 23560—2009)中，按服装的专业属性或应用领域，将服装分为六大类。

(1) 机织服装，是以机织织物为主要面料制成的服装，又称为梭织服装。机织/梭织，是以纱线作经、纬相交形成织物的工艺过程，如各种棉麻布料等。

(2) 针织及钩编服装，是以针织织物为主要面料制成的服装。针织，指利用织针把各种原料和品种的纱线钩成线圈，线圈与线圈之间再经串套连接成织物的工艺过程，如针织内衣。钩编，就是用钩针、毛衣针等工具编织形成衣物的工艺，如毛衣。

(3) 毛皮及皮革服装。毛皮服装，是以毛皮(裘皮)为主要面料制成的服装，如貂皮大衣。皮革服装，是以皮革为主要面料制成的服装，如绵羊皮夹克。

(4) 特种服装。除个体防护装备之外的特殊场合使用的服装，包括军服、制式服装和专业服装。军服，是指军事或准军事部队的制服。制式服装，简称制服，由国家、行业、团体或企业等规定的统一制式的服装，如空姐制服、护士服等。专业服装，如专业运动服、舞台服、飞行服、航天服等。

(5) 服装配饰，是指服装中用于装饰和保护身体的个人用品的总称，包括帽、头巾、头饰、领结、披巾、手绢、腰带、鞋(靴)、雨衣雨具、箱包等。

(6) 个体防护装备，是以保护劳动者安全和健康为目的，直接与人体接触的装备或用品，以往称劳动防护用品。以涵盖范围，个体防护装备包括头部防护用品、呼吸防护用品、眼面防护用品、躯干防护用品、手部防护用品、足部防护用品、防坠落用品等。躯干防护用品包括防化学品防护服、防机械损伤防护服、阻燃隔热防护服、防水防雨救生防护服、防电磁波防护服、防血液体液接触防护服、特种防护服等。

服装材料就是用来制作服装的各种材料。一般来说，服装材料包括服装面料和服装辅料。其应具备的基本性能有：①吸湿性。良好的吸湿性可使人穿着时感到舒适。在实际使用时，外衣材料的吸湿性应比内衣材料的吸湿性差。②保温性。纺织纤维中所含的静止空气越多，保温性能就越强。质地疏松的织物比质地紧密的织物保温性强。③弹性和强度。材料受力后能恢复原状，制成的服装能够保持一定的形状。穿用时具有一定牢固程度，不易破损。④透气性。透气性是调节人体舒适感的性能，与人体健康密切相关。选用面料时，应根据设计意图，慎重挑选。⑤柔软性。材料的柔和程度对人的心理和生理都有一定影响。选用的材料越柔软，制成的服装越舒适。特殊服装则需要特殊性能，不局限于此。

2. 服装面料

在服装世界里，面料五花八门，日新月异。从总体上讲，优质、高档的面料，大都具有穿着舒适、吸汗透气、悬垂挺括、视觉高贵、触觉柔美等特点。常见的服装面料及其特性如下。

1) 棉料

棉料，是各类棉纺织品的总称。它多用来制作时装、休闲装、内衣和衬衫。它的优点是轻松保暖，柔和贴身，吸湿性、透气性甚佳，不易过敏；它的缺点则是易缩、易皱，恢复性差，光泽度差，在穿着时必须时常熨烫。棉料的主要品种有平布(平纹布)、府绸、卡其布、牛仔布等。

2) 麻料

麻料，是以亚麻、苎麻、大麻、黄麻、剑麻等各种麻类植物纤维制成的一种布料。目前多用于制作夏装。它的优点是质地坚硬韧、外形挺括、透气凉爽、吸湿性好；它的缺点则是穿着极易起皱，染色差，成品颜色欠佳，外观较为粗糙、生硬。

3) 丝绸

丝绸，是以蚕丝为原料纺织而成的各种丝织物的统称。与棉布一样，它的品种很多，个性各异。它的优点是轻薄、合身、柔软、滑爽、透气、色彩绚丽，富有光泽，高贵典雅，穿着舒适。它的不足则是易生褶皱，容易吸身、不够结实、褪色较快，怕日晒。丝绸按组织结构和外观特征可分为纺类、绉类、绸类、绢类、缎类、绫类、罗类、纱类、绡类、葛类、绨类、绒类、呢类和锦类 14 类。按织品的原料和商业经营习惯可分为真丝绸(桑蚕丝)类、绢丝绸类、柞丝绸类、交织绸类、合纤绸类、人丝绸类和被面绸类 7 类。

4) 呢绒

呢绒，又叫毛织物，以羊毛、特种动物毛为原料或以羊毛与其他纤维混纺、交织的纺织品。纺织行业标准 FZ/T72017—2013《针织呢绒面料》定义呢绒为，以 50%及以上羊毛或羊绒为原料，经织造、缩绒、呢毯整理制成的面料。它通常适用于制作礼服、西装、大衣等正规、高档的服装。它的优点是防皱耐磨，手感柔软，高雅挺括，富有弹性，保暖性强。它的缺点主要是洗涤较为困难，不太适用于制作夏装。呢绒按商业经营习惯可分为精纺呢绒、粗纺呢绒、长毛绒。精纺呢绒指用精纺毛纱织制的呢绒，特点是纱支细，表面光洁，织纹清晰，手感柔软，丰满挺括，富有弹性。常见的品种有凡立丁、派力司、哔叽、啥味呢、华达呢、马裤呢和巧克丁等。粗纺呢绒指以粗梳毛纱织造，经缩绒处理，织纹隐蔽、质地厚实的呢绒。粗纺呢绒的主要品种有麦尔登、制服呢、大衣呢、法兰绒、女式呢等。长毛绒俗称"人造毛皮"，其正面有平整竖立的长毛绒，反面是用棉纱织成的底布。长毛绒可以用作衣面绒、衣里绒等。

5) 裘革

裘革，是经过鞣制加工的动物毛皮面料。鞣制的目的是防止皮变质。它多用于制作时装、冬装。裘革又可以分为两类：一是革皮，即经去毛处理的动物皮，也称皮革；二是裘皮，即处理过的连皮带毛的动物毛皮，也称为天然毛皮。裘皮的优点是轻盈保暖，雍容华贵。它的缺点则是价格昂贵，贮藏、护理方面要求较高。严格来说，人造毛皮不属于裘革，它是由天然或化学纤维仿各种毛皮的纺织品面料，属化纤或混纺面料。

【案例分析 6-10】

### 天然毛皮和人造毛皮的辨别

毛皮，也称皮草，分天然毛皮和人造毛皮。天然毛皮，即裘皮，是从动物体上剥下的经过鞣制处理的毛皮。有毛和皮板两部分，而毛的部分基本是由底绒和针毛构成的。

常见有狐皮、貂皮、羊皮和狼皮等。优点：质量轻、手感柔软、吸湿透气、坚实耐用、保暖性极佳。人造毛皮，是用纺织工艺加工而成的，在外观、性能上与裘皮相似的一类替代品。优点：原料丰富、易加工、成本低、品种多、易保管。

二者的辨别方法主要有以下几种。

(1) 取一根毛，用火点燃。若立即炭化为黑色灰烬，并有一股烧毛发味，是天然毛皮；如立即熔化，并有一股烧塑料味，是人造毛皮。

(2) 拨开毛，看毛与皮连接处。若每一个毛囊有 3～4 根毛均匀地分布在皮基上，是天然毛皮；如有明显的经纬线或面基形状，是人造毛皮。用力提拉毛被，拉不动者为天然毛皮，而拉起者是人造毛皮。

(3) 对光验毛。天然毛被有较长且硬的针毛、较粗硬的刚毛和柔软的绒毛，各种毛的长度不等，整张皮不同部位颜色差、长度、密度、手感均有区别；而人造毛皮一般都是毛被齐整，且毛被光泽较晦暗。

(4) 手感比较。真毛皮手感滑顺，底皮对搓也比较滑；而人造毛皮，就算制作再精细，手感也不够滑爽。

(资料来源：根据阿里巴巴"纺织论坛"相关资料整理)

**思考：如何辨别天然毛皮和人造毛皮？**

皮革的种类：按皮种分为牛皮革、猪皮革、羊皮革、马皮革等；按皮革表面状态分为正面革、绒面革、修面革、二层革等；按用途分为鞋面革、箱包革、沙发革、皮带革、服装革等。皮革的性能特点：具有良好的耐热、耐寒性（-60～160℃）；具有较高的机械强度；耐磨、抗张；具有保温性、透气性、透湿性、卫生性；具有较好的着色能力，颜色鲜艳、光泽好；耐水性差；耐酸碱能力较差；价格较贵。

【案例分析 6-11】

### 各类皮革的鉴别

鉴别时应依据各类皮革的特征进行鉴别。

(1) 牛皮革：黄牛革的革面细致光滑，毛孔小而浅，呈圆形，并较直地伸入革内，毛孔紧密而均匀地分布在革面上，革质丰满且富有弹性。水牛革的革面粗糙，毛根粗大而深，毛孔数较黄牛革稀少，较均匀地分布在革面上，粒面上凹凸不平，耐磨性较差，但成革机械强度大。

(2) 羊皮革：革面细致，毛孔呈鱼鳞状排列，手感柔软而富有延伸性。绵羊革粒面毛孔细小呈扁圆形，倾斜地伸入革内，毛孔几根一组，像鳞片或锯齿形状排列。绵羊革粒面细致光滑，手感柔软，但强度低，牢度差。山羊革毛孔清晰呈扁平圆形，革面细致，纤维紧密，比绵羊革的毛孔清楚，革质有弹性，强度大。

(3) 猪皮革：革面粗糙，外观效应不好，毛孔圆而粗大，毛孔倾斜地伸入革内，毛孔在粒面上三根一组排列，明显的毛孔眼呈三角形排列。其耐水性能差，吸水后易膨胀变形，但是耐磨性能优良。一般会进行猪皮粒面的美化工作，改变外观效应，成品革质量大大提高，如花色革。

(4) 再生革：是将皮革的边角碎料撕磨成纤维，再由黏合剂以机械物理状态黏结，经挤压呈片状，在经剖层、磨面、表面涂饰等加工而成的真皮代用品。其表面加工工艺同真皮的修面皮、压花皮一样，其特点是皮张边缘较整齐、利用率高、价格便宜。但皮身一般较厚，强度较差，只适宜制作平价公文箱、拉杆袋、球杆套等定型工艺产品和平价皮带，其纵切面纤维组织均匀一致，可辨认出流质物混合纤维的凝固效果。外观无毛孔，燃烧有烧毛味。

(5) 合成革：是以湿法工艺在机织布、针织布或非织造布等材料上形成聚氨酯(PU)树脂微孔层，再经干法工艺或后处理工艺制得的复合材料。合成革主要是PU合成革，在我国简称合成革。合成革表层做到微细孔结构聚氨酯层，相当于天然革的粒面，从而使PU合成革的外观和内在结构与天然革逐步接近。该革特征没有毛孔，但透气性接近天然皮革，低温下质地同样柔软。用手指按一下靠近鞋底的鞋面边缘部分，不会出现细小的褶皱，各部位纹理规则一致。超细纤维PU合成革是第三代人工皮革，简称超纤皮，是最好的合成革，皮纹与真皮十分相似，在耐化学性、质量均一性、大生产加工适应性以及防水、防霉变性等方面更超过了天然皮革。

(6) 人造革：是以压延、流延、涂覆、干法工艺在机织布、针织布或非织造布等材料上形成聚氯乙烯(PVC)、聚氨酯(PU)等合成树脂膜层而制得的复合材料。品种主要有PVC人造革和PU人造革等。PVC人造革在我国简称人造革，是在布底基上涂饰PVC树脂利用干法制成的革，塑料感较强，耐热耐低温均较差，容易变硬、变脆，透气性不佳。其革面极平整，薄厚均匀，手感无毛孔，不丰满，缺乏弹性，光泽较亮，色泽鲜艳。用PU树脂为原料生产的人造革称为PU人造革，与PU合成革的区别主要是制造工艺不同。常有PU为涂层面层，PVC为涂层底层的复合革。

总之，牛皮、羊皮、猪皮等天然皮革(真皮)表面层有自然毛孔及皮纹，裁切口从表面向里层是从紧密到松散的组织变化过程，并有皮革纤维。当取少量点燃时能嗅到毛发燃烧时的焦糊味。而合成革、人造革等仿皮材料(假皮)则是在无纺布、纺织物上涂覆一层塑料树脂加工而成的，在裁切口和背面能见到无纺布或纺织物底基，并无皮革纤维。当取少量点燃时则会嗅到化工材料的异臭味。严格来说，合成革与人造革属于人工革，归于化纤类，不能归于皮革类别。

即便是真皮，也有优劣之分。优质天然皮革表面光滑细致，厚度、颜色比较均匀，不脱色，涂饰层牢固、不松面、不裂浆。当用手压表面时，革面上仅出现细微的放射状皱纹，手松开后即刻恢复平整，并有弹性感。反之，劣质天然皮革表面在按压后会出现杂乱粗细不匀的皱纹，手松开后不能恢复平整。皮革有层次之分，常见的划分类别有头层革和二层革。其中，头层革有全粒面革和修面革，二层革有猪二层革和牛二层革等。

在诸多的皮革品种中，全粒面革应居榜首，因为它是由伤残较少的上等原料皮加工而成，革面上保留完好的天然状态，涂层薄，能展现出动物皮自然的花纹美。它不仅耐磨，而且具有良好的透气性。

修面革，是利用磨革机将革表面轻磨后进行涂饰，再压上相应的花纹制成的。实际上是对带有伤残或粗糙的天然革面进行了"整容"。此种革几乎失掉原有的表面状态,涂饰层较厚,耐磨性和透气性比全粒面革差。

二层革,是厚皮用片皮机剖层而得,头层用来做全粒面革或修面革,二层经过涂饰或贴膜等系列工序制成二层革,它的牢度、耐磨性较差,是同类皮革中最廉价的一种。

(资料来源:根据中华皮革在线和阿里巴巴博客相关资料整理)

**问题:** 怎样鉴别皮革的好坏?真皮一定是好皮革吗?

6) 化纤

化纤,是化学纤维的简称。化纤面料以其牢度大、弹性好、挺括、耐磨耐洗、易保管收藏而受到人们的喜爱。纯化纤织物是由纯化学纤维纺织而成的面料,其特性由其化学纤维本身的特性来决定。化学纤维可根据不同的需要,加工成一定的长度,并按不同的工艺织成仿丝、仿棉、仿麻、弹力仿毛、中长仿毛等织物。随着纺织工艺的进步,化纤面料的种类不断增加,性能不断提高,日新月异的高科技面料甚至比天然纤维纺织的面料还好。

7) 混纺

混纺,是将天然纤维与化学纤维按照一定的比例,混合纺织而成的织物,可用来制作各种服装。它的长处是,既吸收了棉、麻、丝、毛和化纤各自的优点,又尽可能地避免了它们各自的缺点,而且在价值上相对低廉,所以大受欢迎。例如,毛涤面料挺括,但有板硬感,并随涤纶含量的增加而明显突出;弹性较纯毛面料要好,但手感不及纯毛和毛腈混纺面料;紧握呢料后松开,几乎无折痕。羊毛与粘胶混纺面料,光泽较暗淡。精纺类手感较疲软,粗纺类则手感松散。这类面料的弹性和挺括感不及纯羊毛和毛涤、毛腈混纺面料。若粘胶含量较高,面料容易褶皱。

### 3. 服装辅料

服装辅料主要有服装里料、服装衬料、服装填料及其他辅料。

1) 服装里料

服装里料是服装最里层的材料,通常指里子或夹里。一般用于中高档服装,如中山装、大衣、西装、裘皮服装等。服装里料能使服装平整、挺括、坚牢,提高服装档次;减少面料与内衣之间的摩擦,起到保护面料的作用;使服装穿脱滑爽方便,穿着舒适;增加服装的厚度、保暖性;覆盖服装填料,起到美化服装的作用。服装里料的主要品种有美丽绸、塔夫绸、羽纱、软缎等。

选购里料注意事项:里料的性能应与面料的性能相适应,这里的性能是指缩水率、耐热性能、耐洗涤、强力以及厚薄重量等;里料的颜色应与面料相协调,里料颜色一般不应深于面料;里料应光滑、耐用、防起毛起球,并有良好的色牢度。

2) 服装衬料

服装衬料简称"衬",包括领衬、肩衬、胸衬、腰衬、袖衬等。它为服装造型起骨架和支撑作用,使服装更加挺括、丰满、合体。衬料按其厚薄可分为衬布和衬垫。用在衣领、袖口、裤腰等部位加贴的衬料叫衬布,而在肩、胸等部位垫加的材料叫衬垫。衬垫要考虑保持性，确保在一定的使用时间内不变形。衬料根据其原料分为毛衬类、麻衬类、布衬及化学衬四类，如棉衬布、麻衬布、毛鬃衬、马尾衬、树脂衬、黏合衬等。

衬布的选用：其热缩率要尽量与面料热缩率一致；要有良好的可缝性和裁剪性；能在较低温度下与面料牢固地黏合；要避免高温压烫后面料正面渗胶；附着牢固持久、抗老化、抗洗涤。

3) 服装填料

服装的填料主要是指棉衣、滑雪衫、羽绒服的里料和面料之间的填充物，主要起隔寒、保暖的作用，也有防辐射、降温、卫生保健等功能。填充料可分为：①絮类填料，未经过纺织的散状纤维和羽绒等絮片状材料，如棉花、丝棉、驼毛和羽绒。②线类填料，纤维经特定的纺织工艺(如针刺等)制成絮片的材料，有固定的形状，可以根据需要裁剪使用，如定型棉、中空棉等。③毛皮填料，各种天然裘皮和人造毛皮的碎料、边角料。

4) 其他辅料

(1) 线类。线是服装中连接服装各部件及辅助材料的主要材料，主要品种有棉线、丝线、化纤线、混纺线和金属线等。

(2) 扣、钩、链等服装紧固材料。扣、钩、链都是用来连接服装开口处的主要材料，其品种有各种材质的纽扣(如金属扣、塑料扣、木扣、皮革扣、包扣、玻璃扣等)以及挂钩、拉链、环、尼龙搭扣、绳带等。

此外，还有花边、珠边等各种装饰材料，尺码带、商标、吊牌等标志材料。在选用上，辅料需与服装整体协调，否则会因小失大，功亏一篑。

## 三、服装

### 1. 服装的功能

服装是指穿于人体起保护和装饰作用的制品。服装的功能主要有以下几方面。

1) 实用功能

实用功能是服装的最基本功能，主要体现在防寒保暖、防暑隔热、适应气候变化等基本功能，还体现在保持皮肤清洁、维护身体健康方面。例如，服装在人体与环境间形成了一种屏障，有效阻隔了生活环境中不洁物质及各种有害微生物与人体的接触；服装能将人体分泌到皮肤表面的排泄物(如汗液)吸走，从而使人体感觉舒爽。此外，还对人体有安全防护功能，如劳动保护等。

2) 美化功能

在物质生活丰富到一定程度后，人们着装的目的突显为追求服装的美化功能，而逐渐淡化了服装的实用功能。然而，服装的实用功能是不会消失的。完整的服装之美是服装材质美和着装者状态美的完美结合，就是服装的材料、款式、色彩等材质美与穿着者个人条件、穿着环境等达到协调一致的一种特殊美的表达。静态的服装会因为着装者的修养、风度而获得一种动态美，即所谓"衣在人穿"。有某种缺陷的人会因为服装设计者独具匠心的设计达到藏拙美化的目的，即所谓"人靠衣装"。

3) 标志功能

标志功能是指通过服装外观形态来区别着装者所属职业行业、社会地位、社会角色等的功能，如警察服装、护士服装、空乘服装、保安服装、餐厅服务员服装等。

**【案例分析6-12】**

### 什么保暖内衣最保暖

真正拉开保暖内衣档次的决定性因素，是既要保暖，又要舒适。保暖的指标是热阻，舒适的指标是吸湿透气性。很多服装的保暖性是靠它里面的空气层，隔离内外空气对流，起保暖作用，也就是说服装本身蓬松性越好，含的空气就越多，那么它的保暖性就越好。

不管什么样的内衣材料，其本质都是天然纤维和化学纤维两种。实际上，纺织纤维对保暖来说并不重要，重要的是织物的结构和工艺，如蓬松性和厚度。紧实、轻薄的羊毛织物并不比毛茸茸的、稍厚的化纤织物更保暖。目前内衣里的毛茸茸的、柔软的毛圈，对于提高保暖度是非常有效的。有些化纤或新名词的材料热阻指标够了，但往往吸湿透气性不足，穿用时间长了，或稍稍运动后，会觉得憋闷不透气，这都影响了穿着的舒适性。

发热纤维(如依克丝)、调温纤维(由 2～30μm 的微型胶囊组合而成，在胶囊里注有软膏状石蜡)、色拉姆(远红外线放射腈纶)、色拉绒、各种卡(摩卡、莱卡、热卡等)等披着高科技的外衣，而实际上虚假夸大成分太多。

除内衣外，外衣也在强调轻薄美观，同时具有保暖性。广告里铺天盖地的"美丽不冻人"的诉求非常具有诱惑力，羽绒界的新贵"艾莱依"更是与时尚中国紧密相连。可在极寒的冬天，零下10℃还好满足，东北零下30℃却怎么也爱不起来。面向南极的"南极人"真能在南极抵抗严寒吗？极地考察和工作的人们都穿什么衣服御寒呢？

(资料来源：根据CCTV财经频道相关资料整理)

**问题**：轻薄、美观和保暖能同时兼备吗？

2. 服装的质量要求

1) 服装的号型规格

服装号型是为了适应服装工业化生产的要求和消费者的需要而制定的服装尺寸统一标准。号指人体的净身高，是设计和选购服装长短的依据；型指人体的上体胸围或下体腰围，是设计和选购服装肥瘦的依据。号与型均以厘米(cm)为单位表示。

为准确反映人体在体形上的变化，《服装号型》(GB/T 1335.1—2008 和 GB/T 1335.2—2008)依据男女的胸围与腰围的差数将男女体型分为四类：Y、A、B、C 型(见表 6-13)。Y 型主要表示胸围大、腰围细的体型，A 型是普通人的体型，B 型表示腰围较粗的微胖人的体型，C 型表示腰围很粗的肥胖人的体型。

号型的表示方法是，在号与型之间用斜线隔开，后接体型分类代号，即"号/型 体型分类代号"，如女上装 165/88A。服装一般都应标明其号型，套装的上下装还要分别标明。同款服装通常有不同规格的一个系列，这就要求有服装号型系列，就是以各体型中间体为中心，向两边依次递增或递减。成人的服装号型系列与儿童不同，身高以 5cm 分档，组成号系列；胸围以 4cm 分档，腰围以 4cm 或 2cm 分档，组成型系列。身高与胸围、腰围搭配，分别组成 5.4、5.2 号型系列。例如，女子上装的号型系列 160/84A、165/88A、170/92A、175/96A 就是身高与胸围组成 5.4 号型系列。下装的号型系列有 160/66A、160/68A、160/70A；165/70A、165/72A、165/74A；170/74A、170/76A、170/78A；175/78A、175/80A、175/82A。可见同身高，腰围以 2cm 分档，不同身高，腰围以 4cm 分档，形成身高与腰围搭配组成 5.4、5.2 号型系列。

表 6-13 体型分类代号

| 体型分类代号 | 男式胸围与腰围的差数/cm | 女式胸围与腰围的差数/cm |
| --- | --- | --- |
| Y | 17～22 | 19～24 |
| A | 12～16 | 14～18 |
| B | 7～11 | 9～13 |
| C | 2～6 | 4～8 |

根据婴幼儿的生理特点和发育规律，我国儿童服装号型把身高划分成三段，分别组成系列(参见国标 GB/T 1335.3—2009)。身高 52～80cm 的婴儿，身高以 7cm 分档，胸围以 4cm 分档，腰围以 3cm 分档，分别组成 7.4 和 7.3 系列；身高 80～130cm 的儿童，身高以 10cm 分档，胸围以 4cm 分档，腰围以 3cm 分档，组成 10.4 和 10.3 系列；身高 135～155cm 女童，135～160cm 男童，身高以 5cm 分档，胸围以 4cm 分档，腰围以 3cm 分档，组成 5.4 和 5.3 系列。

号型不是指身高、胸围和腰围与之完全相等的人，而是表示该服装适合身高、胸围和腰围与此相类似的人。同样，服装上标明的体型分类代号，也表示该服装适合于胸围和腰围之差在此范围内的人。例如，男上装 170/88A，表示适合身高在 168～172cm，胸围在 86～89cm，胸围、腰围之差在 12～16cm 的人穿用。消费者对服装号型的选择，应向接近自己身高、胸围、腰围的号型靠档。

针织服装的外衣规格一般参照服装号型规定，而针织内衣、羊毛衫、运动衫一般以胸围、臀围作为规格依据。我国采用公制规格，以圆筒形计算，每档相差 5cm。例如，50cm、55cm、60cm 为儿童规格，65cm、70cm、75cm 为少年规格，80cm 以上为成人规格。

2) 服装的技术要求

对于不同的品种、不同材料、不同档次的成衣，制定的质量要求和指标就是成衣的技术标准或质量标准。服装的技术要求既是生产者与销售商订货、交货的依据，又是服装厂生产、检验该产品的依据。

(1) 服装外观质量要求。根据国家有关服装标准，服装外观质量鉴别主要包括条格、色差、疵点、缝制、规格、整烫等方面。

① 对条格的规定。条格单元在 1.0cm 及以上的，必须对条对格，主要部位的差量不应超过 0.3cm，如左右前身、领尖等处。倒顺毛绒、阴阳格原料，全身顺向一致，特殊设计除

外。特殊图案面料以主图为准，全身顺向一致。

② 色差规定。色差是对服装面料的要求，服装的衣领、袋口、裤侧缝是主要部位，色差高于 4 级，其他表面部位为 4 级。色差检验对照"染色牢度褪色样卡"分 5 个等级，五级最好，一级最差。以棉服装为例，领面、袋与大身色差高于 4 级，裤、裙侧缝色差高于 4 级，其他表面部位色差不低于 4 级；衬布影响或多层料造成的色差不低于 3~4 级(特殊设计除外)；套装的上装与下装的色差不低于 4 级。

③ 外观疵点的规定。服装成品的不同部位允许存在疵点的程度不同，各部位只允许一种允许存在程度内的疵点。疵点类别主要有线状、条状、斑疵(油、锈、色斑)、色档、破损性、散布性等疵点，特殊设计除外。

④ 缝制规定。检查服装成品缝制质量，主要看各个部位是否顺直、整齐、牢固、松紧适宜。根据服装面料不同，明暗线、粗细线及锁眼、包缝等不同，针距密度是不同的。一般硬质面料的针距可稀一些，质地松软的面料针距可密一些。例如，棉服装的明暗线的针距密度不少于 12 针/3cm，丝绸服装三角针的针距密度不少于 5 针/1cm。各部位缝制平服，线路顺直，针迹均匀；上下线松紧适宜，无跳针、抛线，起止回针牢固；领子平服，不反翘，领子部位明线不允许有接线；锁眼定位准确，扣与眼对位，眼位不偏斜；对称部位基本一致，两袖前后基本一致，袋与袋盖大小适宜；滚条、压条要平服，宽窄一致等。

⑤ 规格尺寸偏差规定。服装设计必须按服装号型系列标准有关规定进行，规格尺寸以标准允许的公差范围为限。检测部位，上装主要是衣长、胸围、领围、肩宽、袖长等；下装主要是腰围、臀围、裤(裙)长等。以棉服装为例，裤、裙长的尺寸允许偏差，成人是±2.0cm，儿童是-1.5~3.0cm。两片身核对主要是将左右对称部位进行对比查看是否一致，一般互差不大于 0.2~0.5cm。

⑥ 整烫规定。各部位要整烫平服、整洁，无烫黄、水渍及亮光。使用黏合衬部位不允许有脱胶、渗胶、起皱、起泡及沾胶。

总之，服装成品外观各部位熨烫平服、整洁美观、折叠端正、主辅料色泽相称。如上装，主要观看五个部位的质量：一是领子拨头是否平服，翘与平是否适宜；二是胸部是否饱满圆滑，挺括、直口丝绺是否顺直；三是肩部、后背是否平整；四是袖子吃势是否均匀圆顺，两袖前后是否适宜；五是扒缝是否顺直平服。另外，还要检查商标位置是否端正，要有号型标志。扣眼位不偏斜，扣与眼位相对。如有拉链，要查看拉链装订是否平服。

(2) 服装理化性能要求。

① 基本安全技术要求。服装成品的基本安全技术要求按 GB18401—2010《国家纺织品产品基本安全技术规范》的规定(见表 6-14)，保证纺织产品对人体健康无害提出最基本的要求。根据指标要求程度分为 A、B、C 类三类，婴幼儿纺织产品(如尿布、内衣、外衣等)应符合 A 类要求，直接接触皮肤的产品(如内衣、衬衣等)至少应符合 B 类要求，非直接接触皮肤的产品(如大衣、外衣、外裤等)至少应符合 C 类要求。

② 色牢度要求。服装成品色牢度允许程度按《服装理化性能的技术要求》GB/T 21295—2014 规定，见表 6-15。

表 6-14 纺织品基本安全技术要求(GB 18401—2010)

| 项目 | | A 类 | B 类 | C 类 |
|---|---|---|---|---|
| 甲醛含量/(mg/kg) ≤ | | 20 | 75 | 300 |
| pH 值 [a] | | 4.0～7.5 | 4.0～8.5 | 4.0～9.0 |
| 染色牢度 [b] /级 | 耐水(变色、沾色) | 3～4 | 3 | 3 |
| | 耐酸汗渍(变色、沾色) | 3～4 | 3 | 3 |
| | 耐碱汗渍 | 3～4 | 3 | 3 |
| | 耐干摩擦 | 4 | 3 | 3 |
| | 耐唾液(变色、沾色) | 4 | — | — |
| 异味 | | 无 | | |
| 可分解致癌芳香胺染料 [c] /(mg/kg) | | 禁用 | | |

注：a. 后续加工工艺中必须经过湿处理的非最终产品，pH 值可放宽至 4.0～10.5。
　　b. 对需经洗涤褪色工艺的非最终产品、本色及漂白产品不要求；对扎染、蜡染等传统的手工着色产品不要求；对耐唾液色牢度仅考核婴幼儿纺织产品。
　　c. 致癌芳香胺清单见本标准附录 C(略)，限量值≤20mg/kg。

表 6-15 服装成品色牢度允许程度

单位为级

| 项目 | | 允许程度 ≥ | |
|---|---|---|---|
| | | 婴幼儿产品 | 其他产品 |
| 色牢度 | 耐湿摩擦 [a,b] | 3 | 2-3 |
| | 耐皂洗(变色、沾色) | 3～4 | 3 |
| | 耐干洗 [c] (变色、沾色) | — | 3～4 |
| | 耐人造光 [a,d] | 3(深色 4) | |
| | 耐光、汗复合 [e] (变色) | 3～4 | 3～4 |
| | 耐热压 [f] (潮压变色、沾色) | 3～4 | 3 |
| | 染料迁移性能 [g] | 4 | 3～4 |
| | 拼接互染程度(沾色) | 4 | |
| | 酚黄变 [h] | 4 | |
| | 缝纫线、装饰线及绣花线的耐皂洗色牢度(沾色) | 3～4 | |

注：a. 深浅色按 GB/T 4841.3 规定，颜色大于 1/12 标准深度为深色，颜色不大于 1/12 标准深度为浅色。
　　b. 其他产品(非婴幼儿产品)中，磨毛、起绒、植绒类面料、深色面料的耐湿摩擦色牢度的考核指标允许比本标准低半级。
　　c. 不考核产品标识明示不可干洗产品。
　　d. 耐人造光色牢度不考核里料。
　　e. 耐光、汗复合色牢度只考核直接接触皮肤的单层类服装。
　　f. 耐热压色牢度不考核里料。
　　g. 染料迁移性能考核深浅色拼接、色织间色或印花的产品。
　　h. 酚黄变考核白色系产品及浅色产品。

③ 洗涤性能要求。服装成品洗涤后尺寸变化率根据 GB/T 21295—2014 规定，有水洗和干洗之分(见表 6-16)。

表 6-16　服装成品洗涤后尺寸变化率

%

| 项目 | 技术要求[a] ≥ | |
|---|---|---|
| | 水洗 | 干洗 |
| 领大[b] | -2.0 | -1.5 |
| 胸围 | -2.5 | -2.0 |
| 衣长 | -3.5 | -2.0 |
| 腰围 | -2.0 | -1.5 |
| 裤(裙)长 | -3.5 | -2.0 |

注：a. 只考核使用说明中标注可水洗或干洗的产品。
　　b. 领大只考核关门领。

服装成品洗涤后，外观变色的技术要求≥3～4 级，扭曲率≤3.0%。经过耐久压烫整理过，还需考核洗涤干燥后外观平整度，技术要求≥3 级；可水洗的产品需要考核洗涤干燥后接缝外观平整度，技术要求≥3 级，洗涤条件均按使用说明指示。洗涤后外观质量的技术要求主要有：A.面料，不允许出现破洞，填充物不允许出现缩团等明显外观变化；黏合、复合、涂层、印花部位面料不允许气泡、脱落裂开；绣花部位面料不允许明显起皱，贴花部位不允许脱开等。B.里料，不允许外露。C.其他。边饰等不可出现凌乱现象；包缝线不可脱落、缝纫线不可开线，绣花线迹不可明显松弛等；纽扣、饰品等附件不允许破损、脱落和锈蚀等。

④ 纤维含量要求。每件产品应附着纤维含量标签，标明各组分纤维名称及含量。制成品应附着纤维含量的耐久性标签。详细情况可参见《纺织品　纤维含量的标识》(GB/T 29862—2013)。

A. 纤维含量表示方法。两种及以上纤维组分的产品，一般按纤维含量递减顺序列出各种纤维名称，并在名称前面或后面列出其含量的百分比。例如，70%涤纶、30%粘纤，或涤纶 70%、粘纤 30%。含量≤5%的纤维，可列出具体名称，也可用"其他纤维"表示。当产品中有两种及以上含量各≤5%的纤维且其总量≤15%时，可集中标为"其他纤维"。例如，90%棉、5%聚酯、5%氨纶，或者 90%棉、10%其他纤维。含两种及以上化学性质相似且难以定量分析的纤维，可列出每种纤维的名称，也可列出其大类纤维名称，合并表示其总含量。结构复杂的产品可仅标注主要部分或贴身部分的纤维含量，对于因不完整或不规则花型造成的纤维含量变化较多的织物，可仅标注纤维名称。例如，侧翼：锦纶/涤纶/氨纶。

B. 纤维含量允差。产品完全由一种纤维组成，用"100%、纯或全"表示纤维含量时，纤维含量允差为 0。含微量其他纤维的产品(含量≤0.5%)，可不计入总量。如果适用，可标为"含微量\*\*"，或"含微量其他纤维"。例如，80%羊毛(含微量兔毛)、20%锦纶，100%

棉(含微量其他纤维)。产品或其中的某一部分含有装饰线或特种纤维(如弹性纤维、金属纤维等),且其总含量≤5%,可使用"100%、纯或全"表示纤维含量,并说明"** 纤维除外",标明的纤维含量允差为 0。例如,纯羊毛、弹性纤维除外、100%棉、装饰线除外。两种及以上纤维,除许可不标注的纤维外,标签上标明的每种纤维含量允差为5%。例如,标签含量为60%棉、40%聚酯,允许含量为55%~65%棉、35%~45%聚酯。填充物的纤维含量允差为10%。当标签上某种纤维含量≤10%时,纤维含量允差为3%;当某种纤维含量≤3%时,实际含量不得为0。当标签上某种填充物的纤维含量≤20%时,纤维含量允差为5%;当某种填充物纤维含量≤5%时,实际含量不得为0。

此外,理化性能技术要求还有:成品起球允许程度不小于3级;耐磨性能,上装≥10000次,下装≥15000 次;撕破强力,蚕丝织物≥7N,其他织物≥10N;有透湿要求的成品,透湿率不小于2200g/(m²·24h);有拒水要求的成品,沾水等级不小于4级;有防紫外线要求的,UPF>40,且 $T(UVA)_{AV}$<5%;有抗勾丝要求的,抗勾丝性不小于3~4级;以及重金属要求、各种耐用性、功能性要求等,具体指标可参见 GB/T 21295—2014 的相关规定。

3) 服装的使用说明标准

服装的使用说明标准的采用,主要是为了保护消费者的利益,向使用者传达如何正确、安全使用产品以及与之相关的产品功能、基本性能、特性的信息。通常以使用说明书、标签、铭牌等形式表达。它可以用文件、词语、标志、符号、图表、图示以及听觉或视觉信息,采取单独或组合的方法表示。它可以用于产品上、包装上,也可以作为随同文件或资料(如活页资料、手册、光盘等)交付。服装的使用说明标准的主要内容包括以下几方面,可参见《消费品使用说明 第4部分:纺织品和服装》(GB/T 5296.4—2012)。

(1) 制造者的名称和地址。应标明承担法律责任的制造者依法登记注册的名称和地址。进口服装应标明产品的原产地(国家或地区),以及代理商或进口商、销售商在中国大陆依法登记的名称和地址。

(2) 产品名称。产品应标明名称,且表明产品的真实属性。国标、行标有产品术语及定义的,宜采用国标、行标规定的名称;否则应使用不会引起消费者误解或混淆的名称。

(3) 服装号型规格。服装类产品宜按相关国家标准表示服装号型的方式标明产品的适穿范围。针织类服装也可标明产品长度或产品围度等。

(4) 纤维成分及含量。产品应按国家或行业相关标准的规定标明其纤维的成分及含量。皮革服装应标明相应的种类名称。

(5) 维护方法。产品应按 GB/T 8685 规定的图形符合表述维护方法,可增加与图形符号相对应的说明性文字。当图形符号满足不了需要时,可用文字予以说明。

(6) 执行的产品标准。

(7) 安全类别。

(8) 使用和贮藏注意事项。

对纺织品及服装的维护说明的基本符号及含义在《纺织品 维护标签规范 符号法》(GB/T 8685—2008)中做了相应规定(见表6-17),这些图形符号可根据不同对象选择使用,符号所代表的处理程序适用于整件纺织产品,有特殊说明的除外。当基本图形满足不了要求时,可用简练的文字辅助说明。这些符号应尽可能地直接标注在制品上或标签上,在不适当的情况下,也可仅在包装上标注维护说明;应使用适当的材料制作标签,该材料能承受标签上标明的维护处理程序;标签和符号应足够大,以使符号易于辨认,并在制品的整个寿命期内保持易于辨认;标签应永久地固定在纺织产品上,且符号不被掩藏,使消费者可以很容易地发现和辨认。

表6-17 纺织品及服装使用说明的图形符号(部分)

| 名称 | 图形符号及说明 | | | | | |
|---|---|---|---|---|---|---|
| 水洗 | 不可水洗 | 可水洗 | 手洗(最高洗涤温度40℃) | 最高洗涤温度30℃(常规程序) | 最高洗涤温度30℃(缓和程序) | 最高洗涤温度30℃(非常缓和程序) |
| 漂白 | 不可漂白 | 允许任何漂白剂 | 仅允许氯漂/非氯漂 | — | — | — |
| 翻转干燥 | 不可翻转干燥 | 可干燥 | 可使用翻转干燥(较低温度,排气口最高温度60℃) | | 可使用翻转干燥(常规温度,排气口温度80℃) | |
| 熨烫 | 不可熨烫 | 可以熨烫 | 熨斗底板最高温度200℃ | 熨斗底板最高温度150℃ | 熨斗底板最高温度110℃(蒸汽熨烫可能造成不可恢复的损伤) | |
| 干洗 | 不可干洗 | 可以干洗 | 使用四氯乙烯和符号F代表的所有溶剂的专业干洗(常规干洗) | 使用碳氢化合物溶剂(蒸馏温度在150~210℃,闪点为38~70℃)专业干洗(常规干洗) | | 专业湿洗(常规湿洗) |
| 自然干燥 | 悬挂晾干 | 悬挂滴干 | 平摊晾干 | 平摊滴干 | 在阴凉处悬挂晾干 | 在阴凉处悬挂滴干 | 在阴凉处平摊晾干 |

### 3. 服装的养护

服装在穿用时,由于人的活动而受到多种力的作用,甚至会由于经受反复张弛而变形。因此,一件服装不宜长期穿用,而应轮换使用,以便服装材料得以恢复,这样可保持服装的良好状态,延长服装寿命。服装在保养时要特别加以重视的服装类别是各类天然纤维类服装、天然裘革类服装的保养。其他各类服装的保管方法,则相对简单。但不论何类服装,均应清洁、干爽地收存。各项存放细节要按照服装的结构及面料的理化性质来定。

1) 棉麻服装

(1) 要注意防潮防霉，收藏前需洗净、晾干。

(2) 分深浅色折叠收藏，避免久藏中因受潮而相互染色。

(3) 久藏不穿的衣物，每年夏季要晒霉。

2) 丝绸服装

(1) 中心内容是防潮防霉，不宜日光暴晒，宜晾干。

(2) 丝绸比棉麻织品娇贵，洗涤时注意轻搓、轻揉、少挤、不拧。

(3) 织锦缎、软缎、丝绒等服装一般不水洗，收藏时应折叠好，用布包好，置于干爽清洁的收纳箱中，不宜挂藏，以免因自身重量导致变形。

(4) 浅色丝绸服装收藏时不宜置放樟脑丸，也不能放入樟木箱，以免泛黄。

3) 呢绒服装

(1) 收藏前要洗净(多数干洗)、熨烫、晾干，待充分干燥、晾透后再收藏。

(2) 宜放在通风阴凉处晾干，暴晒会引起褪色和光泽、弹性、强度的下降。

(3) 最好悬挂收藏，避免叠放时因重压变形。

(4) 收存时，要在衣服口袋及箱柜中放置樟脑丸，以防虫蛀。

4) 裘皮服装

(1) 穿着时应尽量避免沾污和雨淋受潮，受潮会导致裘皮服装脱鞣变形而脱毛。

(2) 若收藏不当，会出现虫蛀、脱毛、绒毛纠结或皮板硬化等。

(3) 存放时，最好用宽衣架挂起来，并在大衣袋内放上用纸包好的樟脑丸。

(4) 如放在箱内，折叠时应将毛朝里平放，宜放在箱子最上方，以免重压。

(5) 夏季可取出晾晒、通风，以防虫蛀及霉变。

5) 皮革服装

(1) 不宜在雨雪天穿用，收前晾晒宜在 9:00～10:00 时，下午 15:00～16:00 时，不可暴晒，否则会使皮革老化。

(2) 挂藏为宜，并放置以纸包好的樟脑丸。

(3) 如想增加皮革柔润，可用布在皮革表面轻敷一层甘油或保养皮革衣物的专用制剂，穿用前晾晒一下即可。

(4) 收藏期间要注意防潮、防霉。

# 任务五　塑料制品

【营销拓展】

## 乐扣乐扣——塑料保鲜盒第一品牌

以塑料制品闻名的乐扣乐扣(简称"乐扣")，是专门生产新概念密封容器的韩国企业。

该公司成立于1978年，主要生产厨房、浴室用品等多样化的生活日用品。1997年将公司重点放在乐扣乐扣(Lock&lock)保鲜盒上。"Lock"有着锁的意义，Lock&lock是锁上加锁的意思，显示公司对完美的密封性和保管食物新鲜度维持的不懈追求。旗下产品有：手提型、易扣乐、冰扣乐、多乐扣、百纳箱、真空压缩袋、保温保冷等系列产品。

让世人认识乐扣的产品就是它的塑料保鲜盒。比起在韩国，乐扣保鲜盒首先在海外市场得到肯定。2001年，在美国最大的电视购物频道首播乐扣产品时，5000套库存商品被抢购一空。2003年，乐扣被英国最有威望的家庭用品杂志"House ware"评为"最畅销产品"。2003年3月和2004年1月，被选为电视购物"今日特别商品"，1天之内销售了7万套和6.7万套。2004年3月在德国QVC电视购物频道，创下了"在播放当时每分钟销售466套，在播放6次之后所有库存全部销售一空"的纪录。5月份在TSV创下了1天销售4万多套的纪录。2004年7月乐扣进入中国市场。2006年8月，荣获"中国保鲜盒市场用户满意度第一品牌"称号。乐扣新概念密封容器，完美的密封性保存烹饪材料及各种食物，其所倡导的健康生活理念越来越被世界各国的消费者所熟识、肯定和青睐。

市面上价格便宜的保鲜盒是传统的连接型密封容器，它在诞生初期就存在着一些自相矛盾的问题。PE材料制成的软性盖子与PP材料制成的较硬盒身相结合，从物理学角度看，很难达到既要密封性能好又要开关容易的目的。用户的使用习惯不尽相同，根据不同的内存物，实际应用程度也会不同。即使盒身和盒盖设计得最合适，并在最佳的制作环境下制作而成，但盒盖和盒身用的都是不同的材料，因不同的温度等物理特性的影响，盒盖和盒身的收缩率各不相同。于是出现"夏季盒盖容易松动，冬季盒盖难以开关"的现象。这种使用并不方便的保鲜盒在结构上存在着上述矛盾，引起广大消费者的普遍不满。而乐扣公司开发的四面锁扣封闭技术很好地解决了这些问题，同时满足完美密封性和开关方便性。

乐扣相对于传统保鲜盒具有如下优点：①特别密封设计，即100%密封。在韩国及海外通过严格的密封实验，将保鲜盒放进室内、在$(38±2)℃$、100%RH的条件下，乐扣放置24小时、48小时、72小时后显示的透湿度为$0.01g/m^2$。透湿度数值越低，密封新鲜性能越卓越。因此，乐扣能够改变食品的外部环境，抑制细菌(微生物)的生长繁衍，减缓新鲜果蔬的新陈代谢，从而延长食品的保鲜期和货架期。②异味彻底消除，即0串味。在乐扣盒内装入水，盖上盖子，并将盖子朝下倒放，时隔12小时后获得结果为"不漏水"。唯有使用100%密封的保鲜容器才能有效避免食物串味、汤汁外溢，从而阻绝细菌滋生以及交叉污染的机会。③新鲜持久保持，即80%延长。能完全密封和隔离果蔬与外部空气的流通，锁住其原有的水分，降低氧的浓度，增加二氧化碳的浓度，从而使果蔬处于休眠状态，延长储存期。④空间充分利用，即50%增储。满足日常家庭食物存储的需要，针对不同食物使用合适的尺寸，还可层层堆放，有效节省空间2倍以上，大大节省冰箱和厨房储藏空间。

做到上述几点，有两个关键技术。一是固定孔设计。乐扣在盒盖上使用了"固定孔"(见图6-7)，盒盖和盒身均采用国际绿色和平组织认可的安全PP材质。目的就是使盒盖接合部分吻合，且盒盖不易破损，还能缩短盒盖弯曲部分，防止在开关盒盖时显得僵硬。在减少弯曲盒盖接合部分所产生的余力时，会加强机械性强度，从而延长使用寿命。

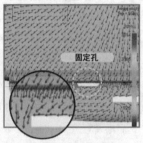 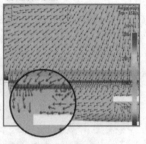

图 6-7　乐扣盒盖的固定孔设计

二是中空型硅胶条设计(见图 6-8)。乐扣的"四面锁扣装置"在盒盖和盒身接合部分填充中空型硅胶条而不是实心硅胶条,使得硅胶条压缩范围更大,施加的压力更均匀,复原能力和接合性能更强,从而密封效果更卓越。

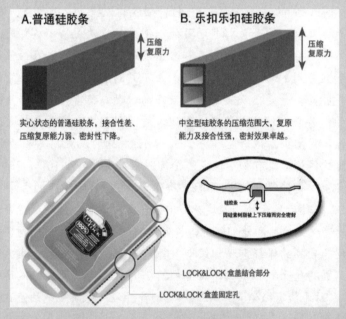

图 6-8　乐扣的中空型硅胶条设计

(资料来源:根据乐扣乐扣上海公司网站相关资料整理)

**营销思考:**

(1) 乐扣保鲜盒为何会被世界各国的消费者喜欢?

(2) 乐扣保鲜盒的关键技术并不神奇,为何会将公司重点放在塑料保鲜盒上,并在全球开拓市场?

(3) 乐扣把自己定位为生活密闭容器企业,而不是厨具制造商或生活用品公司、塑料制品公司。你怎么看待乐扣的选择?如果你是乐扣 CEO,你的选择又会是怎样的?

## 一、塑料的组成与分类

塑料是以合成或天然的高分子材料为主要成分，在一定温度、压力条件下，塑成一定形状，且在常温下保持形状不变的材料。优点：质量轻、强度高，化学稳定性好、绝缘性好、着色性好，具有一定透明度。缺点：易变形，尺寸稳定性差，导热性、耐热性差，易老化，环保问题日益显著。

### 1．塑料的组成

塑料主要由树脂和塑料助剂组成，具体如下。

(1) 树脂，一般是合成树脂，是以煤、电石、石油、天然气以及一些农副产品为主要原料，由具有一定合成条件的低分子化合物(单体)，通过化学、物理等方法合成的高分子化合物。合成树脂的含量在塑料的全部成分中占40%～100%，起着黏结的作用，它决定了塑料的主要性能，如机械强度、硬度、耐老化性、弹性、化学稳定性、光电性等。

(2) 塑料助剂，目的主要是改善加工性能，提高使用效能和降低成本。助剂在塑料用料中所占比例较少，但对塑料制品的质量却有很大影响。常见助剂有以下几种。

① 增塑剂：增加塑料的柔软性和可塑性，降低塑料的脆性和刚性。

② 防老化剂：防止塑料受光、热和氧的作用过早老化，延长使用寿命。

③ 抗静电剂：防止塑料表面产生静电。

④ 阻燃剂：提高塑料着火温度，延缓燃烧速度或阻止燃烧。

⑤ 发泡剂：使塑料产生微孔的物质，多为随着温度变化可气化(物理发泡)或产生气体(化学发泡)的化合物。

⑥ 着色剂：改变塑料固有颜色，美化塑料制品。

⑦ 润滑剂：改善塑料加热成型时的脱模和提高制品表面光洁度的物质。

⑧ 填充剂：改善性能，降低成本，常用的有玻璃纤维、石棉、碳酸钙、滑石粉、纤维素等。

### 2．塑料的分类

1) 根据塑料受热特性(或成型性能)分类

(1) 热塑性塑料：热塑性塑料是用线型高聚物(带有支链)制造的塑料，受热能软化熔融，塑成一定形状，冷却后固结成型变硬。这种变化可多次反复。常见的有聚乙烯、聚丙烯、聚氯乙烯、聚苯乙烯、有机玻璃、聚酯、聚酰胺塑料等。

(2) 热固性塑料：热固性塑料是用体型高聚物(分子链间大量交联)制成的塑料，质地坚硬、不溶于任何溶剂，成型后受热不再软化变形，只会碳化，其废旧制品无法回收再利用。常见的有酚醛、脲醛、密胺塑料等。

2) 根据塑料的用途分类

(1) 通用塑料：通用塑料指产量大、价格便宜、成型性好、应用广泛的塑料。通用塑料占塑料总产量的75%以上，多为民用，如聚乙烯、聚丙烯、聚氯乙烯塑料等。

(2) 工程塑料：工程塑料指具有相当强度及刚性，可做工程结构、机械部件等的材料，如聚酰胺塑料、ABS 塑料、玻璃纤维增强材料等。

(3) 特种塑料：特种塑料指具有特殊性能的塑料，一般价格较贵，如耐辐射材料、超导塑料、感光塑料等。

3) 根据塑料燃烧难易分类

(1) 易燃性塑料：遇明火后剧烈燃烧，不易熄灭。例如，硝酸纤维塑料等，这类塑料被列为危险品。

(2) 可燃性塑料：遇明火燃烧，无自熄性，但燃烧速度较快，如聚乙烯、聚丙烯、聚苯乙烯等。

(3) 难燃性塑料：在较强的明火中可燃烧，离火后很快熄灭，如酚醛塑料、醋酸纤维塑料、聚氯乙烯塑料等。

4) 根据塑料是否有毒分类

(1) 无毒塑料，如聚丙烯。

(2) 有毒塑料，如聚氯乙烯、多数工程塑料。

5) 根据塑料是否污染环境分类

(1) 绿色塑料(可降解塑料)：在生产过程中加入添加剂(如淀粉、改性淀粉或其他纤维素、光敏剂、生物降解剂等)，稳定性下降，较易在自然环境中降解。

(2) 非绿色塑料：即不可降解塑料，对环境污染较大，是造成白色污染的主要物质。

【知识拓展】

### 塑料回收和再循环

中国是全球塑料生产和消费第一大国，每年生产塑料原材料一亿多吨，塑料消费制品则有 6000 多万吨。但塑料消费过后的弃置环节，尤其是塑料的回收再利用方面并不理想。近年来，随着网购和外卖日益成为一种生活方式，塑料包装的使用不断增加。鉴于此，中国已经采取了多种措施减少塑料污染，包括推行强制垃圾分类制度。2020 年 1 月 19 日，国家发展改革委、生态环境部公布《关于进一步加强塑料污染治理的意见》。意见明确，2020 年，率先在部分地区、部分领域禁止、限制部分塑料制品的生产、销售和使用。中国将按照"禁限一批、替代循环一批、规范一批"的思路，加强塑料污染治理。中国将在未来 5 年减少塑料制品的生产和使用，这有助于缩减世界主要塑料污染源。

塑料循环问题主要有两个方面的难点。首先，再生塑料的成本高，使得回收企业难以盈利。由于 2018 年禁止进口国外废弃塑料政策使得回收再生塑料行业转向国内回收，加上人力价格的上涨，导致再生塑料价格居高不下。而原油价格的持续走低和化工行业产能的不断增加，又令原生塑料的价格越来越低。再生塑料和原生塑料的价格倒置，导致再生塑料产业失去利润空间。所以，如何构建一个新的价值链是塑料循环的关键问题。其次，上游的产品制造环节给塑料回收带来很大困难。很多产品为满足功能性需求，由多种材料复合而成，使得回收分离的工作很困难。比如食品保鲜包装、服装的化纤材料、种类迥异的塑料瓶，这些塑料制品的复杂性使得回收环节变得异常困难。很多产品从设计环节就没有考虑到后端回收利用的问题。这些问题提示我们，塑料回收是一个全产业链都要参与的问题。单从上游生产端或者下游回收端发力，都不能解决问题。即使生产端的产品设计中使用塑料替代品或者可降解材料，下游也仍然存在着不可逃避的回收处置问题。

中国 2020 年最新"限塑令"的进步在于，着眼于在整体性塑料循环产业链的构建。它提出了构建塑料回收管理体系和步骤，从不同的层面上发力，比如，规范企业的生产，健全垃圾回收体系等。配套的监管、政策和科技研发方面也有了比较全面的框架和体系规划。还有很重要的一点就是每个消费者都要提升环保意识，改变自己的生活方式和消费行为。塑料的问题，最终会归结到消费问题上来。消费已经占了中国总 GDP 的 50%，是经济生活的关键，人们消费行为的改变最终能让产业发生巨变。

(资料来源：中国对塑料垃圾再出重拳.人民日报海外版,2020-02-24.)

塑料回收，是指采用一定的回收工艺将废弃塑料回收再利用，实现变废为宝的目的。目前我国废弃塑料主要为塑料薄膜、塑料丝及编织品、泡沫塑料、塑料包装箱及容器、日用塑料制品、塑料袋和农用地膜等。

《塑料 塑料废弃物的回收和再循环指南》(GB/T 30102—2013)中，将塑料回收技术分为两类。

一类是材料回收，材料回收包括机械再循环、化学或给料再循环、生物或有机再循环。

(1) 机械再循环，是将塑料废弃物转化成二次原材料(即再生料)或产品的加工过程，在这一过程中材料的化学结构没有发生显著变化。机械再循环的结果是产生再生料。再生料通常为绒毛状、片状、碎片、粒料或粉末状的团聚体或碎料。使用合适的分类计数、使污染物含量最低化以及实施合适的回收操作都有利于降低对再生料性能的负面影响。为了提高再生料的后续使用价值，可加入改性剂或稳定剂。

(2) 给料再循环，是指通过裂解、汽化或解聚反应，除开能量回收和焚烧，使得塑料废弃物的化学结构发生改变，从而生成新的单体或原材料。给料再循环的结果是获得化学原料。这些化学物质能够用于聚合反应的原料或其他化学加工过程中。例如，聚对苯二甲酸乙二醇脂(PET)，进行解聚反应生成的单体可作为聚合反应的原料，制成瓶子或纤维一类的制品。

(3) 生物再循环，是指在可控条件下采用微生物对可生物降解塑料废弃物进行有氧(堆肥)或厌氧(消化)处理，从而在有氧条件下生成稳定的残余有机物、二氧化碳和水，或在无氧条件下生成稳定的残余有机物、甲烷、二氧化碳和水，也称为有机再循环。生物再循环的结果是生成混合肥料和甲烷。在对特定类型的塑料废弃物进行有机再循环或生物再循环的处理过程中，生物降解是切实可行的方式。

另一类是能量回收。能量回收，即通过直接可控燃烧产生有用能量。塑料废弃物的直接燃烧或混合燃烧是能量回收的一个方式，常用形式是利用固体废弃物焚烧炉生成热能、蒸汽或电能。由于大多数塑料废弃物本质上是碳氢化合物，其固有热值很高。若能充分考虑对燃烧副产物一类因素的控制，回收塑料作为燃料的最终应用是十分有效的。这一点已经在工业加工中和蒸汽生成系统、热电式发电，还有在石灰、水泥和金属矿物熔炉中得到了成功应用。

由于最优回收方式依赖许多环境因素，所以应依据塑料废弃物的类型和组成，采用生命周期分析来决定哪一个回收方式更有利于环境及其可持续性。对于废旧混合塑料，能量回收和某些给料再循环处理常常是最佳选择。不过回收技术的可持续发展性还需不断提高。比如，含氯废塑料燃烧过程中会产生二噁英污染环境。二噁英既非人为生产、又无任何用途，而是燃烧和各种工业生产的副产物。迄今为止，它是人类已知的毒性最强的污染物，国际癌症研究中心已将其列为人类一级致癌物。人类暴露于含二噁英污染的环境中，可能引起男性生育能力丧失、不育症，女性青春期提前、胎儿及哺乳期婴儿疾患、免疫功能下降、智商降低、精神疾患等。此外还有致死作用和"消瘦综合征"、胸腺萎缩、免疫毒性、肝脏毒性、氯痤疮、生殖毒性、发育毒性和致畸性。可见，塑料回收和再循环技术任重道远。

(资料来源：根据网络资源整理)

## 二、常见塑料及其制品

常见塑料主要有 PE、PVC、PS、PP、ABS、PMMA、CN、PA 等热塑性塑料以及 PF、UF、MF 等热固性塑料，具体情况如下。

### 1. 聚乙烯塑料(PE)

聚乙烯塑料的生产原料是石油、焦炉气或酒精。工业生产聚乙烯一般由乙醇脱水、乙炔催化加氢或高温裂解制得。无毒、无臭、无味，可制作饮料瓶、餐具等。低密度聚乙烯，柔软性好、伸长率好、耐冲击，适于制造奶瓶、杯子、玩具、薄膜等。中密度聚乙烯，适于制造各种瓶类制品、中空制品、电缆用制品以及高速自动包装用薄膜。高密度聚乙烯，质地刚硬，耐热性、耐寒性较好，适于制造衣钩、管道、饮料箱、绳索、打包带等。

### 2. 聚氯乙烯塑料(PVC)

聚氯乙烯塑料是由氯乙烯单体聚合而成的，是常用的热塑性塑料之一。聚氯乙烯根据加入增塑剂量的多少可分为硬质聚氯乙烯和软质聚氯乙烯，硬制品坚硬光滑，敲击时声音发闷，机械强度高，耐化学腐蚀性能好；软制品柔软、富有弹性，具有良好的气密性和不透水性。一般来说有毒、难燃，既不耐高温也不耐低温。硬质聚氯乙烯能制成透明、半透明及各种颜色的珠光制品，常用来制作皂盒、梳子、洗衣板、文具盒和各种管材等。软质聚氯乙烯可制成较好的农用薄膜，常用来制作雨衣、台布、窗帘、票夹和手提袋等，还被广泛用于制造塑料鞋及人造革。

### 3. 聚苯乙烯塑料(PS)

聚苯乙烯塑料是由苯乙烯单体聚合而成的线型结构的塑料，简称"苯塑"。它无毒、无味，卫生性好；表面硬而光滑，透明度好，着色力强，色泽鲜艳；质地发脆、冲击强度低、易磨划、易破碎；敲击时，声音清脆，扭折时容易碎裂；相对密度大于1，略沉于水中。聚苯乙烯塑料广泛应用于光学仪器、化工部门及日用品方面，可制作餐具、食品包装容器、牙刷柄、电器外壳、玩具、圆珠笔杆、学生尺等。

### 4．聚丙烯塑料(PP)

聚丙烯塑料是由丙烯聚合而成的高分子化合物。通常为半透明无色固体，无臭无毒；密度 $0.90g/cm^3$，是最轻的通用塑料；由于结构规整而高度结晶化，故熔点高达 167℃，耐热；制品可用蒸汽消毒是其突出优点；耐腐蚀，抗张强度 30MPa；强度、刚性和透明性都比聚乙烯好。缺点：低温性能稍差，在低温下弹性逐渐消失，并且抗冲击性差，较易老化，但可分别通过改性和添加抗氧剂予以克服。其应用广泛，可制作家用器具(如饭碗、汤勺、口杯、瓶盖、热水瓶壳、脸盆、痰盂、水桶等)、撕裂薄膜、家电外壳、管材和板材等。

### 5．ABS 塑料

ABS 塑料是丙烯腈、丁二烯、苯乙烯三者的共聚物，A 代表丙烯腈、B 代表丁二烯、S 代表苯乙烯。其抗冲击性、耐热性、耐低温性、耐化学药品性及电气性能优良，还具有易加工、制品尺寸稳定、表面光泽性好等特点；容易涂装、着色，还可以进行表面喷镀金属、电镀、焊接、热压和黏结等二次加工。其广泛应用于机械、汽车、电子电器、仪器仪表、纺织和建筑等工业领域，是一种用途极广的热塑性工程塑料。

### 6．有机玻璃(PMMA)

有机玻璃是聚甲基丙烯酸甲酯的俗称，它是由甲基丙烯酸甲酯单体聚合而成的线型树脂。制品透明度高，表面光滑、坚韧，色泽淡黄，外观似水晶制品；敲击时无清脆声，扭折时有韧性，不易折断；用柔软物摩擦制品时，能产生芳香的水果味。其主要用于航空、轮船、车辆、仪表的透明防护罩及安全防护罩等，也被大量用于光学工业透镜和医用导光管等；还用于制作纽扣、文具、眼镜框、烟盒、伞柄、标牌等。

### 7．硝酸纤维素(CN)

硝酸纤维素又称赛璐珞，是棉短绒或其他草类、木材等天然纤维素经硝酸酯化成硝酸纤维素，再加入 20%～30%的增塑剂而制成的塑料。它是无色透明或半透明体，质轻，弹性大，极易燃烧，170℃会自燃，摩擦时有樟脑味。其主要用于制作文教用品(如三角尺、笔杆、乐器外壳等)、眼镜框、伞柄、玩具、梳子、皂盒以及乒乓球等。

### 8．聚酰胺塑料(PA)

聚酰胺塑料又称尼龙，品种繁多，有 PA6、PA66、PA11、PA12、PA46、PA610、PA612、PA1010 等，以及半芳香型 PA6T 和特种尼龙等新品种。它具有良好的综合性能，包括力学性能、耐热性、耐磨损性、耐化学药品性和自润滑性，且摩擦系数低，有一定的阻燃性，易于加工，机械强度高，可替代金属。适于用玻璃纤维和其他填料填充增强改性，提高性能和扩大应用范围。其主要用于制作纤维即锦纶，部分用于工程塑料，如管材、汽车、电气设备、机械构件，也用于制作刷子、球网、拉链等日用品。

### 9. 酚醛塑料(PF)

酚醛塑料俗称"胶木""电木"。它是以酚和醛为原料，在酸或碱性催化剂的作用下缩聚成酚醛树脂，加入木粉填充剂可制成塑料。酚醛塑料有毒，色深，不透明，绝缘性能好，表面光滑、坚硬，质脆易碎，断面结构松散，敲击时有木板声。酚醛塑料广泛用于电信、电器、仪表等方面，也用于制造日用品，如纽扣、皂盒、锅壳把手等。

### 10. 脲醛塑料(UF)

脲醛塑料俗称"电玉"，是由尿素和甲醛合成的，加入纸浆可制成脲醛塑料。脲醛塑料有毒，外观多为浅色、半透明体，比电木制品光亮，色泽鲜艳，表面坚硬、质脆易碎，断面结构紧密，低频绝缘性好。其主要用于制作纽扣、餐具、皂盒、瓶盖等，也用于工业和民用的电气元件和外壳。

### 11. 密胺塑料(MF)

密胺塑料即三聚氰胺甲醛树脂，是以三聚氰胺与甲醛为原料，经缩聚反应而制成的一种热固性塑料。密胺塑料无毒无味，耐酸碱性强，耐热性好；表面硬度和耐冲击强度都比较高，不易变形；外观似瓷，比瓷坚实，但不易破碎；卫生性好，而且色泽鲜艳，光洁度强，极受儿童喜爱。常用来制作杯盘、碗筷、烟缸、电器的绝缘零件等日用品。

### 【案例分析6-13】

#### 仿瓷餐具

在日常生活中我们经常会接触到一种仿瓷餐具，这种餐具表面鲜滑光亮，看上去像瓷器，敲击起来又像塑料。它的表面常绘有各种卡通人物，颜色鲜艳，且不易摔碎，因此很多家长都会买来给孩子使用。可一条"仿瓷餐具遇高温放毒"的新闻却让家长们陷入恐慌，给宝宝精心挑选的餐具竟然会成为危害健康的隐形杀手？

据了解，仿瓷餐具化学名为"密胺"，又称美耐皿，由密胺树脂粉加热加压铸模而成。网报有毒仿瓷餐具是用国家禁用的尿素甲醛树脂(即脲醛塑料UF)生产的。UF在相对较高温度下，遇到水会溶解出甲醛，是一种公认的致癌物质。因此，用UF生产的仿瓷餐具对消费者(特别是孩子)的健康存在巨大的安全隐患。

业内人士介绍，作为一种新型材料，国家允许使用的密胺树脂一公斤卖14元，而国家禁用的UF每公斤只卖六七元，巨大的利益驱使是产生问题仿瓷餐具的主要原因。专家提醒，使用仿瓷餐具时应该按照产品的使用条件正常使用，不应超过安全温度限值，尤其是干热温度不应超过120℃，也绝对不能进行微波加热。另外，在使用中要注意尽量不要长时间盛放酸性、油性、碱性食物或饮料，特别是不能将含油较多的食物放在仿瓷餐具中在微波炉中加热，以免产生剧毒氰化物。

即便是用密胺树脂制作的器具也不是完全都可用作餐具的。密胺粉学名三聚氰胺甲醛树脂(MF)，密胺树脂在室温下不固化，一般需要在130～150℃下热固化。固化后的三聚氰胺甲醛树脂无色透明，在沸水中稳定，甚至可以在150℃的高温下使用，具有自熄性、抗电弧性和良好的力学性能。严格来说，可用作餐具的密胺制品是100%密胺树脂，就是优质合格的仿瓷餐具，其他含量的密胺制品都不适合用作餐具。常见的密胺原料如下。

(1) A1料(不可用于餐具)，含30%密胺树脂，另有70%成分为添加剂、淀粉类等。特点：虽有密胺成分，但仍存塑料特性，毒性大，不耐高温，不耐赃，不耐腐蚀，外观粗糙，易变形、变色，光泽度差。

(2) A3料(不可用于餐具)，含70%密胺树脂，另有30%成分为添加剂、淀粉类等。特点：外观和正品(A5料)相差无几，但是一经使用，产品不耐脏，易变色、褪色，高温下易变形，不耐腐蚀。

(3) A5料(可用于密胺餐具)，100%密胺树脂。特点：无毒无味，耐温程度-30～120℃，耐磕碰、耐腐蚀，外观精美，轻便保温，使用安全。

需要注意的是：A1和A3两种有毒原料价格低廉，很多厂家用此原料来生产产品，充当正品(A5料)，侵害了消费者的权益。

(资料来源：根据中国食品饮料网相关资料整理)

**问题：** A5料制作的仿瓷餐具使用起来就一定安全吗？

## 三、常见塑料制品的鉴别与养护

**1. 塑料制品的鉴别**

1) 塑料制品的外观鉴别

将鉴别的塑料试样剪切成小块，通过手摸、弯曲、敲击、嗅气味、放入盐水中、放入沸水中等观察各种塑料外观特征。各种塑料的外观特征和鉴别情况如下。

(1) 聚乙烯塑料(PE)：为乳白色半透明体，手摸有石蜡滑腻感，质地柔软能弯曲，放在水中能浮于水面，沸水中显著软化。

(2) 聚丙烯塑料(PP)：本色为乳白色半透明体，手摸润滑但无滑腻感，质地硬挺有韧性，放入水中能浮出水面，在沸水中软化不显著。

(3) 聚氯乙烯塑料(PVC)：硬制品坚硬平滑，敲击时声音发闷，色泽较鲜艳；软制品柔软富有弹性，薄膜透明度较高而无蜡质感，放在水中不沉，遇冷变硬，有特殊气味。

(4) 聚苯乙烯塑料(PS)：表面硬度与透明度较高，色泽鲜艳，敲击和轻掷时，有近似金属的清脆声，弯曲时容易碎裂，断口处是银白色。

(5) 有机玻璃(PMMA)：外观似水晶，透明度高，色彩鲜艳，有韧性，敲击时声音发闷，用柔软物摩擦制品表面产生水果香味。

(6) ABS塑料：表面硬度较高，有弹性，断面结构紧密，表面易于电镀。

(7) 酚醛塑料(电木，PF)：表面坚硬，质脆易碎，断面结构松散，为黑色或棕色不透明体，敲击时有木板声。

(8) 脲醛塑料(电玉，UF)：表面坚硬，质脆易碎，断面结构紧密，颜色鲜艳，大都为浅色半透明体。

(9) 密胺塑料(MF)：表面坚韧结实，不易划伤，外观似瓷，沸水中不变色、不变软，烟头余火也不会将其烫焦。

2) 塑料制品的燃烧鉴别

将塑料试样放在火焰上燃烧，仔细观察其燃烧的难易程度、火焰颜色、气味和冒烟情况、熄灭后塑料的色泽和形态等，根据这些特征，大致可以确定属于哪一类塑料。常见塑料的燃烧特征如下。

(1) 聚乙烯塑料(PE)：容易燃烧，火焰上端为黄色，下端为蓝色，燃烧同时有熔融物滴落，离火后能继续燃烧，有石蜡燃烧的气味。

(2) 聚丙烯塑料(PP)：燃烧性能与聚乙烯相似，但火焰上端有少量黑烟，燃烧气味类似石油味。

(3) 聚氯乙烯塑料(PVC)：难燃烧，在火焰上能够燃烧，离火即灭，火焰呈黄色，下端绿色，燃烧后塑料变软，表面呈黑色，无熔融滴落现象，有刺激性酸味。

(4) 聚苯乙烯塑料(PS)：容易燃烧，为闪光橙黄色火焰，并冒浓黑烟，离火后能继续燃烧，燃烧后软化、起泡，有特殊臭味。

(5) 有机玻璃(PMMA)：容易燃烧，为浅蓝色火焰，顶端呈白色，离火后能继续燃烧，燃烧后软化、起泡，有水果香味。

(6) ABS塑料：容易燃烧，为黄色火焰并冒黑烟，离火后能继续燃烧，有特殊香味。

(7) 酚醛塑料(电木，PF)：在火焰上能慢慢燃烧，塑料膨胀开裂，为黄色火焰，离火后能自动熄灭，有木材和酚味。

(8) 脲醛塑料(电玉，UF)：难燃烧，在火焰上膨胀开裂，为黄色火焰，离火后自动熄灭，有甲醛气味。

2. 塑料制品的储运与养护

(1) 分库存放。塑料制品勿与化学药品同库混存，尤其是挥发性有机溶剂，对塑料制品容易产生侵蚀。

(2) 防热、防冻、避光。塑料制品应避光存放，并避免暴晒、受热和冷冻。过高或过低的温度都容易加速塑料制品老化，从而逐渐失去使用价值。

(3) 防裂、防压。塑料制品应轻搬轻放，堆码勿过高。受到碰撞的硬质塑料制品容易破裂；长期受到重压的软质或空心塑料制品容易变形，塑料薄膜容易黏结。

(4) 注意卫生，保持干燥。要保持库房干燥和清洁。潮湿和尘埃都容易使塑料制品失去表面光泽。

【案例分析6-14】

| 塑料制品上的三角标 |
| --- |

我国采用三角形符号作为塑料回收标志(见图6-9)，三角形里边的每一个数字都代表不同的材料，但这个标志是非强制性的，有的厂家没有进行标注，不属于违规行为。其主要

目的是通过不同的标识区分塑料制品材质,以便于回收。

图 6-9　常用塑料包装回收标志—三角标

常用塑料包装回收标志中数字的含义如下。

**1 号塑料品**

PET,即聚对苯二甲酸乙二醇脂,简称聚酯。常见有矿泉水瓶、碳酸饮料瓶、油桶等。

特性:耐热至 65℃,耐冷至-20℃,只适合装暖饮或冷饮,装高温液体或加热则易变形,有对人体有害的物质析出。用了 10 个月后,可能释放出致癌物"邻苯二甲酸"(DEHP),对睾丸具有毒性。

注意事项:不能放在汽车内晒太阳,不要装酒、油等物质。

**2 号塑料品**

HDPE 或 PE-HD,即高密度聚乙烯。常见有白色药瓶、清洁用品、沐浴产品、牛奶桶以及超市和商场使用的塑料袋。

特性:白色不透明,可耐 110℃高温,较耐各种腐蚀性溶液。

注意事项:不要再用来作为水杯,或者用来作储物容器装其他物品。这些容器通常不易清洗,残留原有的清洁用品,变成细菌的温床,最好不要循环使用。

**3 号塑料品**

PVC,即聚氯乙烯。这种材质的塑料制品易产生有毒有害物质,主要来自两个方面,一是生产过程中没有被完全聚合的单分子氯乙烯,二是增塑剂中的有害物。这两种物质在遇到高温和油脂时容易析出,有毒物随食物进入人体后,容易致癌。常见产品有雨衣、建材、塑料膜、塑料盒等。

特性:可塑性优良,价钱便宜,故使用很普遍,只能耐热 81℃,高温时容易产生毒害物质。

注意事项:若盛食物不要购买,环保部门已逐步禁用于食品包装。

**4 号塑料品**

LDPE 或 PE-LD,即低密度聚乙烯。常见有保鲜膜、塑料膜、牙膏软管等。

特性:耐热性不强,通常合格的 PE 保鲜膜在温度超过 110℃时会出现热熔现象,留下人体无法分解的塑料制剂,并且高温时有有害物质产生,有毒物随食物进入人体后,可能引起乳腺癌、新生儿先天缺陷等疾病。

注意事项:保鲜膜别进微波炉。

**5 号塑料品**

PP,即聚丙烯。常见有豆浆瓶、优酪乳瓶、保鲜盒、微波炉餐盒。

特性：透气性佳，耐热温度高达167℃，是唯一可以放进微波炉的塑料盒，可在小心清洁后重复使用。

注意事项：有些微波炉餐盒，盒体以5号PP制造，但盒盖却以1号PE制造，由于PE不耐高温，故不能与盒体一并放进微波炉。各类卡口型保鲜盒大多使用透明PP而非专用PP，一般不能放入微波炉使用。

**6号塑料品**

PS，即聚苯乙烯。常见有碗装泡面盒、发泡快餐盒。

特性：透明、廉价、绝缘，普通聚苯乙烯的不足之处在于性脆，冲击强度低，易出现应力开裂，耐热性差及不耐沸水，长期使用温度0~70℃。不耐酸碱，装酸(如柳橙汁)、碱性物质后，会分解出致癌物质。

注意事项：避免用快餐盒打包滚烫的食物，别用微波炉煮碗装方便面，以免因温度过高而析出化学物质。勿装酸性或碱性食品。

以前的7号塑料品，是other其他类，如PC，聚碳酸酯。根据国标《塑料制品的标志》(GB/T 16288—2008)规定，7号是AB塑料，即丙烯腈-丁二烯。聚碳酸酯是58号，常见的PC制品有水壶、太空杯、奶瓶等。特性：透明、耐摔，很容易释放出有毒的物质双酚A，对人体有害。温度越高，越易释放双酚A，且速度越快。双酚A作为一种化工原料，2008年4月18日被加拿大联邦政府正式认定为有毒物质，并严禁在食品包装中添加。欧盟认为含双酚A奶瓶会诱发性早熟，从2011年3月2日起，禁止生产含化学物质双酚A(BPA)的婴幼儿奶瓶。中国卫生部等部门发布公告称，2011年9月1日起禁止进口和销售聚碳酸酯婴幼儿奶瓶和其他含双酚A的婴幼儿奶瓶，由生产企业或进口商负责召回。

我国早在1996年开始实行国家标准《塑料包装制品回收标志》(现为《塑料制品的标志》)，参照了ISO11469《塑料制品的标识和标志》的国际标准，采用该标识的塑料制品包括通用塑料、工程塑料、功能性塑料、降解塑料、抗菌塑料、回收塑料等。不是所有塑料都可回收再利用，国标里规定了五种塑料制品标志(见表6-18)。这种简易明了的标识，解决了人们识别塑料材质的困难，既可促进废弃塑料分类投放及分类收集，又可节约分选归类所需的人力、物力及资金。

表6-18　塑料制品标志

| 图形 | → ← | ♳ | ⊘ | ○ | ↻ |
|---|---|---|---|---|---|
| 名称 | 可重复使用 | 可回收再生利用 | 不可回收再生利用塑料 | 再生塑料 | 回收再加工利用塑料 |

(资料来源：根据全球塑胶网相关资料整理)

问题：(1) 塑料瓶(如饮料瓶、口杯、油桶、调味瓶、调味罐等)适合反复使用吗？

(2) 回收的塑料瓶能继续使用吗？

## 任务六 洗涤用品

【营销拓展】

### 洗衣新时代，你选用皂液、皂粉、洗衣液还是洗衣粉

纳爱斯公司的"雕牌"天然皂粉1999年面市，南风公司的"奇强"新皂粉2000年进入市场，此后有近10个品牌的皂粉在全国各地陆续面市。而北京的"洛娃"皂粉、南京的"皂福"皂粉更早于"雕牌"天然皂粉和"奇强"新皂粉在市场销售多年。皂粉作为一个粉类洗涤剂品种在面市前十年在洗衣粉总量中所占份额还很低。但随着消费者环保意识的增强，对绿色产品的追求以及皂粉不断提高的性能，促进了皂粉的发展。

另一个与洗衣粉抢市场的产品是洗衣液。据AC尼尔森的调查统计，洗衣液在整个洗涤产品中的销售额占比，从2008年的4%迅速增长到2011年的18%，2015年后可达到30%。立白集团副总裁许晓东坦言，虽然洗衣液不会像洗衣粉取代肥皂一样，成为革命性的产品，但毫无疑问，洗衣液已经成为未来的趋势性产品。到目前为止，蓝月亮是洗衣液行业老大，但立白、纳爱斯的洗衣液产品，市场份额上升也比较明显。随着消费者生活水平日益提高，消费者对洗衣液的接受程度也越来越高。据多位业内人士介绍，与洗衣粉相比，洗衣液此前存在洗不干净的技术缺陷。因此，洗衣液虽然在国内已上市十多年，却一直没有成为市场主力。目前这块基本上已被突破，比较典型的代表是蓝月亮，2008年推出的深层洁净护理洗衣液，去污效果比国家标准洗衣粉高出20%。业内人士称，洗衣液是蓝月亮在洗衣粉一统天下的洗涤市场中，挖出来的一座新"金矿"。

皂粉是一种把洗护功能结合起来的洗涤产品，具有天然、强去污、超低泡、易漂洗等特点。它的活性物质主要是脂肪酸，原料90%以上来自可再生的植物油脂，且不含聚磷酸盐，具有很好的环保性能。因此，有天然皂粉之称。肥皂和皂粉从主要成分上来说，没有任何区别，都是长链脂肪酸钠。但是肥皂为了成型，需要加入一定松香酸作为定型剂。此外，为了增强洗涤作用，还添加硅酸钠等成分。而皂粉，一般不会添加松香酸，但是为了抵抗硬水、提高洗涤作用，有可能添加一些金属络合剂，比如五钠、纯碱等。皂粉不是简单的肥皂粉末，而是肥皂的华丽变身与升级。

皂粉要优于洗衣粉，更适合贴身衣物的洗涤。第一，与一般的合成洗衣粉相比，由于皂粉的天然特性，对皮肤刺激性低，安全性高，洗后衣物蓬松柔软，倍感舒适，解决了用合成洗衣粉洗后织物"积垢"沉淀、"硬化""有静电"等问题。第二，由于天然皂粉添加了特种钙皂分散剂，去污力更强，留香更持久。皂粉按标准测试，去污比值接近浓缩洗衣粉，在低温和高硬度水中仍然表现出优良的洗涤性能。另外，香气浓郁，织物洗干后仍有留香。第三，超低泡，更易漂清，机洗手洗都适合。洗涤同量衣物，皂粉不但用量不到洗衣粉用量的一半，而且只要过水两次，就能使衣物干净、清爽。因此，更节水、省钱。

皂液，是一种区别于普通洗衣液、洗衣粉、洗衣皂的新型织物洗涤剂。这是在多维度

调研消费者洗衣需求后，配合强大的技术团队所研发出的新品类。皂液含皂基活性成分，其结构与油脂相似。皂基相当于油渍搬运工，它会润湿织物表层，将原本铺展于织物表层的油污组织逐步驱离。被驱离的油污随后卷缩为小型油珠，并在洗涤过程中被进一步分散、包裹，从而失去污染织物的能力。皂液对多种油渍的去除有明显效果，如辣椒油、食用油、油性笔渍等。同时，皂基分子容易与水中钙、镁离子结合，使得已经形成的泡沫更易破裂，于是泡沫少、消泡快、易漂性能提升。皂液的突出特性就是易漂洗，去油强，适用范围广。适用于棉、麻、丝、毛(羊毛、羽绒等)、合成纤维及混纺等各种质地衣物，宝宝衣物及贴身衣物也适用。

目前大家在使用洗涤剂时，会根据衣物性质和脏净程度选择合适的洗涤用品。一般来说，洗衣液较适合清洗轻柔衣物，蚕丝、羊毛等更适合中性洗衣液；洗衣粉更适合清洗牛仔衣、厚重的外套以及窗帘、沙发罩等；天然皂粉更适合洗贴身衣物、婴幼儿的衣裤和尿布等手洗衣物。皂粉的去污性能优越，此点也使得皂粉比洗衣液在污物的洗涤效果上更受欢迎。皂液不仅去污性比普通洗衣液大大提升，而且很温和，对皮肤的保护度更高，还能适用于丝毛织物，这是皂粉无法比拟的。

(资料来源：陈锡康. 从皂粉到 MES 皂型洗衣粉的探讨[J]. 中国洗涤用品工业，2006(4)；
彭甜甜. 洗衣液的战国时代：立白和纳爱斯高调搅局[N]. 第一财经日报，2013-12-10.)

**营销思考：**
(1) 皂粉与洗衣液相比，会夺得更多的市场份额吗？
(2) 划时代的洗衣产品问世，与哪些因素有关？或者研发新产品，你会从哪些方面寻找途径？

## 一、洗涤用品概述

洗涤用品，是指含有肥皂或/和表面活性剂的具有洗涤和清洁作用的产品，主要包括合成洗涤剂与肥皂，也称为洗涤剂。

表面活性剂具有润湿、渗透、分散、乳化、增溶、泡沫等作用。润湿、渗透作用，是指表面活性剂降低了水、固体之间的界面张力，使水容易吸附到固体表面，并渗透到织物内部，既破坏了衣物和污垢间的吸引力，又破坏了污垢微粒间的吸引力。分散作用，是指活性剂在固体微粒周围形成一层亲水的吸附膜，使固体离子均匀分散在水中，形成分散液。乳化作用，与分散作用类似，使油粒均匀分散在水中形成乳浊液。增溶作用，是指活性剂使疏水性液体或固体在水溶液中的溶解度增加。泡沫作用，是指活性剂降低了水、空气之间的表面引力，空气分子分散在水中形成泡沫。

洗涤剂去污的范围很广，日常生活中的去污主要有衣物的去污、厨房的去污、住宅的去污以及个人清洁。衣用洗涤剂有洗衣粉、洗衣液、洗衣皂粉、洗衣皂、干洗剂、织物柔顺剂等；厨房洗涤剂有餐具洗涤剂、灶具洗涤剂、果蔬洗涤剂等；住宅用洗涤剂有厕所清洗剂、玻璃清洗剂、地板清洗剂、家具清洗剂等；个人清洁洗涤剂有香皂、洗发液、沐浴液、洗手液、口腔清洗剂等。在正常、合理、可预见的使用条件下，洗涤剂不应对人体健康、动植物安全产生危害，洗涤剂及使用后的排放对环境的影响应在可接受的范围内。

### 1．洗涤剂的去污原理

洗涤剂的去污过程和原理比较复杂，一般可简单表示为

$$织物·污垢+洗涤剂 \rightarrow 织物+污垢·洗涤剂$$

根据污垢的特性，污垢可分成三类：第一类是油质性污垢，它们对衣物、人体的黏附性比较牢固，不溶于水；第二类是固体污垢，这种污垢颗粒较大，它们单独存在或与油水混合在一起，但不溶于水；第三类是水溶性污垢，它们溶于水或与水混合成液体溶液。三类污垢往往是互相结合成一体，在外界条件的影响下还会产生复杂的化合物。

要实现洗涤去污，首先，降低和削弱污垢与被污物之间的引力，润湿、渗透作用就能使它们之间引力松脱，也使污垢被破坏为微小粒子；其次，经过机械力的作用，使污垢脱离被污物大量卷离到洗涤液中；最后，固体微粒借助分散作用，油脂污垢借助乳化、增溶作用，而不再沉积于被污物表面。因此，洗涤剂的去污实质上是润湿、渗透、分散、乳化、增溶等作用的综合效用。

### 2．洗涤剂的组分

洗涤剂的组分通常包括主要组分和辅助组分，即表面活性剂和助洗剂。

1) 表面活性剂

表面活性剂是一种能在低浓度下降低溶剂表面张力或界面张力的物质。其分子由两个不同部分构成：一端是由一个较长的烃链组成，它是憎水性的，能溶于油但不溶于水，成为憎水基或亲油基；另一端是较短的极性基团，能溶于水而不溶于油，成为亲水基。

根据在水中离解出的表面活性离子的电荷不同，表面活性剂可分为以下几种。

(1) 阴离子型：指在水溶液中电离产生带负电荷并呈现表面活性的有机离子的表面活性剂。其用量最大，约占洗涤表面活性剂总量的60%～80%，且用途最广，一般用于碱性和中性洗涤剂，用于洗涤棉、麻、化纤织品。常见的有烷基磺酸钠、烷基苯磺酸钠、脂肪醇硫钠等，在工业上用作润湿剂。肥皂就是一种阴离子型表面活性剂，它与水作用呈现可逆水解现象，因此水溶性皂或"真皂"有其特有的性质，反应通常呈碱性。

(2) 阳离子型：指在水溶液中电离产生带正电荷并呈现表面活性的有机离子的表面活性剂。它只能在酸性溶液中发挥洗涤作用，这限制了它在日常生活中的应用，主要用于制造工业中杀菌消毒等。常见的有胺盐型、季铵盐型等阳离子型表面活性剂。

(3) 非离子型：指在水溶液中不产生离子的表面活性剂。其水溶液呈中性，分子中具有强亲水性的官能团，在低浓度时有较强去污能力而发泡弱，耐硬水性好，适合于所有酸碱环境，可洗涤所有织物，多制成液体洗涤剂。常见的有脂肪醇聚氧乙烯醚、烷基酚聚氧乙烯醚等非离子型表面活性剂。在表面活性剂中，除阴离子型外，它的使用量是最大的。

(4) 两性离子型：指在水溶液中同时带有阴阳两种电荷的表面活性剂。由于介质的条件不同，使得该化合物具有阴离子型或阳离子型表面活性剂的特征。在碱性溶液中呈阴离子

型，在酸性溶液中呈阳离子型，在中性溶液中呈非离子型，主要用于工业洗净、抗静电、杀菌等方面。常见的有羧酸盐型、甜菜碱型等两性离子型表面活性剂。它是一种性能比较全面的活性物，但成本高，限制了其使用量。

2) 助洗剂

助洗剂是洗涤剂的辅助组分，通常为无机物，在洗涤作用上是增强主要组分的洗涤特性。例如，增强去垢力，增加乳化性、泡沫性、表面活性，并降低成本等。常见的种类有如下几种。

(1) 聚磷酸盐：是很好的硬水软化剂，还能提高污垢悬浮的能力和洗净作用，保持洗衣粉的干爽流动性而不易吸潮和结块。但其对水质的污染已引起国际上的广泛重视，无磷化将是洗涤业的发展趋势。

(2) 硅酸钠：能有效抑制洗衣粉中磷酸盐对洗衣机金属表面的腐蚀，使溶液保持一定的pH，有一定去污能力，并使粉粒保持干爽不结块。

(3) 碳酸钠：即纯碱，可提高棉麻织物洗涤剂对油性污垢的去污能力。

(4) 硫酸钠：主要用作填料，用以获得洗涤剂所需的外观形式和(或)浓度，降低成本。

(5) 抗再沉积剂：通常为有机物，主要作用是阻碍污垢重新沉积在被洗织物上。

(6) 化学漂白剂：通过氧化或还原的化学作用，把对物料外观色泽有不利影响的物质转变为浅色物质的产品。例如，过氧酸盐，起漂白、化学法去除污斑作用。

(7) 酶制剂：在一定温度下对血渍、奶渍、肉汁、牛乳、酱油斑渍等具有分解破坏作用，能提高洗涤剂去污能力的30%～60%。

此外，还有植物柔软剂、皮肤保护剂、香料、色素等辅助组分。

**3．洗涤剂的分类**

1) 按使用领域分类

按使用领域分类，可以分为工业用洗涤剂和家庭用洗涤剂两大类。工业用洗涤剂有公用设施用清洗剂、纺织工业清洗剂、食品工业清洗剂、交通工具清洗剂、金属清洗剂、光学玻璃清洗剂以及其他工业清洗剂。家庭用洗涤剂有衣物用、厨房用、住宅用、个人清洁用之分，用量大，占洗涤剂总量的80%以上。

2) 按外观形态分类

按外观形态分类，可分为粉状或颗粒洗涤剂、液体洗涤剂、浆状或膏状洗涤剂、块状洗涤剂等。洗涤用品可以是任何一种形态，如液体、粉末、糊状、条状、块状、片状等。

(1) 粉状或颗粒洗涤剂，主要是合成洗衣粉，还有皂粉。合成洗衣粉简称洗衣粉，是合成洗涤剂的主要产品，它是以阴离子型和非离子型表面活性剂为主要成分，与各种助剂配制而成的粉状或空心颗粒状产品，用量很大。皂粉不同于洗衣粉，是超低泡型洗涤产品，更易漂清，更适合洗贴身衣物。从功能上看，皂粉优于洗衣粉。它不含磷酸盐，且具有天然特性，因此对皮肤刺激性小、安全，且保护织物，对织物具有亲和性，洗后衣物蓬松柔软，解决了用合成洗衣粉多次洗涤后织物污垢积淀、织物硬化、带静电等问题。皂粉中添加特种钙皂分散剂，去污力更强。

(2) 液体洗涤剂，其表面活性剂是阴离子型和非离子型。棉麻类液体洗涤剂的pH值约为10，通用类液体洗涤剂的pH=7～9，丝毛类洗涤剂的pH=6～8。一般来说，毛织物洗后有柔软感，合成纤维织物洗后有短期抗静电效果。液体洗衣剂使用方便，生产消耗少，因此发展较快。

(3) 浆状或膏状洗涤剂，是各种液体物料和固体物料高速切变混合而成的一种稳定、均匀而黏稠的分散体，它在储藏和气温变化时不产生分层、结晶、结块或变为流体。常见产品有洗发膏、沐浴露等，用品相对较少。

(4) 块状洗涤剂，通常有两种类型：一种是由合成洗涤剂与助洗剂、填充剂等混合制成，又称为合成洗涤块；另一种是由肥皂及其他辅助剂混合制成，如肥皂、复合皂等。大部分成品属于后一种。

## 二、合成洗涤剂

合成洗涤剂是以合成的表面活性剂为主要成分，并配有适量不同作用的助洗剂而制成的一种洗涤用品。其用量很大、用途很广。合成洗涤剂的特点：是人工合成制品，有良好的去垢性和耐硬水性；不受水温限制，节省时间，应用范围广。

### 1. 合成洗涤剂的组分及作用

合成洗涤剂同洗涤剂的组分一样，由表面活性剂和助剂组成。只不过主表面活性剂是合成的，一般以石油为原料合成而来。洗涤助剂的发展和演变促进了合成洗涤剂工业的发展，按特性不同，助洗剂可分为酶制剂、增白剂、加香剂、代磷剂等。

(1) 酶制剂，对特定污垢(如果汁、墨水、血渍、奶渍、肉汁、牛乳、酱油渍等)的去除具有特殊功能，其中一些特定酶还能起到杀菌、护色等作用。常见的酶制剂有脂肪酶和纤维素酶。

(2) 增白剂，使衣物更洁白，还有增鲜艳作用。不过近年来发现荧光增白剂对人体有害，直接贴近皮肤的制品都呼吁不使用这种增白剂。

(3) 加香剂，即添加香精，在满足洗涤效果的同时让衣物散发芳香，使人感到更舒适。

(4) 代磷剂，使得合成洗涤剂不加入磷酸盐的情况下还能确保良好的洗涤性能。最重要的是满足环保要求，不会导致水域富营养化，使藻类植物疯长，破坏生态平衡。代磷剂主要有碳酸钠、氮川三乙酸或4A沸石等一系列代磷助剂。

此外，防腐、杀菌等各类功能助剂的出现和发展，对合成洗涤剂的发展起到了很大的促进作用。

### 2. 合成洗涤剂的质量要求

1) 感官要求

(1) 色泽均匀、无异味，符合规定香型，在通常状况的外界条件下，无变质情况。

(2) 液体洗涤剂要考虑透明度、稠度、保存性等。外观不分层，无悬浮物或沉淀，无机械杂质的均匀液体(加入均匀悬浮颗粒组分的产品除外)。在(-5±2)℃的冰箱中和(40±2)℃的保温箱中，放置24小时，取出恢复至室温观察，不分层，无沉淀，透明产品不混浊，稳定性较好。

(3) 固体洗衣粉要颗粒均匀，流动性好，没有发黏结块、受潮结块现象。如有结团，但用手轻压结团即松散，视为合格。

2) 理化指标要求

理化指标主要有活性物含量、酸碱度、含磷量、去污力及生物降解力等。以衣料用液体洗涤剂和无磷洗衣粉的理化指标为例，见表6-19和表6-20。

表6-19　衣料用液体洗涤剂的理化指标(QB/T 1224—2012)

| 项 目 | | 洗衣液 | | 丝毛洗涤液 | | 衣领袖口预洗剂 |
|---|---|---|---|---|---|---|
| | | 普通型 | 浓缩型 | 普通型 | 浓缩型 | |
| 稳定性 | 耐热 | 在(40±2)℃下保持24h，恢复至室温后与实验前无明显变化 | | | | |
| | 耐寒 | 在(-5±2)℃下保持24h，恢复至室温后与实验前无明显变化 | | | | |
| 总活性物/% ≥ | | 15 | 25 | 12 | 25 | 6 |
| pH(25℃，1%溶液)[a] | | ≤10.5 | | 4.0~8.5 | | ≤10.5 |
| 总五氧化二磷/% ≤ | | 1.1(对无磷产品的要求) | | | | |

注：a. 结构型洗衣液的pH值测试浓度为0.1%水溶液。

表6-20　洗衣粉(无磷型)的理化性能指标(GB/T 13171.2—2009)

| 项 目 | WL-A | WL-B |
|---|---|---|
| 表观密度/(g/cm$^2$) | ≥0.30 | ≥0.60 |
| 总活性物质量分数/% | ≥13.0 | ≥13.0 |
| 其中：非离子表面活性剂质量分数/% | — | ≥8.5[a] |
| 总五氧化二磷质量分数/% | ≤1.1 | |
| 游离碱(以NaOH计)质量分数/% | ≤10.5 | |
| pH(0.1%溶液，25℃) | ≤11.0 | |

注：a 当总活性物质量分数≥20%时，非离子表面活性剂质量分数不做要求。

(1) 活性物含量和不皂化物含量。活性物是合成洗涤剂的主要成分，是确定洗涤剂使用类型的一种尺度。不皂化物含量亦即中性油含量，它的含量高低直接影响洗涤效能。活性物含量应与要求一致，误差不大于1%，不皂化物含量不大于活性物的2%~3%，总体含量则因不同品种而有所不同。

(2) pH。pH表示溶液的酸、碱度。pH的大小直接影响其用途。一般轻型洗涤剂的pH应接近中性，重型洗涤剂的pH可达9~10.5。丝毛型应呈中性，棉麻型则呈碱性，但≤10.5。

(3) 磷酸盐含量。磷酸盐是洗涤剂的重要助洗剂，它的含量用五氧化二磷的百分含量表示。可用光电比色计进行快速比色测定。对无磷洗涤剂尤其要严格检测此项。

(4) 去污力。用人造污布(JB-01是炭黑油污布，JB-02是蛋白质污布，JB-03是皮脂污布)

分别在标准洗衣粉与测定的洗涤剂中洗涤,之后与空白白布(JB-00)进行对比,判定样品相对标准洗衣粉对白布的白度保持比值 $B$ 的大小。当 $B \geqslant 1.0$ 时,判定样品白度保持能力相当或优于标准洗衣粉,即样品白度保持合格;当 $B < 1.0$ 时,则判定样品白度保持能力劣于标准洗衣粉,即样品白度保持不合格。

(5) 生物降解率。生物降解率指洗涤剂活性物在一定条件下,被微生物分解的程度。生物降解率是以活性物在 7~8 天后被微生物分解的百分率表示。分解率在 90% 以上者为较软洗涤剂,在 90% 以下为硬性洗涤剂。

### 3. 合成洗涤剂的保管

合成洗涤剂应储存在通风、干燥,且不受阳光直射和雨淋的场所。避免高温或冰冻,尤其是液体洗涤剂,温度过高会加速变质,破坏原溶液平衡,造成分层或混浊;温度太低,洗涤剂会结冰,出现混浊或胀破包装瓶。粉类空心颗粒产品受压易碎,影响使用,受压也容易造成结块或包装破损而露粉,因此储运时严禁在箱上踩踏和堆放重物,堆垛应采取必要防护措施,堆垛高度应适当,避免损坏大包装。

## 三、肥皂

肥皂是以高级脂肪酸钠为主要原料,添加其他辅助原料进行加工而成的一种具有洗涤功能的洗涤用品。肥皂和皂粉的主表面活性剂由天然油脂经简单皂化而来,与合成洗涤剂完全不同,产品的特性也表现出较大的差异。

### 1. 肥皂的组成及作用

1) 主要原料

肥皂的主要原料是油脂和碱。油脂是肥皂的基本原料,包括动物油脂、植物油脂和其他类脂物(如皂角、松香),其组成和性质对成皂质量起着直接的决定作用。要求含量纯净、无杂质、无臭无味、无酸败。制造肥皂最常用的碱是氢氧化钠,也叫烧碱。制造液体皂用氢氧化钾。

2) 辅助原料

加入辅助材料是为了提高其特有的性能。

(1) 香料:在洗衣皂和香皂中加入香料,可以在洗涤时散发令人愉快的香味,洗涤后使身体和衣物上长时间留有余香。

(2) 色料:即着色剂,可改善其外观,使肥皂去污力强,气味好,感官也好。

(3) 药料:主要是消毒剂、消炎剂和防腐剂,杀菌消毒,但要适量。

(4) 透明剂:提高肥皂的透明度,抑制肥皂结晶、干裂,同时还有保护皮肤的作用。

(5) 富脂剂:能中和肥皂的碱性,减少对皮肤的刺激,起到保护皮肤的作用。

(6) 抗氧化剂:防止肥皂变质。

3) 填充原料

填充原料,即填充肥皂体积、增加重量的材料,包括水溶性填充料和水不溶性填充料。

(1) 水溶性填充料：能溶于水的填充料，如碳酸钠、硅酸钠等。碳酸钠，在制皂时作为皂化剂，它可以提高肥皂的硬度，但含量过多会使肥皂粗糙，并会冒白霜。硅酸钠，又称泡花碱或水玻璃，它可以软化硬水，增加肥皂的去污力，能增加肥皂的光滑度、坚实度，并可以防止肥皂氧化酸败。

(2) 水不溶性填充料：其主要目的是填充体积和降低成本，如洗涤陶土、碳酸钙、石膏、滑石粉等。

### 2. 肥皂的分类

肥皂是脂肪酸金属盐的总称，根据皂体的金属成分，可分为碱金属皂和金属皂。碱金属皂主要是含有钠和钾等碱金属的肥皂，是肥皂的主要分支。金属皂是由碱金属以外的金属、金属氧化物或盐类与脂肪酸、松香酸、环烷酸等作用而成的肥皂。

1) 碱金属皂

碱金属皂根据皂体软硬可分为硬皂和软皂。硬皂主要含碱金属钠，皂体较硬，也称为钠皂。在日常应用中数量品种较多，如洗衣皂、香皂、透明皂、药皂等。软皂主要含碱金属钾，皂体较软，也称为钾皂。在日常应用中数量品种较少，如普通软皂、液体皂等。

(1) 洗衣皂：洗衣皂是指用于洗涤衣物的块状肥皂，也就是通常所说的肥皂。一般呈淡黄色，优质的洗衣皂高级脂肪酸钠含量高，质坚耐用，色泽较浅，略有香味。中低级洗衣皂的原料油脂质量较差，干后收缩明显，甚至变形，颜色较深，气味不佳。

(2) 香皂：香皂是具有芳香气味的肥皂，总脂肪酸含量达80%以上。质地细腻、纯净，泡沫丰富，色泽鲜艳，主要用于洗手、洗脸、洗澡等。制造香皂要加入香精，香精一般性质温和，对人体无刺激，使用时香气扑鼻，并能去除肌体的臭味。

(3) 透明皂：透明皂质地透明、光滑，观感好，碱性小，溶解度大，泡沫丰富。透明皂可以当香皂用，也可以当洗衣皂用，适合洗涤各种织物。

(4) 药皂：药皂也叫抗菌皂，在肥皂中加入一定量的抗菌剂，对皮肤有消毒、杀菌、防止体臭的作用。药皂多用于洗手、洗澡。

(5) 液体皂：液体皂是以钾皂为主体，添加钙皂分散剂和表面活性剂制成。它易溶于水，性能温和，使用方便、泡沫力低，去垢力强。它可分为液体洗衣皂、液体沐浴用香皂等。

(6) 美容皂：美容皂也称营养皂，能够清洁并滋养皮肤，促进皮肤新陈代谢，延缓皮肤衰老。一般添加高级香精和营养润肤剂，如牛奶、蜂蜜、人参液、珍珠粉、维生素E等。

(7) 富脂皂：富脂皂也叫过脂皂、润肤皂，含有过脂剂，如羊毛脂及其衍生物、貂油、海龟油、矿物油等。洗涤后会在皮肤上保留一层疏水性薄膜，使皮肤柔软，防止干裂。

(8) 复合皂：复合皂主要成分为脂肪酸、钙皂分散剂和表面活性剂，具有肥皂和合成洗涤剂的双重优点。克服了肥皂在硬水中洗涤效果差的缺点，通过阻止洗涤时形成不溶性钙皂，增加溶解度，提高洗涤效果。

(9) 其他功能肥皂：老人皂可以防止皮肤干裂，杀菌止痒；凉爽皂内加薄荷；去痱皂内加三连黄、金银花后，可清热解毒；脚气皂可杀死真菌等。

2) 金属皂

金属皂不能通过油脂直接皂化得到，都是以脂肪酸钠皂与相应的金属盐类溶液经复分解反应制得，也有用脂肪酸与金属粉熔融法制得，但质量不高。常见的金属皂有钙、镁、锌、铅、铝、锰、铁、钴、镍、钼、钡、镉等。一般不溶于水，多数不溶于乙醇，有些能溶于松节油或溶剂汽油，有些能分散在其他有机溶剂或干性油中。金属皂一般不能作为洗涤污垢用，主要用于油漆工业和塑料工业中。在涂料工业中主要是用作油基涂料、酚醛涂料和醇酸涂料的催干剂。在塑料工业中，可用作稳定剂。此外，还可用于配制润滑脂、防水剂、防腐剂、化妆品和药物等产品。

### 3. 肥皂的质量要求

(1) 感官要求。①包装外观：要求包装整洁、端正，不歪斜；包装物商标、图案、字迹应清晰。②皂体外观：图案、字迹清晰，皂体光洁端正，色泽均匀，无明显杂质和污迹。特殊外观要求的产品除外(如带彩纹、带彩色粒子等)。③气味：无油脂酸败等不良异味，香皂还要有稳定的香气。

(2) 理化指标。通常有干钠皂含量、游离碱、发泡力、氯化物含量、含磷量、透明度等方面的理化指标。以洗衣皂(QB/T 2486—2008)和香皂(QB/T 2485—2008)为例，来看理化指标的要求(见表 6-21 和表 6-22)。按照行业标准，洗衣皂按干钠皂含量分为两种类型，Ⅰ型是干钠皂含量≥54%的产品，Ⅱ型是 43%≤干钠皂含量＜54%的产品。香皂按成分分为皂基型和复合型两类，皂基型(以Ⅰ型表示)，是仅含脂肪酸钠、助剂的产品；复合型(以Ⅱ型表示)，是含脂肪酸钠和(或)其他表面活性剂、功能性添加剂、助剂的产品。

### 4. 肥皂的保管

肥皂容易吸潮，受潮后会出现冒汗、糊烂，甚至冒油、酸败等现象。在保管中要注意防潮，堆放时要放在离开地面的隔架上，不得靠墙堆放，仓库的相对湿度保持 60%～70%。在-5℃以下，皂体会冻结并发生裂纹，使用时掉渣落片。保管中肥皂应防冻，温度应在 0℃以上。肥皂皂体较软，保管中应注意防压，避免变形。保管中应根据仓库条件及包装材料确定堆放高度。一般而言，纸箱最高堆 16 箱，木箱可堆至 20 箱。

表 6-21 洗衣皂的理化性能指标(QB/T 2486—2008)

| 项 目 | 指 标 | |
| --- | --- | --- |
| | Ⅰ型 | Ⅱ型 |
| 干钠皂/% | ≥54 | 43%≤干钠皂＜54% |
| 乙醇不溶物/% | ≤15.0 | — |
| 发泡力(5min)/mL | ≥4.0×10$^2$ | ≥3.0×10$^2$ |
| 氯化物(以 NaCl 计)/% | ≤1.0 | |
| 游离苛性碱(以 NaOH 计)/% | ≤0.30 | |
| 总五氧化二磷 [a]/% | ≤1.1 | |
| 透明度 [b][6.5±0.15mm 切片]/% | ≥25 | |

注：a 仅对标注无磷产品要求；b 仅针对本标准规定的透明型产品。

表 6-22 香皂的理化性能指标(QB/T 2485—2008)

| 项 目 | 指标 I型 | 指标 II型 |
|---|---|---|
| 干钠皂/% | ≥83 | — |
| 总有效物含量/% | — | ≥53 |
| 水分和挥发物/% | ≤15 | ≤30 |
| 总游离碱(以 NaOH 计)/% | ≤0.10 | ≤0.30 |
| 游离苛性碱(以 NaOH 计)/% | ≤0.10 | |
| 氯化物(以 NaCl 计)/% | ≤1.0 | |
| 总五氧化二磷 a/% | ≤1.1 | |
| 透明度 b[6.5±0.15mm 切片]/% | ≥25 | |

注：a 仅对标注无磷产品要求；b 仅针对本标准规定的透明型产品。

# 工作训练营

## 一、名词解释

必需脂肪酸    必需氨基酸    酒母    后发酵茶    纺织原料    塑料
人造纤维    服饰    裘革    洗涤剂    肥皂

## 二、判断题

1. 若只摄入蹄筋、鱼翅类食物，会危及健康。（   ）
2. 脂肪让人体发胖，要尽量少吃，最好不吃。（   ）
3. 有甜味的物质就是糖。（   ）
4. 酸性食品是有酸味的食品，如橙子。（   ）
5. 法院对危害食品安全的罪犯量刑时，能不判处死刑则不判处死刑。（   ）
6. 人体内水分若损失了 20%，便无法维持生命。（   ）
7. 大红袍不属于红茶。（   ）
8. 服装标签上的图形"〇"表示该服装洗涤时可以干洗。（   ）
9. 桑蚕丝制品耐日光性较好，晾晒时可在日光下暴晒。（   ）
10. 一件服装不宜长期穿用，应轮换使用，以便服装材料的疲劳得以恢复。（   ）
11. 人造毛皮属于皮革，是由天然或化学纤维仿各种毛皮的纺织品。（   ）
12. 各类纤维中氨纶的弹性最好。（   ）
13. 肥皂是合成洗涤剂的一种。（   ）
14. PC 塑料是有毒的，会析出双酚 A，应禁止用于水杯、奶瓶等器具。（   ）
15. 所有肥皂都能用于洗涤污垢。（   ）

三、选择题

1. 下列哪个食品属于不完全蛋白质？（　　）
   A. 鸡蛋　　　　B. 蹄筋　　　　C. 核桃　　　　D. 牛奶
2. 脂溶性维生素包括(　　)。
   A. $V_A$、$V_B$、$V_C$　　B. $V_B$、$V_C$、$V_D$　　C. $V_C$、$V_D$、$V_E$　　D. $V_D$、$V_E$、$V_k$
3. 减肥效果最好的茶叶是(　　)。
   A. 绿茶　　　　B. 红茶　　　　C. 乌龙茶　　　　D. 普洱茶
4. 外形粗壮松散，叶底绿叶红镶边的茶叶是(　　)。
   A. 祁红　　　　B. 碧螺春　　　　C. 铁观音　　　　D. 普洱茶
5. 白酒饮后头晕的恶醉之本是(　　)。
   A. 铅　　　　B. 酯　　　　C. 甲醇　　　　D. 杂醇油
6. 干红的涩主要源于哪一成分？（　　）
   A. 果酸　　　　B. 单宁　　　　C. 氨基酸　　　　D. 芳香物
7. 黄酒被称为"液体蛋糕"，主要是因为(　　)。
   A. 酒度不高　　B. 含有单宁　　C. 蛋白质含量为酒中之最　　D. 麦芽丰富
8. 茶叶中哪类成分能对尼古丁解毒？（　　）
   A. 茶多酚　　　B. 生物碱　　　C. 他汀类物质　　D. 氨基酸
9. 纺织价值最高的羊毛的类型是(　　)。
   A. 有髓毛　　　B. 无髓毛　　　C. 两型毛　　　D. 粗毛
10. 下列哪个不属于梭织面料？（　　）
    A. 纬编面料　　B. 平纹面料　　C. 缎纹面料　　D. 斜纹面料
11. 呢绒是(　　)织物的俗称。
    A. 真丝绒　　　B. 羊毛　　　C. 腈纶　　　D. 粘胶纤维
12. 某男身高174cm，净体胸腰围分别为96cm、82cm，则应选(　　)。
    A. 175/96A 上衣，170/82B 下衣　　B. 175/96A 上衣，175/82B 下衣
    C. 170/82A 上衣，175/96B 下衣　　D. 170/82A 上衣，170/96B 下衣
13. 人的体型分为 Y、A、B、C 型四类，是由(　　)值决定的。
    A. 身高　　　　B. 胖瘦　　　　C. 三围　　　　D. 胸腰围净差
14. 具有防燃性的纤维是(　　)。
    A. 涤纶　　　　B. 氯纶　　　　C. 锦纶　　　　D. 氨纶
15. 属于热固性塑料的有(　　)。
    A. PE(聚乙烯)　B. MF(密胺)　C. PS(聚苯乙烯)　D. CN(硝酸纤维素)
16. 洗面奶的主要功能是对人体皮肤起到(　　)。
    A. 清洁作用　　B. 保护作用　　C. 美化作用　　D. 营养作用
17. 表面活性剂使用范围最广，产量最大的是(　　)。
    A. 非离子型　　B. 阳离子型　　C. 阴离子型　　D. 两性离子型

18. 洗涤剂的组成主要有( )。
    A. 表面活性剂和助洗剂　　　B. 碱　　　C. 酶制剂　　　D. 香料
19. 能耐得住-40～120℃，适合微波炉使用的塑料是( )。
    A. PE(聚乙烯)　　B. MF(密胺)　　C. PS(聚苯乙烯)　　D. PP(聚丙烯)
20. 燃烧后冒黑烟的塑料有( )。
    A. PS(聚苯乙烯)　　B. PET(聚酯)　　C. PP(聚丙烯)　　D. PVC(聚氯乙烯)

## 四、实训题

**1. 技能题**

(1) 人们常说喝葡萄酒有利于健康，原因是什么？加入大量人造香精的便宜"葡萄酒"也会利于人体健康吗？从食品安全的角度分析，该怎样规范葡萄酒的经营？

(2) 纺织纤维的种类有哪些？常见的化学纤维有什么？怎样鉴别？举例说明。

(3) 日常使用的塑料制品有哪些？都属于哪类塑料？怎样使用更安全？

**2. 实践题**

(1) 近年来市场上频频发生各种危及人体健康的食品案件，考察一下你所在城市的市场，判断是否存在食品安全危机？该如何保障消费者吃到放心安全的食品？谈谈你对食品安全与卫生的认识。

(2) 在网上为同学采购服装，根据同学的身材尺码和店家的尺码表，提供"看体拿衣"服务。谈谈如何才能买到合体的服装？用到服装号型的知识了吗？

**3. 案例分析**

### 她该做怎样的选择

一个白领丽人的生活是色彩纷呈的，工作、社交、休闲……她要身着得体的服装，出入各种场合。现需要你为她做出正确的选择，添置春(秋)季工作、休闲、出席宴会的服装各一套，并对服装的保养提出指导性建议。

**分析：** (1) 不同的季节和场合，服装选材与设计要兼顾哪些方面？

(2) 针对不同的面料，该怎样对服装进行保养？

**4. 实验题**

### 茶叶的感官品尝实验

(一)实验目的

学习茶叶的审评方法、步骤，了解各类典型茶叶的质量状况和标准。

(二)实验程序

1. 发放实验用品、实验资料。
2. 讲解实验的意义、程序、要求。
3. 做实验。
4. 写实验报告。

(三)茶叶的感官审评要求

1. 茶叶的外形审评：形状、色泽、整碎、净度。
2. 茶叶的内质审评：香气、汤色、滋味、叶底。
3. 茶叶的感官审评总结。

(1) 把盘：看外形、嗅干香、测水分。
(2) 开汤：3～5g、5min(绿茶4min)。
(3) 嗅香气：热、温、冷嗅，温嗅为主。
(4) 看汤色：深浅、明暗、清浊。
(5) 评叶底：嫩度、匀度、色泽。

(四)茶叶的冲泡方法及品饮程序

(1) 绿茶：选具—洁具—观茶—泡茶—赏茶—饮茶。
(2) 红茶：置具洁具—量茶赏茶—茶入杯壶—烹水沏茶—闻香观色。
(3) 乌龙茶：备器—净器—温壶—置茶—冲水—刮沫—淋壶—斟茶—品饮。
(4) 普洱茶：赏茶—洁具—置茶—泡茶—浸茶—匀茶—斟茶—敬茶—品茶。
(5) 花茶：备具—烫盏—置茶—冲泡—闻香—品饮。品饮花茶的三项指标为鲜灵度、香浓度和香纯度。

(五)茶叶品质评分

1. 根据《茶叶感官评审方法》(GB/T 23776—2018)中各类茶(部分)的品质评语及各品质因子评分系数(见表A-1～表A-6)，给所品尝的各类茶评分。

表A-1 绿茶品质评语与各品质因子评分表

| 因子 | 档次 | 品质特征 | 给分 | 评分系数 |
| --- | --- | --- | --- | --- |
| 外形(a) | 甲 | 以单芽或一芽一叶初展到一芽二叶为原料，造型有特色，色泽嫩绿，或翠绿，或深绿，或鲜绿，油润，匀整，净度好 | 90～99 | 25% |
| | 乙 | 较嫩，以一芽二叶为原料，造型较有特色，色泽墨绿、或黄绿，或青绿，较油润，尚匀整，净度较好 | 80～89 | |
| | 丙 | 嫩度稍低，造型特色不明显，色泽暗褐，或陈灰，或灰绿，或偏黄，较匀整，净度尚好 | 70～79 | |
| 汤色(b) | 甲 | 嫩绿明亮，或绿明亮 | 90～99 | 10% |
| | 乙 | 尚绿明亮，或黄绿明亮 | 80～89 | |
| | 丙 | 深黄，或黄绿欠亮，或混浊 | 70～79 | |
| 香气(c) | 甲 | 高爽有栗香，或略有嫩香、或带花香 | 90～99 | 25% |
| | 乙 | 清香、尚高爽、火工香 | 80～89 | |
| | 丙 | 尚纯、熟闷、老火 | 70～79 | |
| 滋味(d) | 甲 | 甘鲜或鲜醇，醇厚鲜爽，浓醇鲜爽 | 90～99 | 30% |
| | 乙 | 清爽、浓尚醇、尚醇厚 | 80～89 | |
| | 丙 | 尚醇、浓涩、青涩 | 70～79 | |

续表

| 因子 | 档次 | 品质特征 | 给分 | 评分系数 |
|---|---|---|---|---|
| 叶底(e) | 甲 | 嫩匀多芽，较嫩绿明亮、匀齐 | 90～99 | 10% |
| | 乙 | 嫩匀有芽，绿明亮、尚匀齐 | 80～89 | |
| | 丙 | 尚嫩、黄绿、欠匀齐 | 70～79 | |

表 A-2　(红)碎茶品质评语与各品质因子评分表

| 因子 | 档次 | 品质特征 | 给分 | 评分系数 |
|---|---|---|---|---|
| 外形(a) | 甲 | 嫩度好，锋苗显露，颗粒匀整，净度好，色鲜活润 | 90～99 | 20% |
| | 乙 | 嫩度较好，有锋苗，颗粒较匀整，净度较好，色尚鲜活油润 | 80～89 | |
| | 丙 | 嫩度稍低，带细茎，尚匀整，净度尚好，色欠鲜活油润 | 70～79 | |
| 汤色(b) | 甲 | 色泽依品类不同，但要清澈明亮 | 90～99 | 10% |
| | 乙 | 色泽依品类不同，较明亮 | 80～89 | |
| | 丙 | 欠明亮或有混浊 | 70～79 | |
| 香气(c) | 甲 | 高爽或高鲜、纯正，有嫩茶香 | 90～99 | 30% |
| | 乙 | 较高爽、较高鲜 | 80～89 | |
| | 丙 | 尚纯，熟、老火或青气 | 70～79 | |
| 滋味(d) | 甲 | 醇厚鲜爽，浓醇鲜爽 | 90～99 | 30% |
| | 乙 | 浓厚或浓烈，尚醇厚，尚鲜爽 | 80～89 | |
| | 丙 | 尚醇，浓涩，青涩 | 70～79 | |
| 叶底(e) | 甲 | 嫩匀多芽尖，明亮、匀齐 | 90～99 | 10% |
| | 乙 | 嫩尚匀，尚明亮，尚匀齐 | 80～89 | |
| | 丙 | 尚嫩，尚亮，欠匀齐 | 70～79 | |

表 A-3　乌龙茶品质评语与各品质因子评分表

| 因子 | 档次 | 品质特征 | 给分 | 评分系数 |
|---|---|---|---|---|
| 外形(a) | 甲 | 重实、紧结，品种特征或地域特征明显，色泽油润，匀整，净度好 | 90～99 | 20% |
| | 乙 | 较重实、较壮结，有品种特征或地域特征，色润，较匀整，净度尚好 | 80～89 | |
| | 丙 | 尚紧实或尚壮实，带有黄片或黄头，色欠润，欠匀整，净度稍差 | 70～79 | |
| 汤色(b) | 甲 | 色度因加工工艺而定，可从蜜黄加深到橙红，但要求清澈明亮 | 90～99 | 5% |
| | 乙 | 色度因加工工艺而定，较明亮 | 80～89 | |
| | 丙 | 色度因加工工艺而定，多沉淀，欠亮 | 70～79 | |

续表

| 因 子 | 档 次 | 品质特征 | 给 分 | 评分系数 |
|---|---|---|---|---|
| 香气(c) | 甲 | 品种特征或地域特征明显，花香、花果香浓郁，香气优雅纯正 | 90～99 | 30% |
| | 乙 | 品种特征或地域特征尚明显，有花香或花果香，但浓郁与纯正性稍差 | 80～89 | |
| | 丙 | 花香或花果香不明显，略带粗气或老火香 | 70～79 | |
| 滋味(d) | 甲 | 浓厚甘醇或醇厚滑爽 | 90～99 | 35% |
| | 乙 | 浓醇较爽，尚醇厚滑爽 | 80～89 | |
| | 丙 | 浓尚醇，略有粗糙感 | 70～79 | |
| 叶底(e) | 甲 | 叶质肥厚软亮，做青好 | 90～99 | 10% |
| | 乙 | 叶质较软亮，做青较好 | 80～89 | |
| | 丙 | 稍硬，青暗，做青一般 | 70～79 | |

表 A-4  黑茶(散茶)品质评语与各品质因子评分表

| 因 子 | 档 次 | 品质特征 | 给 分 | 评分系数 |
|---|---|---|---|---|
| 外形(a) | 甲 | 肥硕或壮结，或显毫，形态美，色泽油润，匀整，净度好 | 90～99 | 20% |
| | 乙 | 尚壮结或较紧结，有毫，色泽尚匀润，较匀整，净度较好 | 80～89 | |
| | 丙 | 壮实，或紧实，或粗实，尚匀净 | 70～79 | |
| 汤色(b) | 甲 | 根据后发酵的程度可有红浓、橙红、橙黄色，明亮 | 90～99 | 15% |
| | 乙 | 根据后发酵的程度可有红浓、橙红、橙黄色，尚明亮 | 80～89 | |
| | 丙 | 红浓暗，或深黄，或黄绿，欠亮或混浊 | 70～79 | |
| 香气(c) | 甲 | 香气纯正，无杂气味，香高爽 | 90～99 | 25% |
| | 乙 | 香气较高尚纯正，无杂气味 | 80～89 | |
| | 丙 | 尚纯 | 70～79 | |
| 滋味(d) | 甲 | 醇厚，回味甘爽 | 90～99 | 30% |
| | 乙 | 较醇厚 | 80～89 | |
| | 丙 | 尚醇 | 70～79 | |
| 叶底(e) | 甲 | 嫩匀多芽，明亮，匀齐 | 90～99 | 10% |
| | 乙 | 尚嫩匀，略有芽，明亮，尚匀齐 | 80～89 | |
| | 丙 | 尚柔软，尚明，欠匀齐 | 70～79 | |

表 A-5  紧压茶品质评语与各品质因子评分表

| 因 子 | 档 次 | 品质特征 | 给 分 | 评分系数 |
|---|---|---|---|---|
| 外形(a) | 甲 | 形状完全符合规格要求，松紧度适中，表面平整 | 90～99 | 20% |
| | 乙 | 形状符合规格要求，松紧度适中，表面尚平整 | 80～89 | |
| | 丙 | 形状基本符合规格要求，松紧度较适合 | 70～79 | |

续表

| 因子 | 档次 | 品质特征 | 给分 | 评分系数 |
|---|---|---|---|---|
| 汤色(b) | 甲 | 色泽依茶类不同,明亮 | 90~99 | 10% |
| | 乙 | 色泽依茶类不同,尚明亮 | 80~89 | |
| | 丙 | 色泽依茶类不同,欠亮或混浊 | 70~79 | |
| 香气(c) | 甲 | 香气纯正、高爽,无异杂气味 | 90~99 | 30% |
| | 乙 | 香气尚纯正,无异杂气味 | 80~89 | |
| | 丙 | 香气尚纯,有烟气、微粗等 | 70~79 | |
| 滋味(d) | 甲 | 醇厚,有回味 | 90~99 | 35% |
| | 乙 | 醇和 | 80~89 | |
| | 丙 | 尚醇和 | 70~79 | |
| 叶底(e) | 甲 | 黄褐或黑褐,匀齐 | 90~99 | 5% |
| | 乙 | 黄褐或黑褐,尚匀齐 | 80~89 | |
| | 丙 | 黄褐或黑褐,欠匀齐 | 70~79 | |

表 A-6  花茶品质评语与各品质因子评分表

| 因子 | 档次 | 品质特征 | 给分 | 评分系数 |
|---|---|---|---|---|
| 外形(a) | 甲 | 细紧或壮结,多毫或锋苗显露,造型有特色,色泽尚嫩绿或嫩黄、油润,匀整,净度好 | 90~99 | 20% |
| | 乙 | 较细紧或较紧结,有毫或有锋苗,造型较有特色,色泽黄绿,较油润,匀整,净度较好 | 80~89 | |
| | 丙 | 紧实或壮实,造型特色不明显,色泽黄或黄褐,较匀整,净度尚好 | 70~79 | |
| 汤色(b) | 甲 | 嫩黄明亮或尚嫩绿明亮 | 90~99 | 5% |
| | 乙 | 黄明亮或黄绿明亮 | 80~89 | |
| | 丙 | 深黄或黄绿欠亮或混浊 | 70~79 | |
| 香气(c) | 甲 | 鲜灵、浓郁、纯正、持久 | 90~99 | 35% |
| | 乙 | 较鲜灵,较浓郁,较纯正,尚持久 | 80~89 | |
| | 丙 | 尚浓郁,尚鲜,较纯正 | 70~79 | |
| 滋味(d) | 甲 | 甘醇或醇厚,鲜爽,花香明显 | 90~99 | 30% |
| | 乙 | 浓厚或较醇厚 | 80~89 | |
| | 丙 | 熟,浓涩,青涩 | 70~79 | |
| 叶底(e) | 甲 | 细嫩多芽或嫩厚多芽,黄绿明亮 | 90~99 | 10% |
| | 乙 | 嫩匀有芽,黄明亮 | 80~89 | |
| | 丙 | 尚嫩,黄明 | 70~79 | |

2. 实验结果评分

| 茶叶名称 | 外形(a)×档次分数 | 汤色(b)×档次分数 | 香气(c)×档次分数 | 滋味(d)×档次分数 | 叶底(e)×档次分数 | 总评(求和) |
|---|---|---|---|---|---|---|
|  |  |  |  |  |  |  |
|  |  |  |  |  |  |  |
|  |  |  |  |  |  |  |
|  |  |  |  |  |  |  |
|  |  |  |  |  |  |  |

## 服装面料鉴别实验

(一)实验目的

通过实验,了解各种纺织原料及服装面料的特点,掌握常用的鉴别方法。

(二)实验用具

15%盐酸、5%氢氧化钠、酒精灯、镊子、烟灰缸或类似的器皿、打火机、剪刀、卷尺。

(三)实验对象

1. 纤维材料:纯棉、纯毛、桑蚕丝、粘胶纤维、涤纶、腈纶等。
2. 皮毛皮革:裘皮、人造毛皮、天然皮革、合成皮革。

(四)实验方法及步骤

1. 感官鉴别法:根据材料外观、形态、色泽、手感、手拉强度(干/湿)等,定性地鉴别出哪种类型。
2. 溶解法:用弱酸、弱碱溶液进行溶解法鉴别,主要针对纤维类材料。
3. 燃烧法:利用各种纺织纤维的主要化学成分不同,在燃烧时会产生不同的燃烧现象,通过观察纤维的燃烧特征可以确定纤维的大类。天然毛皮、皮革与人造毛皮、皮革燃烧时味道明显不同,通过观察可确定基本情况。
4. 一般来说,纯纺织品较易鉴别,选用一两种方法基本上就能得出正确的判断。但是混纺织品的鉴别难度较大,大都需要几种方法配合使用,对其结果进行综合分析和研究,最后才能得出确切的结论。天然毛皮、皮革与人造材料通过燃烧法较易鉴别,各种真皮类主要通过感官法鉴别。

(五)实验报告

根据实验结果,编写实验报告。

## 塑料的鉴别实验

(一)实验目的

通过实验,了解常见塑料的特点,掌握常用的鉴别方法,主要是感官鉴别和燃烧鉴别。

(二)实验用具

酒精灯、镊子、打火机、剪刀、烟灰缸、盐、冷水、热水壶。

(三)实验方法

1. 感官鉴别法

将鉴别的塑料试样剪切成小块,通过手摸、弯曲、敲击、嗅气味、放入盐水中、放入沸水中等,观察各种塑料外观特征。鉴别标准如表 A-7 所示。

表 A-7　塑料的感观鉴别法

| 种　类 | 感官法鉴别塑料 |
| --- | --- |
| PET 塑料 | 白色透明,手感较硬,揉搓时有声响,放在水中能浮于水面,沸水中显著软化 |
| HDPE 塑料 | 无臭无味,为乳白色不透明体,手摸有石蜡滑腻感,质地刚硬,放在水中能浮于水面,沸水中显著软化 |
| PVC 塑料 | 硬制品坚硬平滑,敲击时声音发闷,色泽较鲜艳,放在水中下沉;<br>软制品柔软富弹性,薄膜透明度较高而无蜡质感,放在水中不沉,遇冷变硬,有特殊气味 |
| LDPE 塑料 | 无臭无味,为半透明体,手摸有石蜡滑腻感,质地柔软能弯曲,放在水中能浮于水面,沸水中显著软化 |
| PP 塑料 | 无臭无味,为乳白色半透明体,手摸润滑但无滑腻感,质地硬挺有韧性,放入水中能浮出水面,在沸水中软化不显著 |
| PS 塑料 | 无臭无味,表面硬度与透明度较高,色泽鲜艳,敲击和轻掷时,有近似金属的清脆声,弯曲时容易碎裂,断口处是银白色 |
| PC 塑料 | 无臭无味,为透明或不透明体,质地硬挺有韧性,敲击时声音较清脆 |
| 尼龙 PA | 白色半透明状,无毒无味,强度高、耐磨 |
| 有机玻璃 PMMA | 外观似水晶,透明度高,色彩鲜艳,有韧性,敲击时声音发闷,用柔软物摩擦制品表面产生水果香味 |

2. 燃烧鉴别法

将塑料试样放在火焰上燃烧,仔细观察其燃烧的难易程度、火焰颜色、气味和冒烟情况、熄灭后塑料的色泽、形态等,根据这些特征,大致确定属于哪一类塑料。鉴别标准如表 A-8 所示。

表 A-8　塑料的燃烧鉴别法

| 种　类 | 燃烧法鉴别塑料 |
| --- | --- |
| PET 塑料 | 易燃烧,离火慢慢熄灭,有黑烟,火焰有跳火现象;燃烧后材料表面软化起泡,易拉丝;手指揉搓燃烧后的黑色碳化物,碳化物呈粉末状,有刺激性酸味 |
| HDPE 塑料 | 容易燃烧,火焰上端为黄色,下端为蓝色,燃烧同时有熔融物滴落,离火后能继续燃烧,有石蜡燃烧的气味 |
| PVC 塑料 | 难燃烧,在火焰上能够燃烧,离火即灭;火焰呈黄色,下端绿色,燃烧后塑料变软,表面呈黑色,无熔融滴落现象,有刺激性酸味 |

续表

| 种 类 | 燃烧法鉴别塑料 |
|---|---|
| LDPE 塑料 | 容易燃烧，火焰上端为黄色，下端为蓝色，燃烧同时有熔融物滴落；离火后能继续燃烧，易拉丝，有石蜡燃烧的气味 |
| PP 塑料 | 燃烧性能与聚乙烯 PE 相似，但火焰上端有少量黑烟，燃烧气味类似石油味 |
| PS 塑料 | 容易燃烧，为闪光橙黄色火焰，并冒浓黑烟，炭飞扬；离火后能继续燃烧，燃烧后软化、起泡、易拉丝，有特殊臭味 |
| PC 塑料 | 缓慢燃烧，离火熄灭或缓慢熄灭；火焰黄色，黑烟，炭飞扬，燃烧后熔融起泡，有强烈的花果臭味 |
| 尼龙 PA | 缓慢燃烧，离火熄灭或缓慢熄灭；火焰蓝色、顶端黄色，燃烧后熔融、滴落，有特殊羊毛、指甲烧焦味 |
| 有机玻璃 PMMA | 容易燃烧，为浅蓝色火焰，顶端呈白色；离火后能继续燃烧，燃烧后软化、起泡，有水果香味 |

3. 撰写实验报告

根据实验结果，撰写实验报告。

# 参 考 文 献

[1] 王常华. 商品学[M]. 北京：中国传媒大学出版社，2014.
[2] 刘敏. 商品学基础[M]. 北京：科学出版社，2016.
[3] 汪永太. 商品学[M]. 北京：电子工业出版社，2007.
[4] 袁长明. 商品学[M]. 北京：化学工业出版社，2009.
[5] 万融，陈红丽. 商品学概论[M]. 7版. 北京：中国人民大学出版社，2020.
[6] 曹汝英. 商品学概论——理论、实务、案例、实训[M]. 2版. 北京：高等教育出版社，2014.
[7] 汪卫华，吴明涛. 商品学原理与实务[M]. 北京：北京交通大学出版社，2010.
[8] 刘增田. 商品学[M]. 2版. 北京：北京大学出版社，2013.
[9] 陈文汉. 商品学[M]. 北京：机械工业出版社，2014.
[10] 申纲领. 商品学[M]. 2版. 北京：北京理工大学出版社，2012.
[11] 赵苏. 商品学[M]. 2版. 北京：清华大学出版社，2012.
[12] 黄俊彦. 现代商品包装技术[M]. 北京：化学工业出版社，2007.
[13] 李新娥. 纺织服装商品学[M]. 2版. 上海：东华大学出版社，2014.
[14] 杨登想. 商品养护技术[M]. 北京：化学工业出版社，2009.
[15] 赵启兰. 商品学概论[M]. 2版. 北京：机械工业出版社，2015.
[16] 汤匀. 商品学实用教程[M]. 北京：人民邮电出版社，2014.
[17] 白世贞. 商品学[M]. 2版. 北京：中国人民大学出版社，2013.
[18] 王府梅. 纺织服装商品学[M]. 北京：中国纺织出版社，2008.
[19] 杨九闻. 日用工业品商品学[M]. 北京：中国广播电视大学出版社，2006.
[20] 邹恩广. 塑料制品加工技术[M]. 北京：中国纺织出版社，2008.
[21] 汤云，张志建. 商品学实务[M]. 3版. 大连：大连理工大学出版社，2014.
[22] 傅凯，李宁. 商品学基础[M]. 2版. 北京：化学工业出版社，2018.